国連安保理の機能変化

Changing Functions of the UN Security Council

村瀬信也 [編]
Murase Shinya

東信堂

はしがき

　本書は、近年における国連安全保障理事会(以下、安保理)の機能変化を、国際法上、いかに受け止め、評価するかという問題について、これを多角的に考察しようとするものである。

　周知のように、第1次大戦後の国際連盟における「法律主義的」アプローチに対する反省から、国連憲章第7章では安保理の「政治的判断」を優越させて国際的平和・安全の維持のための強制措置を執ることを基本としてきた。第7章冒頭の39条で「平和に対する脅威・平和の破壊・侵略行為」をとくに定義せず、その認定については、安保理が具体的な事案に即して「政治的に」これを行うことにしているのは、そのためである。

　しかるに、1990年代以降、安保理が第7章の下で「立法・準立法機能」を担うことが次第に顕著となってきた。しかし、これは連盟におけるリーガリズムへの単純な復帰ではなく、国連をとりまく新たな状況と密接に関係して、実際上の必要から推進されてきた方向性といえよう。こうした機能変化の意味を考えてみたい。

安保理の「立法」活動

　国連憲章第7章の下での安保理の機能は、過去ないし現在の事態(平和に対する脅威、平和の破壊、侵略行為等)に対して具体的な「措置」をとることであって、将来における不特定の事態に対する一般的・抽象的な行為規範の設定という意味における「立法」がその任務ではない。しかし1990年代以降、安保理は、国際社会の緊急課題に対応するため、代替的な立法機能を担うようになった。

　たとえば、安保理827号決議(1993年)で旧ユーゴ国際裁判所規程を採択し

（ルワンダ国際裁判所規程も同様）、通常は条約を基礎として設置される国際裁判所の設立について、これを「憲章第7章の下で」拘束的な安保理決議を基礎とするという形でその設置を決めた。条約の場合は、その交渉・署名・批准に時間がかかるだけでなく、必要な関係国による批准が確保できる保証はない。安保理の「決定」であれば、憲章25条に従って、瞬時・自動的に全加盟国を拘束することになるからである。

9.11の後に採択されたテロ資金規制に関する安保理1373号決議（2001年）も同様である。当時すでに「テロ資金供与防止条約」が採択されてはいた（1999年採択）が、未発効（批准国は4カ国にとどまった）であったため、代替的立法措置としてこの安保理決議が採択されたのである。この決議では、履行監視のための反テロ委員会（CTC）も設置されている。

安保理の立法機能として最も注目されたのが、大量破壊兵器（WMD）の拡散防止に関する安保理1540号決議（2004年）である。この決議は、WMDの拡散、とくにテロ組織など非国家主体への拡散を防止するため、各国に国内法制定・執行の義務を定め、履行監視委員会を設けるなど一定の「不拡散レジーム」を設定したのである。また、カナダ政府の主導による「保護する責任」に関し、安保理1674号決議（2006年）がこれを確認したことの意味も無視しえない（F. Kirgis, "The United Nations at Fifty: the Security Council's First Fifty Years", *American Journal of International Law*, vol.89, 1995, pp.517f.；P. Szasz, "The Security Council Starts Legislating", *American Journal of International Law*, vol.96, 2002, pp.901f.；S. Talmon, "The Security Council as World Legislature", *American Journal of International Law*, vol.99, 2005, pp.193f.）。

安保理の機能変化とその意味

冷戦後の世界で最も顕著な現象の一つは、従来の国家間における武力紛争と並んで、地域紛争ないし国内紛争の多発である。いわゆる「破綻国家」の問題が安保理の活動にも大きな影響を与えてきた。それを反映して、国連の平和維持活動（Peace-keeping operations, PKO）にも顕著な変化が認められる。

従来型のPKOは、関係国の同意を前提に、兵力引き離しや停戦監視が主な任務であった。PKO部隊自身が攻撃される心配は余りなかったから、比較的小規模・軽装備の部隊で済んだ。ところが近年のPKOは、国内における民族

対立などで国家機能が麻痺しているような地域に派遣されることが多くなり、その目的も、紛争後の国家建設(post-conflict nation-building)、武装解除、治安維持等の法執行活動(law-enforcement actions)に重点が置かれるようになった。PKO部隊は、国家ではなく、国内の部族や叛徒・個人を相手にすることになり、武装勢力から攻撃を受けることも稀ではない。そのため最近のPKOは大規模・重装備で多機能型のものとなり、PKOの派遣を決める安保理決議で憲章第7章に言及するものも多くなっている。

　安保理決議に基づく経済制裁についても、最近では顕著な変化が認められる。従来のような国家に対する制裁ではなく、国内のエリート層や特定個人・集団に対する経済制裁決議が漸増している。スマート・サンクションと呼ばれるように、その内容も、有責の政治指導者や特権階級に対して打撃を与えるような資産凍結や海外旅行禁止、奢侈品の輸出禁止などが含まれるようになってきている。

　さらに、最近の国際テロリズムに対応するための安保理決議(1267号および1269号決議(1999年)、1368号決議(2001年)など)は、テロ犯人・支援者等を名宛人として、その引渡・処罰のための法執行および国際テロ活動抑制のために各国が協力するよう要請している。こうして例えば、これらの決議に基づくアフガニスタンやインド洋における米国はじめ各国の対テロ軍事活動も、本質的には、法執行活動として捉えるべきものと考えられる(村瀬信也「国際法における国家管轄権の域外執行―国際テロリズムへの対応」『上智法学論集』49巻3・4号(2006年)119－160頁)。

　本来、憲章第7章の下で安保理がとる軍事的措置は、第2次大戦でドイツや日本の枢軸国に対して連合国が行ったような「集団的制裁」ないし「制裁戦争」を念頭に置いて作られた制度であった。国連はあくまでも国家間の制度として設立された国際組織であり(憲章2条1項「主権平等」原則)、憲章第7章における安保理の活動の中心は、国家(平和脅威国、破壊国、侵略国)に対して具体的な「措置」(経済制裁・軍事的措置)をとることであった。

　ところが最近は、安保理において、上記のように、個人・非国家行為主体を名宛人とした決議が漸増してきている。その背景には、先に触れたように、「破綻国家」の拡散傾向がある。つまり、国家が国家の体をなしていない場合が多くなっているからである。国際刑事裁判における「補完性」、「受理許容性」、国家への「法人格否認の法理」(piercing the corporate veil)の適用などはその

法的表現である。それに伴って、「平和に対する脅威」の概念が、非国家主体を含む形で、変容してきていることも指摘されている。このように、安保理の活動対象が、国家から非国家主体・個人に移ってきたことが、安保理の活動を、憲章で本来期待されていた機能から乖離して、「立法」や「法執行活動」にシフトさせてきている原因と考えられるのである。冷戦後、とくに2000年以降、安保理決議の数が膨大なものになっていることは、そうした変容を裏付けるものであろう。

　第7章の「強制措置」の内容が、そうした法執行活動をも含むものとなってきたのであれば、立法論としては、その旨を39条以下に明文で追加することを考慮してもよいのではないかと思われる。またその関連で、安保理の構成、とくにその常任理事国の在り方も、やはり再検討すべきである（Ian Johnstone教授は最近の論文で、安保理の実効性を高めるためには、何よりも、説得力ある議論、理由付けであると力説する。もとより異論はないが、安保理が徐々に準司法的機能を持つようになってきているとはいえ、安保理は裁判所ではなくあくまでも具体的な措置をとるための執行機関であって、構成や投票手続などの適正化こそが第一義的に重要な課題である。Ian Johnstone, "Legislation and Adjudication in the UN Security Council: Bringing Down the Deliberative Deficit", *American Journal of International Law*, vol.102, no.2, 2008, pp.275f.）。

　第7章の機能が、憲章で当初想定されたような（第2次世界大戦型）「国連軍」にあるのであれば、現実的観点から、常任理事国が「軍事大国」によって占められてきたことに、一定の理由が認められるかもしれない。しかし今日のように、安保理の役割が法執行活動に移行してきたということであれば、紛争後の国家建設に実績を持つ日本などがその一角を占めることに、むしろ大きな意味があるとも考えられよう。

安保理決議と日本法

　もとよりそのためには、日本において、安保理の活動を積極的に受容し履行しうるよう国内法を整備していく必要がある。日本が安保理改革を推し進め、安保理常任理事国参加を主導していくためには、何よりも先ず、そうした形で足元を固めて行かなければならない。

　しかるにわが国では、憲法9条との関係で、安保理決議の国内的履行につ

いて、大きな制約が課せられてきた。安保理の決議に基づく平和維持活動であっても、そこで武器を使用するということになれば、憲法9条に違反する恐れがあるというのが、従来の政府の立場であった。しかし、憲法9条が禁止しているのは、「わが国が当事者となっている」国際紛争を解決するために、わが国が「個別国家として」行使する「武力の行使」である。そうであるとするならば、国連等の決議・要請を受けて派遣するPKO部隊の行為は、そうした個別国家の「武力の行使」には当らず、PKO活動に参加することにより「第三国間の」国際紛争の解決を手助けすることは、憲法9条の規定の範囲外であり、それは憲法前文でむしろ積極的に求められているところでもあると考えられる。

現行PKO法の下では、派遣される自衛隊員の武器使用は隊員の「自己防護」のためにのみ認められることとされており、近隣のPKO外国部隊が攻撃されていても、日本部隊には「駆けつけ警護」さえ禁止されている。こうしたことでは、各国部隊が国連司令官の下で統合されたチームワークとして行われている任務について、足を引っ張る可能性さえ出てこよう。PKO部隊は要請された国際任務を行うために派遣されているのであるから、「任務遂行のための武器使用」が認められなければならない。そうでなければ、実際、PKO活動に充分な貢献を行うことは難しい（わが国の国際平和活動の在り方については、村瀬信也「安全保障に関する国際法と日本法」（下）『ジュリスト』1350号（2008年2月15日号）52－66頁参照）。

こうした状況を是正するためには、現行PKO法を改正するとともに、テロ特措法、イラク特措法といった個別の特措法による現在の対応を改め、「一般法」（恒久法）の制定によって、わが国としても国際的な危機に対し臨機・実効的に対応できるよう、国内法体制を整備することが必要であろう。また、将来的には、諸外国の「国連参加法」のように、国連安保理の活動に対応するための包括的な国内法の制定も望まれよう。こうした積み重ねこそ、「安保理の機能変化」を受け止め、これをサポートして行く途であろうと思われる。

本書は、こうした問題につき、現代における安保理の機能変化に光を当て、その意味を明らかにしようとするものである。

本書の基になったのは『国際問題』2008年4月号（電子ジャーナル、日本国際問題研究所刊）での「国連安保理の機能変化」に関する特集である。そこでは、編

者を含む5名の執筆者による論稿が掲載されたが、本書は、新たに3名の執筆者を加え、かつ原稿枚数も倍近くに増やして、全く新しい企画として出版することとした。

　本書の各論文は、安保理が直面している諸問題に取り組んでいる点で共通しているが、この「はしがき」を含めて各々の筆者は自己の考えに基づいて検討を行っており、安保理の活動やその背景となる法的理解に関して、必ずしも見解が統一されているわけではないことを、予めお断りしておきたい。

　新たな執筆者の方々には、きわめて短期間のうちに原稿を完成していただくよう依頼しなければならなかったが、お願いした全ての方々から締切までに原稿を頂くことができ、心から感謝申し上げる。また東信堂の下田勝司社長には本書の出版につき格別の配慮を頂いた。編集を担当して下さった松井哲郎氏に対する感謝とともに、心から御礼申し上げる。

　　　2008年12月1日

　　　　　　　　　　　　　　　　　　　　　　　　　　村瀬　信也

目次／国連安保理の機能変化

はしがき　　　　　　　　　　　　　　　　　　　　　村瀬 信也　iii

安保理の「立法」活動 ………………………………………… iii
安保理の機能変化とその意味 ………………………………… iv
安保理決議と日本法 …………………………………………… vi

第1章　国連安保理の機能拡大とその正当性　　浅田 正彦　3

I　はじめに ………………………………………………………… 3
II　安保理の司法的機能 …………………………………………… 5
 1　安保理自身による司法的機能の行使　　5
 2　安保理による司法的機関の設置　　8
  (1)　旧ユーゴ国際刑事裁判所およびルワンダ国際刑事裁判所　10
  (2)　国連補償委員会　13
  (3)　国連イラク・クウェート国境画定委員会　16
 3　安保理の司法的機能と正当性　　19
III　安保理の立法的機能 ………………………………………… 22
 1　安保理による立法的機能の行使　　22
  (1)　安保理決議1373　22
  (2)　安保理決議1540　23
 2　安保理の立法的機能と正当性　　25
 3　安保理の立法的機能と正当性の確保　　27
IV　おわりに ……………………………………………………… 29

第2章　国際テロリズムに対する国連安保理の対応　　古谷 修一　41
　　　　――立法的・行政的機能の拡大

I　はじめに ……………………………………………………… 41
II　ATSCの機能 ………………………………………………… 43
 1　制裁対象の設定と対象拡大　　43
 2　ATSCへの申立手続　　46

3　ATSCによる履行状況の監視とフォローアップ　　47
　Ⅲ　CTCの機能 ………………………………………………………… 48
　　　1　CTCの任務とその変化　　48
　　　2　CTCによる履行状況評価と技術支援　　50
　Ⅳ　結　び …………………………………………………………………… 51

第3章　大量破壊兵器の不拡散と国連安保理の役割　　市川とみ子　57

　Ⅰ　はじめに ………………………………………………………………… 57
　Ⅱ　安保理による「立法」——決議1540をめぐって ……………… 58
　　　1　安保理による「立法」は受容されたか　　59
　　　2　決議1540の実施とその課題　　61
　　　　(1)　輸出管理の規範化をめぐって　61
　　　　(2)　国際機関の役割　62
　　　　(3)　1540委員会のマンデート延長と決議実施の現状　63
　Ⅲ　抜かれた「伝家の宝刀」——北朝鮮・イランをめぐる制裁決議 …… 64
　　　1　IAEA保障措置と安保理　　64
　　　2　輸出管理レジームの規範化へ？　　66
　　　3　制裁の特色——「貨物検査」と個人・団体の特定　　68
　　　　(1)　「貨物検査」　68
　　　　(2)　制裁対象の特定　69
　Ⅳ　安保理決議の正当性・実効性と外交努力 ……………………… 70
　　　1　決議の正当性——全会一致の意義　　71
　　　2　決議の実効性——個別の事案を通じて　　71
　　　　(1)　北朝鮮——六者会合を中心に　72
　　　　(2)　イラン——IAEAとEU3+3を中心に　73
　Ⅴ　おわりに ………………………………………………………………… 75

第4章　安保理決議に基づく経済制裁　　中谷　和弘　79
　　　　　　——近年の特徴と法的課題

　Ⅰ　はじめに ………………………………………………………………… 79
　Ⅱ　近年の安保理決議に基づく経済制裁 ……………………………… 79

Ⅲ　スマート・サンクション ……………………………… 82
　Ⅳ　無辜の第三国への補償問題——国連憲章第50条 …………… 85
　Ⅴ　経済制裁措置の解釈 …………………………………… 87
　Ⅵ　船舶検査 ………………………………………………… 87
　Ⅶ　私法上の問題 …………………………………………… 89
　Ⅷ　安保理決議に基づく経済制裁措置の国内的履行 ………… 90
　Ⅸ　おわりにかえて ………………………………………… 92

第5章　国連安保理の機能の拡大と　　　　　　　酒井 啓亘　97
　　　　　平和維持活動の展開

　Ⅰ　はじめに ………………………………………………… 97
　Ⅱ　1990年代における安保理と国連平和維持活動の関係 …… 100
　　1　安保理の活性化と国連平和維持活動　100
　　　(1)　「平和に対する脅威」概念の拡大と安保理の活動の深化　100
　　　(2)　国連平和維持活動の連続性と非連続性　101
　　2　実行からの教訓と国連平和維持活動の限界　104
　　　(1)　安保理の介入主義的行動と平和維持活動の齟齬　104
　　　(2)　憲章第7章の援用と国連平和維持活動の活動原則の整合性　106
　Ⅲ　21世紀における国連平和維持活動の実践と展望 ………… 109
　　1　安保理による国連平和活動の推進　109
　　　(1)　「ブラヒミ・レポート」における国連平和維持活動の位置づけ　109
　　　(2)　90年代末からの国連平和維持活動の実践　111
　　2　国連による多機能型平和維持活動の評価と課題　114
　　　(1)　平和維持活動の中核的な任務と安保理の影響　114
　　　(2)　憲章第7章との新たな関係と活動原則の再構成の必要性　116
　Ⅳ　おわりに ………………………………………………… 118

第6章　安全保障理事会による刑事裁判所の設置　　洪　恵子　127

　Ⅰ　はじめに ………………………………………………… 127
　Ⅱ　国際刑事法の発展に関する総会と安保理の役割 ………… 128
　Ⅲ　安保理決議に基づく裁判所の設立 ……………………… 130

		1	安保理の補助機関としての刑事裁判所	130
		2	国際刑事裁判所（International Criminal Court）への付託	132
		3	暫定統治機構における裁判所（ハイブリッド裁判所）	134
	IV	関係国との合意に基づく刑事裁判所の設置 …………… 135
		1	シエラ・レオーネ特別裁判所	135
		2	レバノン特別裁判所	138
	V	おわりに ……………………………………………………… 142

第7章　安保理決議と日本法　　　　　　　村瀬 信也　149
　　　　　――国際平和活動の文脈で

	I	はじめに …………………………………………………… 149
	II	憲法9条と国際平和活動 ………………………………… 150
		1	「武力の行使」と「武器の使用」	150
		2	多様な「国連軍」とわが国の参加	154
		3	「一体化」論の矛盾	156
	III	国際平和活動における武器使用の根拠と範囲 ………… 158
		1	PKO参加5原則	158
		2	国際任務における武器使用の根拠と範囲	159
			(1)　自己防護　159
			(2)　武器等の防護　160
			(3)　任務遂行のための武器使用　161
	IV	立法論的考察――結びに代えて ………………………… 162

第8章　国連安保理の機能変化と安保理改革　　岡野 正敬　173
　　　　　――日本の安保理常任理事国入り問題

	I	はじめに …………………………………………………… 173
	II	安保理の機能変化 ………………………………………… 174
		1	安保理決議の推移を分析する意味	174
		2	1990年以降の安保理決議の大幅な増加	175
		3	安保理決議の対象地域の変化――アフリカの比重の高まり	176
		4	安保理決議が少ないアジア地域	177
		5	国連平和維持活動に関する安保理決議の増加	178

	6　個別の事態と離れた形で、特定の事項につき加盟国や個人の行動を規制する一般的な規範形成としての性格を有する決議の出現	179
III	安保理決議の利便性への評価の高まり ………………………	179
	1　迅速に法的枠組みを構築する手段としての安保理決議	180
	2　法的曖昧さを残すことで政治的妥協を容易にする安保理決議	180
	3　正統性付与の便利な道具としての安保理決議	181
	4　需要の増加に応えるだけの体制や環境の存在	182
	5　利便性の陰り	182
IV	安保理の正統性に対する疑念 ……………………………………	183
	1　安保理の構成の問題	183
	2　安保理の活動方法に対する不満	184
	3　平和維持活動の経費負担への不満	184
	4　P5主導の政策調整の強化	185
V	安保理改革の議論の焦点 …………………………………………	186
	1　安保理の「代表性の向上」	186
	2　安保理の「効率性の維持」	187
	3　安保理常任理事国としての特権と責務のバランス――「公正さの問題」	188
VI	安保理改革実現の難しさ …………………………………………	189
	1　常任理事国の既得権益	190
	2　ミドルパワーの反対	191
	3　アフリカ諸国の期待の高さ	191
VII	日本にとっての安保理改革の課題 ………………………………	192
VIII	おわりに …………………………………………………………	196

事項索引 ……………………………………………………………… 200
国連安保理決議索引 ………………………………………………… 202

国連安保理の機能変化

Changing Functions of the UN Security Council

第1章　国連安保理の機能拡大とその正当性

浅田　正彦

- I　はじめに
- II　安保理の司法的機能
  - 1　安保理自身による司法的機能の行使
  - 2　安保理による司法的機関の設置
  - 3　安保理の司法的機能と正当性
- II　安保理の立法的機能
  - 1　安保理による立法的機能の行使
  - 2　安保理の立法的機能と正当性
  - 3　安保理の立法的機能と正当性の確保
- IV　おわりに

I　はじめに

　国連安全保障理事会(以下「安保理」という)は、国連総会がすべての加盟国からなり一国一票制を採用した民主的な機関であるのとは対照的に、大国中心で理事国数も限定された特権的性格を有する機関である[1]。しかも、安保理の決定は、すべての国連加盟国を法的に拘束するものとされ(国連憲章第25条)、国連の中でも最も強力な機関であるといえる[2]。それは、安保理が「国際の平和及び安全を維持すること」(同第1条1項)という国連の第一の目的を遂行する「主要な責任」を担っていることと関係する。憲章第24条1項が規定するように、国連加盟国は、「国際連合の迅速且つ有効な行動を確保するために」「国際の平和及び安全の維持に関する主要な責任」を安保理に負わせることに

したのである。こうして安保理は、平和維持に関して国連の要となる任務を付与された、優れて「執行的」性格を有する機関であるということができよう[3]。

ところがその安保理が、とりわけ冷戦の終結後、国連発足当時には想定されていなかった機能を果たすようになった。安保理の「司法的」機能と「立法的」機能である[4]。本章は、安保理によるそれらの新たな機能の遂行について、主として正当性の観点から検討を加えるものである。具体的には、司法的機能との関係で、湾岸戦争後に設置された国連補償委員会や国連イラク・クウェート国境画定委員会、旧ユーゴとルワンダの国際刑事裁判所などを中心に取り上げ、立法的機能との関係で、国際テロの防止に関連する安保理決議1373と1540を取り上げることにしたい。

もちろん、安保理の司法的機能・立法的機能は国内における同種の機能と同一ではないし、安保理との関係でも論者によって異なる概念を念頭に置いて議論がなされることがあるので[5]、本章におけるそれらの用語の意味について一応の定義を行っておこう。「司法的機能」とは、特定の具体的な事態に対して現行国際法を適用することによって、終局的な性格を有する法的拘束力ある決定を行うことをいう。これに対して「立法的機能」とは、一般的な内容をもち基本的に永続的な性格を有する法的拘束力ある規範を新たに創設し、またはそのような既存の規範を変更することをいう。

両者には共通する要素と異なる要素がある。両者に共通するのは、法的拘束力を有するという点、そして終局的ないし永続的な性格を有するという点である。他方、両者の間で異なるのは、現行国際法を適用するのか(司法)それとも現行国際法を変更しまたは新たな国際法を創設するのか(立法)という点、そして特定の具体的な事態との関係での適用であるのか(司法)それとも一般的抽象的な事態との関係における創設・変更であるのか(立法)という点においてである。

なお、国連憲章起草時以来の安保理本来の任務であるいわゆる「警察機能(police function)[6]」との関係についていえば、同機能は安保理の新たな機能との関係で次のように位置づけることができる。すなわち、警察機能は、特定の具体的な事態との関係であるという点では司法的機能と共通し、現行国際法から離れることが多いという点では立法的機能に類似しているが、警察機能の場合には、必ずしも法的拘束力のある決議は要求されず、またとりわけ終局的・永続的たることを予定されていない点で、両者とは異なるといえよう。

以上のような基本的な概念設定を前提として、以下、安保理の司法的機能・立法的機能について主として正当性の観点から（一部合法性の観点にも触れる）検討するが、「正当性」という概念は法的には定義し難く、極めて曖昧でもある[7]。それゆえ、ここでそれを定義づけることはしないが、ここでの正当性の視点が、コソボ問題にかかるユーゴ空爆の際に語られた「違法であるが正当である(illegal but legitimate)[8]」という場合の正当性とは逆の視点、すなわち「合法である（あるいは必ずしも違法とはいえない）が正当性に疑問がある」という場合の正当性の視点であるということのみ指摘しておきたい。

II　安保理の司法的機能

1　安保理自身による司法的機能の行使

　安保理の司法的機能との関係でまず取り上げるべき古典的な事例は、1971年に国際司法裁判所(ICJ)が勧告的意見を出したナミビア事件である。本件は、「安全保障理事会決議276(1970)にも拘らず、南アフリカ[以下「南ア」という]が引き続きナミビアに存在することの諸国に対する法的帰結はいかなるものであるか」について、安保理がICJに諮問したものである。

　国連総会は、南アが南西アフリカ（ナミビア）において委任状に基づく義務を履行していないとして、1966年10月27日に決議2145(XXI)を採択して委任状の終了を決定し、翌年南西アフリカ理事会（ナミビア理事会）を設置して施政権の返還に当たらせたが、南アはそれを無視してその後も居座り続けた。総会は南アの撤退を確保するために必要な権限を持たなかったため、安保理に協力を依頼し、それに応じて安保理が、1970年1月30日の決議276(13対0、棄権2)を含む一連の決議を採択したのである。

　安保理決議276は、「南アフリカ当局が引き続きナミビアに存在することは違法であり(illegal)、したがって委任状の終了後に南アフリカ政府がナミビアに代わってまたはナミビアに関してとったすべての行為は違法かつ無効である(illegal and invalid)」と「宣言(declares)」する（第2項）と共に、すべての国に対して、第2項と両立しない南ア政府との関係を慎むよう「要請(calls upon)」した（第5項）。ICJは、1971年の勧告的意見において、この決議（平和に対する脅威の認定も憲章第7章の援用も行っていない）の第2項および第5項につき、国連憲章の目的および原則に合致し憲章第24条および第25条に従って採択された

ものとして、すべての国連加盟国を拘束するものと認めた[9]。

　南アは、決議2145を採択するに当たって総会は権限外(ultra vires)の行為を行ったと主張した[10]。にも拘らず安保理は、決議276において、総会決議2145を再確認した上で(前文)、南アの居座りを違法であると宣言したのであり、その意味で安保理は、総会と南アとの間の法的紛争に対していわば司法的機能を行使したと捉えることができよう。そしてICJの勧告の意見は、そのような安保理の行為の合憲性(憲章との合致)を肯定する判断を下したのである[11]。

　ICJが争訟事件との関係で関与した事例としては、1992年に仮保全措置に関する命令が指示されたロッカビー事件がある。本件は、1988年にイギリスのロッカビー(スコットランド)上空で発生したパン・アメリカン航空103便の爆破事件である。米英両国は、リビアに対して本事件の被疑者の引渡しを求めたが[12]、リビアはこの要請に応じなかった。そこで安保理は、1992年3月31日、決議748を採択し(10対0、棄権5)、平和に対する脅威を認定すると共に、憲章第7章の下においてリビアに対しこの要請に応じるよう義務づける「決定(decides)」(第1項)を行ったのである。

　この決議は、米英両国とリビアとの間に犯罪人引渡条約が存在しない中で[13]、領域国に「引渡しか訴追か(aut dedere, aut judicare)」の選択を認める民間航空不法行為防止条約(モントリオール条約)第7条の規定にも拘らず、容疑者の引渡しを求める米英両国の要請に従うことを法的に義務づけたのである[14]。この決議についてICJは、仮保全措置段階の判断としてではあるが、憲章第25条の義務は「一見したところ(prima facie)決議748(1992)に含まれる決定に対しても及ぶ」とした上で、この義務は憲章第103条によりモントリオール条約を含む他のいずれの国際協定上の義務にも優先する、との判断を下している[15]。

　この事件における安保理の役割は、さほど単純ではない。特定の紛争との関係で、終局的であることを意図して法的拘束力ある決定を行ったと思われる点では司法的であるが、明らかに現行法とは異なる権利義務を創設しており[16]、司法の範疇には収まらない「超司法的」行為ともいえる。他方、現行法とは異なる権利義務の創設という点から立法的かといえば、適用対象が特定の場合に限定されていることから、そのようにもいえない。あるいは対象を限定した特別立法的な措置ということができるかも知れないが、過去の特定

の行為に対してのみ遡及的に適用されるという点でやはり立法的な行為とはいい難いであろう。また、それが終局的であることを意図していると考えられることから、警察機能とも異なるといわざるを得ないであろう。そこで以下では、このような場合に「超司法的」という表現を用いることにしたい。

ところで、以上の事例では、たとえ政治的機関たる安保理が司法的性格の決定を行ったとしても、さらには現行法を超える内容の決定を行ったとしても、ICJが当該安保理決議の効力について一応の判断を行っている（行う可能性が示唆されている）のであって、ありうべき法的懸念はある程度緩和されることになろう[17]。しかし、そのようなICJ等の司法機関の関与が常に行われる訳ではなく、そのような機会はむしろ稀である。実際、安保理が司法的ないし超司法的な決定を行いながら、それに対して司法機関が関与しないという例も少なくない[18]。

例えば、イスラエルによるパレスチナ占領との関係で、エルサレム市の地位を変更するイスラエルのすべての立法・行政行為は「完全に無効(totally invalid)である」ことを最も明確に「確認(confirms)」した1971年9月25日の決議298（14対0、棄権1）の第3項や、イスラエルによる「基本法」の制定が「国際法の違反(a violation)を構成」することを「確認(affirms)」し、エルサレム市の性格と地位を変更したイスラエルのすべての立法・行政の措置・行為、特にエルサレムに関する「基本法」が「無効(null and void)である」ことを「決定(determines)」した1980年8月20日の決議478（14対0、棄権1）の第2項および第3項や、パレスチナ占領地域におけるイスラエルの入植政策・実践につき「無効(no legal validity)である」ことを「決定(determines)」した1979年3月22日の決議446（12対0、棄権3）の第1項などがそうである。

また、イラクによるクウェート侵攻および湾岸戦争との関係で、イラクによるクウェート併合を「いかなる法的効力も持たず無効(null and void)と見なされる」ことを「決定(decides)」した1990年8月9日の決議662（全会一致）の第1項や、イラクにより1990年8月2日以後に行われた対外債務の支払いを拒絶するすべての声明を「無効(null and void)である」ことを「決定(decides)」した1991年4月3日の決議687（12対1（キューバ）、棄権2）の第17項[19]などもその例である。

さらには、イスラエルによるパレスチナ占領地域における行為を「戦時における文民の保護に関するジュネーヴ条約に違反する」と「宣言(declares)」した1991年5月24日の決議694（全会一致）の第1項や、パレスチナ占領地域にお

ける文民条約の適用可能性を「再確認(reaffirms)」した1992年1月6日の決議726(全会一致)の第2項や同年12月18日の決議799(全会一致)の第2項など[20]もそうである(ただし、文民条約の適用可能性については、2004年のパレスチナの壁事件・勧告的意見に至ってそれを肯定するICJの判断が示されている[21])。

これらの決議には、法的拘束力のある安保理決議の典型としての第7章への言及がないものもあるが、上記ナミビア事件の勧告的意見に照らせば[22]、それらについても法的拘束力が肯定される余地はあろう。しかしこれらの法的問題は、その結論がいかに当然のように見えても、本来は司法機関における法的判断の対象とすべき事項であって、外交官によって構成される政治的機関としての安保理が、法的拘束力を有する決議をもって終局的な判断を下すべき対象であるようには思えない[23]。ましてや、その決議内容が現行法とは明らかに異なるものである場合には、その問題性はさらに増幅されることになろう。

以上に見てきた安保理による司法的機能の行使は、その対象が南アフリカ、リビア、イラク、イスラエルといったある種の共通点を持つ国家が対象となっていたために、恐らくは政治的な観点から、さほど重大な法的問題を惹起することとはなっていないが、一般的には、政治的機関である安保理が司法的機能を果たすことには、公正さの観点から、その正当性に疑問があるといわねばならない。

2　安保理による司法的機関の設置

同様な観点から検討すべきであるのが、安保理による司法的機関の設置である。これは、湾岸戦争後の戦後処理を契機として行われるようになったもので、①湾岸戦争後の国連補償委員会(UNCC)の設置(1991年5月20日の決議692(14対0、棄権1))、②同じく湾岸戦争後の国連イラク・クウェート国境画定委員会(IKBDC)の設置(1991年4月3日の決議687(12対1(キューバ)、棄権2)に基づいて事務総長が設置)、③旧ユーゴ紛争に関する旧ユーゴ国際刑事裁判所(ICTY)の設置(1993年5月25日の決議827(全会一致))、④ルワンダ内戦に関するルワンダ国際刑事裁判所(ICTR)の設置(1994年11月8日の決議955(13対1(ルワンダ)、棄権1))などが、その代表例であろう(以上の諸決議はすべて憲章第7章の下で採択されており、②を除き設置は「決定(decides)」されている)。③④は、明らかに司法的

な機能を果たす補助機関の設置であるし、①②も補償の適否や補償額の決定、最終的な国境の画定という、ある意味では司法的な任務を伴う補助機関の設置である。それらは正当性の観点からいかに評価できるであろうか。

　第一に、これらがいずれも司法的な要素を含む機関であるということから、共通する問題として、政治的な機関であり自らは司法的な権能を有さない安保理が、自ら有しない権能を行使する機関を自己の補助機関として設置することができるのか、という点が問題となりうる[24]。しかし、自らが司法権能を行使するということと、司法的な機能を有する補助機関を設置するということとは別次元の問題である。安保理自体が司法的機能を果たしえないとされる主要な理由は、その構成や構成員にあると考えられるのであり、その構成と構成員が政治的観点から独立・公平であって、専門的な知見による公正な判断が確保できるのであれば、司法的機能を有する補助機関を設置することは、安保理の広範な任務と権限からして、「国際の平和及び安全の維持」(憲章第24条)という目的に合致する限り、排除されないと考えられる[25]。

　安保理決議による裁判所の設置については、ICTYのタジッチ事件においてもその合法性が争われた。その際に被告人側が、安保理は司法機関を創設できないとして行った主張の一つが、安保理は補助機関を通じて行使できる司法権能を有していないというものであった。これに対して上訴裁判部は、そのような主張は憲章の根本的な誤解であるとした上で、安保理による裁判所の設置は、安保理が自らの任務や権能の行使を裁判所に委任(delegate)することを意味するのではなく、平和と安全の維持という自らの主要な任務の遂行のための手段として裁判所を設置したものであると述べた。そして、安保理は広範な裁量権を有しており、憲章第41条(非軍事的措置)における制限は「兵力の使用を伴わない」ということだけであるから、国際裁判所の設置はまさに第41条の下における安保理の権限の範囲内にある、と判示している[26]。

　実際、この点に関しては国連においてすでに類似の前例があり、やや特殊ではあるが、国連事務局の職員の雇用契約や任用条件の不履行にかかる訴訟を裁判する国連行政裁判所が、1949年12月9日の国連総会決議351A(Ⅳ)によって設置されている[27]。そして、1954年の「国連行政裁判所が下した補償裁定の効果」に関するICJの勧告的意見は、総会がこのような裁判所を設置する権能を有していることを認めた上で[28]、この裁判所の判決がそれを設置した母体である国連総会までも拘束しうることを認めているのである[29]。

第二に、上記の補助機関はいずれも司法的な性格を有する機関であるということから、その活動は公正であることが求められるであろう。裁判の公正は普遍的な要請であるが、とりわけ人的管轄が個人である場合には、自由権規約第14条1項の建前からも「公正な裁判」が保障される必要がある。この点は、設置母体が安保理という高度に政治的な機関であることから特に重要である。以下、この点について、上記のそれぞれの機関について個別に検討することにしよう。

(1) 旧ユーゴ国際刑事裁判所およびルワンダ国際刑事裁判所

まず旧ユーゴ国際刑事裁判所(ICTY)[30]についていえば、国連事務総長はその報告の中で、安保理の決定によるICTYの設置を勧告するに際して、次のように述べた。安保理は、憲章第7章の強制措置として、憲章第29条の補助機関である司法的性格の機関を設置することになるが、「もちろんこの機関は、政治的考慮から独立にその任務を遂行しなければならず、その司法任務の遂行に関して、安全保障理事会の権限や統制(authority or control)に従うことはない」と[31]。これに対してユーゴスラビア連邦共和国(新ユーゴ)は、ICTY規程の採択の直前に、国連事務総長宛の書簡において次のように懸念を表明した。すなわち同国は、とりわけ安保理の不公平なアプローチのゆえに、特別裁判所(ICTYのこと)の公平性に疑問を有しているとし、また形式論として、「いかなる独立の裁判所も、特に国際裁判所は、安全保障理事会を含む他の機関の補助機関ではありえない」と述べたのである[32]。

しかし、上にも述べたように、当該裁判所が公平であるか否かは、当該裁判所自体について判断すべきものであって、その設置母体の性格や、それが他の機関の補助機関であるか否かといった組織形態のみによって判断すべきものではなかろう。そして、ICTYの独立性・公平性は、後に述べる安保理の他の補助機関と比較しても、一定以上の水準にあるように思える。それは裁判所の構成とその手続の両面についていえる[33]。

まず裁判所の構成という観点からは、ICTY規程に定める裁判官の独立、その公正・誠実要件、その選出方法(安保理の提出する名簿から総会が選出)に関する規定は、国際司法裁判所の裁判官の場合に比肩できるとさえいえる(第12条、第13条)。手続面については、すでに設置の基礎となる事務総長報告において、被告人の権利の尊重が強調されており、裁判所はその権利を完全に

尊重しなければならないとして、自由権規約第14条への言及がなされていたが[34]、採択されたICTY規程には、公正な公開審理を受ける権利をはじめとして、自由権規約第14条の文言を引き写した規定が置かれている(第21条)。また、これも自由権規約第14条の保障する、控訴の権利や再審理の権利を確保するため、上訴裁判部が設置され、再審理の手続が規定されている(第25条、第26条)。

　以上の諸点は、ルワンダ国際刑事裁判所(ICTR)についてもほぼそのまま当てはまる(ICTR規程第11条、第12条、第20条、第24条、第25条)。

　ところで、ICTYとICTRの設置に当たって採択された裁判所規程には、訴追の対象となる犯罪が列挙されているが、これが現行法を反映したものであるか否かという点が、安保理の(限定的な)「立法的」機能との関係で問題となりうる。また、現行法にない新たな法を基礎に裁判が行われるのであれば、罪刑法定主義(行為の時にその行為を犯罪とし刑罰を科する旨を定めた法がなければ、その行為者を処罰できないとする原則)の観点からも問題となるであろう。

　ICTYについては、その設置を勧告する事務総長報告の中で、「[ICTYに訴追の任務を付与するに際して]安全保障理事会は、[国際人道]法を創設したり、『立法(legislate)』しようとしたりするのではない。そうではなく、[ICTY]は既存の国際人道法を適用する任務を有することになる」という点が強調されていた[35]。それゆえ「罪刑法定主義(nullum crimen sine lege)の要請から、[旧ユーゴ]国際裁判所は疑いなく慣習法の一部である国際人道法の規則を適用すべきである[36]」(事務総長報告)とされ、ICTY規程では、その事項的管轄につき、国際人道法との関係では、「ジュネーヴ諸条約に対する重大な違反行為」(第2条)と「戦争の法規又は慣例に対する違反」(第3条)が掲げられた。これらの諸点はいかに評価することができるであろうか。

　まず、第2条に定める「重大な違反行為」は、「国際的武力紛争に適用される慣習法の中心をなす」(事務総長報告)とされるジュネーヴ諸条約において、(国内裁判所においてではあるが)訴追され処罰されることとされていることから、問題はなかろう。他方、第3条には五つの行為類型(ハーグ陸戦規則、ニュルンベルク国際軍事裁判所憲章に含まれているもの)が列挙されるが、同時に同条柱書きに、「これらに限定されるものではない」と特記されており、対象犯罪がオープンエンドに拡大する可能性を内包していることから、罪刑法定主義の観点から問題視されうるであろう。

また、当該法規慣例が慣習法であるということと、その違反につき違反者個人を処罰することが慣習法であるということとは、必ずしも同一ではない。ICTYが違反者を訴追する裁判所である以上、罪刑法定主義の建前からは、後者の慣習法性が要求されるはずであるが、その点は必ずしも十分に考慮されていない。のみならず、第2条と第3条とでは、一貫性に欠けるところがあるように思える。すなわち一方で、ICTY規程第3条は、必ずしもその違反者を訴追・処罰することが慣習法として確立しているとはいえない各種行為を対象犯罪としているように思える（しかもオープンエンドである）が、他方で、もし当該規則（行為規範）自体が慣習法であれば、それだけでICTYはその違反者を訴追・処罰できる、というのがICTY規程の立場であるとすれば、同規程第2条において、訴追・処罰の対象を（全体として慣習法とされる）ジュネーヴ諸条約の諸規則の中の「重大な違反行為[37]」に限定する必要はなかったはずである。

　さらに疑問なのは、そもそもなぜ罪刑法定主義の観点から訴追対象が「慣習法」の違反に限定されることになるのか、という点である。前述のように、罪刑法定主義とは、行為の時に、その行為を犯罪とし、刑罰を科する旨を定めた法がなければ、その行為者を処罰できないとする原則であるが、その法が「慣習法」の形態をとることを求める必然性はなかろう。条約であっても、行為の時点で行為者に適用可能な現行法であれば、罪刑法定主義の要請は満たされるはずである[38]。

　しかし、いずれにせよ、罪刑法定主義の要請によれば、行為の時点で当該行為規範が現行法であったというだけでなく、当該行為規範の違反者を訴追・処罰するという規則が現行法として存在していたということが必要なのである[39]。

　同様な問題は、ICTRについても存在する。ICTRの場合は、伝統的に戦争犯罪の概念が存在してこなかった非国際的武力紛争（内戦）[40]を対象としていることから、その問題性はより顕著に表れる。ICTR規程は、その事項的管轄につき、国際人道法との関係で、「ジュネーヴ諸条約の共通第3条および第二追加議定書の違反」（第4条）を掲げるが、その訴追・処罰がその行為の時に現行法であったといえるのか、疑問なしとしない[41]。

　以上の点は、必ずしも現行法を反映しない「規則」に照らして司法的判断を行わせるという点で、先にロッカビー事件との関係で指摘した超司法的措置

とその問題性の一部を共有しているといえよう。

(2) 国連補償委員会

国連補償委員会(United Nations Compensation Commission, UNCC、以下「委員会」ともいう)は、湾岸戦争の正式停戦決議である決議687の第18項において設置することが決定されていた。同項によれば、その任務は、「第16項に該当する請求に対する補償の支払いのための基金……を管理する」ことである。第16項は、イラクが「違法なクウェートへの侵攻および同国の占領の結果として外国の政府、国民および法人に対して生じたいかなる直接の損失、損害または危害についても国際法上の責任を負うことを再確認」するものである。そして同決議第19項は、以上を実施するため、国連事務総長に対して、「損失を評価し、請求をリストアップし、それらの有効性を確認し、第16項に定めるイラクの責任に関して争いがある請求を解決する適当な手続」(以下「請求の処理」という)や「補償委員会の構成」などを含む勧告を、決定のために安保理に提出するよう指示した。UNCCは、同項を受けて提出された事務総長報告に従って、安保理決議692の第3項により設置されたものである。

事務総長報告によれば、UNCCは、①安保理15カ国の代表からなる主要機関としての運営理事会(Governing Council)、②財務・法律・会計・保険・環境損害評価等の専門家であり個人資格で行動する委員(commissioners)、③事務局(secretariat)から構成される[42]。そして、運営理事会によって採択された請求手続暫定規則によれば、UNCCにおける請求の処理は概要以下のように行われる[43]。請求が委員会に提出されると(個人の請求は国が代わって提出(第5条))、まず事務局で形式要件に関する予備的評価が行われ(第14条)、次に確認と評価のために通常3人の委員からなるパネル(第28条)に付託される。証拠の提出は請求者の責任であるが、パネルは追加の証拠を要請したり、関係者が意見を述べる聴聞会を開催したりできる(第35条、第36条)。受領した請求と勧告する配分額は、理由を付してパネルから運営理事会に報告される(第37条、第38条)。パネルの勧告は、運営理事会の承認(approval)にかかるものとされ、理事会は、勧告額を再検討し、必要と判断すればその額を増減することもできるし、再検討のため委員に返送することもできる。運営理事会の決定は最終的なもので、手続的、実体的、その他の理由による上訴や再検討の対象とならない(第40条)。

以上のように、UNCCは、個々の請求の適否の認定と補償額の確定を行うというその任務と、右に見たその手続からして、司法的性格の機関であるということができるように思える。実際、UNCCの設置に当たって安保理は、初めて司法的任務遂行のための補助機関を設置すべくその黙示的権能に依拠した[44]、と評される。この点について事務総長報告は、請求の処理にかかる任務の多くは「司法的な性格ではない」とし、争いのある請求の解決のみ「準司法的であろう」と述べて、UNCCの司法的性格を控えめに評価しているが[45]、そこに司法的な要素が含まれることに疑いはなかろう。

　問題は、そのような司法的（ないし準司法的）機能をもつUNCCの主要な機関である運営理事会が、安保理の構成国の代表からなることである。しかも、運営理事会の「承認」権限は、単に形式的なものに留まらず、パネルによる勧告を覆すことのできる実質的なものであり、最終的な決定権限である。そうすると、UNCCにおいて、司法的（ないし準司法的）な任務を安保理自体が遂行しているのとほとんど異ならないということにもなろう。もちろん、運営理事会に（パネルにも）イラクは代表を送っていないし、同理事会におけるオブザーバー資格も拒否されている[46]。イラクに対して非軍事と軍事の双方の制裁を課した安保理の同じメンバー（非常任理事国には変動がありうるが）が、運営理事会として、制裁の対象となったイラクを一方当事者とする請求権紛争において公正な判断を行うことができるか、疑問を持たれても当然であろう[47]。

　イラク自身、UNCCを設置した決議692について、「正義と衡平の観念および国際法の本質を危うくする」規定があるとした上で、「［安保理］は司法的問題に関する決定を行うために政治的機関を設置した」が、その機関は「イラクの敵であると同時にイラク問題の仲裁人でもある」として批判しているが[48]、そこには何がしかの真実が含まれているように思える。もちろん、260万件以上ともいわれる請求のすべてを厳格な法的審査の対象とすることは、迅速な処理の必要からいっても、現実問題としては不可能に近いといえるかも知れない。また、ほとんどの請求処理は、個人資格の専門家である委員から構成されるパネルで行われ、さらにイラクには、事務局長を通じたパネルへの見解提出の道も開かれていたし、運営理事会の会合でも自国の見解を表明する機会を与えられていた[49]。しかし、少なくとも制度上の仕組みとしては、運営理事会の構成（安保理構成国の代表）とその役割（事実上の上訴審）について、

司法的機関の独立・公平を含む正当性の観点から疑問が払拭しきれないであろう[50]。

ところで、そもそも安保理自体が、UNCCの任務の基礎となった決議687の第16項において、イラクが「違法なクウェートへの侵攻および同国の占領の結果として外国の政府、国民および法人に対して生じたいかなる直接の損失、損害または危害についても国際法上の責任を負う」ことを再確認[51]している点にも問題がないとはいえない。イラクのクウェート侵攻は、安保理決議660において「国際の平和および安全の破壊」と認定されたことからも、その点に関してイラクがクウェートに対して国際責任を負うべきは当然であるといえるにしても[52]、「外国の……国民および法人」に対して生じた損害等に関して、イラクが「国際法上の責任を負う」ことになるかについては、必ずしも当然という訳ではなかろう。

ハーグ陸戦条約第3条は、ハーグ陸戦規則違反による損害につき違反国の賠償責任を定めているが、それが被害者個人への賠償義務を定めたものであるかについては争いがあり、一般には否定的に捉えられている[53]。決議687の上記文言は、この点について必ずしも明確でない部分があるともいえるが、UNCCの運営理事会の決定によれば、私人は国籍国（または住所地国）を通して委員会に請求を提出するものとされるところ、国家は私人の請求に関して単に「代理人」として行動するだけであって、また、国家は受領した補償金を請求者に支払うことを制裁付きで義務づけられており[54]、実質的には被害者個人への賠償義務を認める内容になっているということができる。その意味では、決議687は、（個人の保護の観点からの是非は別として）ハーグ条約の定める国際法を超えた義務をイラクに課したということにもなろう[55]。ましてや、損失等が武力紛争法違反に起因するものでない場合やイラク軍の行動によるものでない場合（これらも請求の対象となる）については、なおさらである[56]。これらは、懲罰的な内容を含む平和条約にも擬せられるかも知れない。

もっとも、こういった点については、イラクは湾岸戦争の正式な停戦の条件として決議687を受諾したのであるから、法的な問題は生じえないとの反論がありうる[57]。またこのような反論に対しては、戦闘を停止するための条件として提示された諸規定の受諾は、真の同意といえるか、との再反論もありうる。実際イラクは、同決議を受諾する書簡において、「この決議を受諾するよりほかに選択肢はなかった」と述べて、受諾が強いられたものであるこ

とを示唆している[58]。もちろん、決議の受諾に際して強制の要素がなかったとはいえない。しかし、あらゆる強制が国家の意思表示を無効にする訳ではない。停戦条件を提示する安保理決議とイラクによるその受諾を、ある種の条約類似の取極と見ることが可能だとすれば、条約法条約第52条(国連憲章に違反する武力行使の結果締結された条約の無効を規定)に照らしても、イラクによる受諾が強制によるものとして無効であるとの結論は導かれないように思える[59]。加えて、決議687自体、国連憲章第7章の下で採択された決議であるだけでなく、その第16項にかかる任務を有するUNCCの設置も、憲章第7章の下で決定されたものであり(決議692)、いずれも憲章第25条により国連加盟国であるイラクを法的に拘束するという点を指摘できるであろう。そうであれば、上に述べた様々な疑問は、合法性の問題というよりも正当性に係わる問題だということになろう[60]。

(3) 国連イラク・クウェート国境画定委員会

　決議687との関連で設置されたもう一つの安保理補助機関である国連イラク・クウェート国境画定委員会(United Nations Iraq-Kuwait Boundary Demarcation Commission, IKBDC、以下「委員会」ともいう)の場合にも、同様な問題が指摘できる。IKBDCは、同決議第3項が国連事務総長に対し、「イラクとクウェートの間の国境を画定するために両国と取決めを行うよう支援すること、および1箇月以内に安全保障理事会に報告することを要請」したことを受けて、事務総長が1991年5月2日付の事務総長報告に基づいて設置したものである。

　設置の基礎となった事務総長報告によると、同委員会は、イラクとクウェートそれぞれの代表のほか、事務総長の任命する独立の3名の専門家から構成されるものとされた(合わせて5名。決定は多数決による)[61]。その任務は、「[1963年の]クウェートとイラクの間の合意議事録に定める国境を緯度および経度の地理的な座標と物理的な表示によって画定すること」であった[62]。そして、委員会の設定した座標は、「イラクとクウェートの間の国境の最終的な画定(final demarcation)を構成する」ものとされた[63]。

　国境の最終画定を行うという委員会の任務は、一見して(準)司法的なもののように思える。しかし、決議687の採択に当たって、米英両国を含む主要国から、国境問題は交渉と合意によって決められるべきものであり、本決議は、安保理が国境を決定する権限を有することを求めるものではない旨の発

言が行われている[64]。また、その後の関連する安保理議長声明・安保理決議や事務総長報告においても、IKBDCは両国間の領域を「再配分(reallocating)」するのではなく、単に両国間の合意議事録に示された国境を精確な座標で「画定(demarcate)[65]」するために必要な「技術的な任務(technical task)」を遂行するだけであるとされ、その点が繰り返し強調されている[66]。実際、委員会の専門家は、委員長(元インドネシア外相)とイラク・クウェートそれぞれの代表を除けば、いずれも土地測量の専門家であり、その主要な任務が技術的であったことを示している。もっとも、技術的な作業とはいえ、国境の画定という作業には解釈の要素が当然絡んでくるはずであり、その限りでIKBDCの作業も「準司法的」な性格のものとならざるを得ないし[67]、それゆえ公正さが求められたということにもなろう。

　この点で、イラク代表が(全11会期のうちの)第6会期以降、画定手続の不公正(イラクによれば、当初の付託事項に含まれていなかった沖合区域の境界画定が行われることになり、その過程で国連事務局からの干渉があったとされる[68])を理由に委員会の作業から完全に撤収したという事実や[69]、IKBDCの委員長が(恐らくは)同じ理由から1992年11月20日に辞任したという事実[70]は、委員会が(国連事務局の行為などのために結果としてであれ)単なる「技術的な任務」に留まらない活動を行っていたことを示唆している。

　ところで、仮にIKBDCの作業が「技術的」であるとすれば、国境画定に関する「法的」な決定は、すでに決議687の採択の際に安保理によって行われていたということになるであろう。同決議は、上記のように事務総長に対して、両国間の国境画定のために支援するよう要請すると同時に、イラクとクウェートに対して、1963年の「合意議事録に定める国境の不可侵性……を尊重することを要求(demands)」(第2項)しているだけでなく[71]、安保理として「上記の国境の不可侵性を保障すること、および、そのために適当な場合には国際連合憲章に従って必要なあらゆる措置をとること」を「決定(decides)」(第4項)している。

　しかし、イラクは、当該合意議事録の拘束力を認めてはいない。IKBDCの設置に先立ってイラク外相が国連事務総長に宛てた書簡によると、「[合意議事録]は、イラクの立法当局と大統領による批准のために必要な憲法上の手続を未だ経ておらず、したがって国境問題は未解決のままに残されている」という[72]。もっとも、同合意議事録には批准条項が存在せず[73]、一般に批

准条項のない条約は署名によって発効すると推定されることから[74]、イラクの主張は法的根拠が希薄であるといわなければならない。しかし、それはあくまで推定であって確定ではないし、いずれにせよ、イラクがそのような法的主張を行っている以上、安保理は決議687において、争いのある法的問題に判断を下すことによって、司法的な機能を果たしたということになろう。この点について国連事務総長は、イラクが決議687を受諾したことを根拠に、イラクの批判を退けているが[75]、ここでも安保理の行為には、UNCCとの関係で先に述べたのと類似した問題、すなわち、形式的にはイラクの受諾等によって合法性は担保されるとしても、実質的には政治的機関による司法的機能の行使として、正当性の観点からの問題が残されるように思える。

同様の問題は、委員会の作業開始後にもある。先に触れた、イラクが委員会から撤収した理由とされるものであるが、委員会が沖合区域の境界画定を行うこととなった経緯がそれである。委員会の作業の基礎となる1963年の合意議事録(およびそこで言及される1932年の交換書簡)には、沖合区域(Khowr Abd Allah)についての記述は全くなかった。IKBDCのイラク委員も当初の委員長も、委員会が同区域の境界画定権限を有しているかについては大いに疑問をもっていたようであるが、国連事務局の高官はその画定を強く主張し、委員会から安保理への報告書の送り状(事務総長名)においてそのことを勧奨した[76]。これを受けて安保理は、1992年8月26日に決議773を採択し(14対0、棄権1)、沖合区域を含む境界を検討するという委員会の決定を歓迎したのである(第3項)。国連事務局からの働きかけはともかく(それは別の問題を惹起するが)、本章の問題関心からすると、沖合区域が境界画定の対象に含まれるか否かは、まさに1963年の合意議事録およびそこで言及される1932年の交換書簡の法的解釈にかかる問題であり、このような簡単なやりとりの中で安保理がそれに関して終局的な法的判断を下したとすれば、安保理による軽々な司法的機能の行使として、少なからぬ問題を孕むように思える。

さらにいえば、沖合区域の境界画定については、IKBDC自身の作業との関係でも問題がある。上記のように、その作業の基礎となる合意議事録や交換書簡には、沖合区域の境界に関する具体的な記述が一切なかったのであるから、委員会は、一般国際法に照らしつつその作業を行わなければならなかったはずである。実際、可航水路における境界画定の原則(タールベーク)や領海における船舶の無害通航権、通過通航権などの問題が検討されたようであ

る[77]。これはもはや「技術的な任務」とは到底いえないであろう。そうであれば、そして検討内容の法的性格からしても[78]、委員会の構成がはたして適当であったのか(国際法の専門家が含まれていたか[79])が問題とされなければならない。これは、委員会の作業が客観的には概ね公正に行われたとしても、問題とされるべき事項であろう。

いずれにせよ、IKBDCは1993年5月21日にその作業を完了し、安保理は同年5月27日に憲章第7章の下で採択した決議833において、同委員会の最終報告[80]を歓迎すると共に、国境画定に関する委員会の決定が最終的なものであることを再確認した。イラクは、1994年11月10日に革命指導評議会(RCC)のデクレにおいて、IKBDCの画定したイラク・クウェート間の国境を承認すると共に、その不可侵性を尊重することを決定している[81]。したがって、法的な観点からは、上に述べた問題は最終的に解消したことになるが、正当性の観点からは、問題が残るといわなければならない。

3 安保理の司法的機能と正当性

以上、安保理の司法的機能に係わるいくつかの事例を検討してきたが、それらは次の二ないし三つの部類に分けることができる[82]。第一に、安保理自身が法的争点に関して終局的な判断を下すことによって司法的機能を果たす場合であり、第二に、安保理が憲章第29条に基づいて補助機関を設置し、当該補助機関が司法的機能を果たす場合である。さらに現実には、これらの純粋型のほか、ハイブリッド型ともいえるものも存在する。

第一の安保理自身による司法的機能の行使についていえば、そもそも政治的機関である安保理が法の解釈適用に当たる司法的機能を行使することが適当なのか、という問題がある。安保理が理事国の代表である外交官によって構成される政治的機関であることからすれば、一般的には安保理による司法的機能の行使は不適当であるといわねばならない。政治的機関においては、司法的機能の行使において最も重要な要素ともいえる「公正さ(fairness)」が確保される保障がないからである。もちろん、より広く紛争の平和的解決という観点から見れば、条約の解釈適用といった法的紛争であっても、政治的機関に紛争解決機能が付与されることは稀ではない。しかし、通常は、その提示する解決条件が拘束力のない勧告であるか、その後にICJや仲裁裁判所等

への付託の道が開かれているのであって[83]、一般的には政治的機関が終局的で拘束力ある解決を行うという訳ではない[84]。

　第二に、安保理が補助機関を設置して、これに司法的機能を担わせる場合には、そのような問題は生じ難い。当該補助機関の構成と手続が司法的機能に適した形になっているのであれば、その設置母体が安保理であるという一事をもって、問題とすべきではなかろう。そのような補助機関として、ICTYやICTRを挙げることができる。

　他方、安保理の設置した補助機関であっても、それが安保理の実質的な影響下に置かれるハイブリッド型の場合には、安保理自身による司法的機能の行使の場合と同様の問題が生じうる。例えばUNCCがそうであって、UNCCで最終的決定権を有する主要機関である運営理事会は、安保理の理事国の代表によって構成されており、必然的にその政治的影響力の下に置かれることになる。だからこそUNCCは、様々な形でイラクに見解を提示する機会を与え、また運営理事会は、すべての決定をコンセンサスで行ってきたのである[85]。その努力は率直に評価しなければならない。しかし、それらの事実は、逆にいえば、UNCCの構成に正当性の観点から問題があるという認識を、UNCC自身が持っていたということ（そしてその点を手続的に矯正しようとしていたということ）を示唆しているのではなかろうか。

　同じく安保理が湾岸戦争後に設置したもう一つの補助機関であるIKBDCの場合には、制度上は、安保理の政治的影響力の下に置かれる仕組みにはなっていなかった。しかし、現実には、国連事務局からの干渉じみた行為があり、それが現に委員会の作業内容に影響を与えることになったともいわれ、違った意味でその作業の正当性に疑問が呈される余地を残すことになったといえよう。

　ところで、安保理の補助機関による司法的機能の行使の例として上に挙げた四つの補助機関については、その活動の基礎となる安保理決議（が承認した事務総長報告）に現行国際法を超えるとも思える内容が含まれていた点に注意しなければならない。ICTR規程の場合の、非国際的武力紛争における戦争犯罪の処罰がそうであり、湾岸戦争後の決議687の場合の、被害者個人に対するイラクの国際責任の認定もそうである。さらに、安保理の補助機関が関係しないものとして、ロッカビー事件の際の決議748も同様である[86]。これらの決議における安保理の行為は、現行法を超えるという意味で超司法的行

為であるということができる(ICTYやICTR(およびUNCC)については、安保理による規範設定後に、それらの裁判所(委員会)が個々の被告人(請求人)についてそれを適用したことから、安保理の行為を「立法的」なものと性格づけることも可能であるが、ここでは安保理の行為が特定の事態との関係であった点を重視して、それを「超司法的」機能と捉えて論を進めることにしたい)。

　もちろん、安保理が通常の制裁を発動する場合にも、制裁の対象となる国に対して現行の国際法とは異なる内容の措置をとることを排除されてはいない[87]。むしろ、制裁の内容が現行の国際法上の権利義務関係と異ならないのであれば、制裁の効果も期待できないとさえいえよう。そうであれば、上に述べた現行法を超える内容の安保理決議も、憲章第7章下の制裁として位置づけられる限りで、何ら新しい現象ではなく、問題とならないと主張されるかも知れない。

　しかし、そうではない。憲章第7章の下での通常の制裁と、ここでいう超司法的措置との間には一点大きな違いがある。それは、前者が本来的には平和の回復までの暫定的な性格のものであるのに対して、後者は(その枠を超えてはいるが基本的には)司法的な行為として、終局的な性格を有している点である。平和の維持・回復のために必要であり、しかも一時的なものであれば、国際法に反する措置をとることも場合によっては許されるといえるとしても、それが終局的・永続的なものであるとすれば、国際社会における法の支配の観点からも、看過できない問題を孕むといわねばならないであろう。

　実際、終局的性格を有する紛争解決は現行国際法に従うべきであるが、暫定的性格の強制措置は必ずしもそうではないとの考え方は、ほかならぬ国連憲章自体にも反映されている。すなわち憲章第1条1項は、「国際紛争の解決」との関係でのみ、「正義及び国際法の原則」に従うことに言及し、「集団的措置」(強制措置)との関係ではそれに言及していない。これは、憲章の起草者が、集団的措置は戦闘を止めるためだけの暫定的な措置であるから、厳格な法的制限を不必要と考えたためであるとされる[88]。実際、サンフランシスコ会議において、ダンバートン・オークス提案にはなかった「正義及び国際法の原則に従って」という新たな文言を加える修正提案がなされたのに対して、紛争解決との関係ではそれが受け入れられながら、集団的措置との関係では、安保理の手を縛ることになるとして受け入れられなかったのである[89]。そのような点を想起するならば、終局的な性格の法的拘束力ある決定を現行法か

ら離れて行う超司法的措置には、基本的に問題があるといわなければならないであろう。そのような措置は、対象国に対して、その後の変化のいかんを問わず永続する制裁を課するに等しいともいえるのである。

　超司法的措置に注目しなければならないもう一つの理由は、それが個別の措置を超えて新たな法へと一般化する契機を孕むことがあるという点にある。例えば非国際的武力紛争における戦争犯罪の処罰は、裁判所における実践とも相まって、新たな法の創設へと繋がる可能性を有している。もっとも、それはあくまで可能性であって、「立法」そのものではない。ICTY規程やICTR規程とそれらに基づく実行は、その後の慣習法の発展に影響を与えうるという限りの「立法的」機能に過ぎない。とはいえ、安保理が設置した司法的補助機関が関与するのであるから、その実行には相応の法的価値を与えられることになろう。他方、ロッカビー事件の場合には、安保理の超司法的措置が、その後容易には一般化・慣習法化せず、単発の措置に終わる可能性も少なくないように思える。こうして、超司法的措置の立法化(慣習法化)の可能性は、それぞれの場合において不確定要素を含んだ程度問題であるともいえるのである。

　いずれにせよ、これまでに見てきた例は、特定の事態との関係における措置であるという点で共通しており、そしてこの点にこそ、次に見る安保理による国際立法との根本的な違いがあるのである。

III　安保理の立法的機能

1　安保理による立法的機能の行使

(1)　安保理決議1373

　安保理による立法的機能の行使(＝国際立法)としては、2004年4月の決議1540が最も顕著な例として語られる[90]。しかし、安保理による国際立法は、決議1540において初めて実践された訳ではない。その最初の実践は、2001年9月28日に採択された決議1373(全会一致)においてである。この決議は、9.11同時多発テロ事件の約2週間後に採択されたこともあり、前文でこそ、「そのような行為[＝同時多発テロでのテロ攻撃]が、すべての国際テロ行為と同様に、国際の平和および安全に対する脅威を構成することを再確認」するとされ、特定の事態に向けられた内容の決議であるかのようにも見えるが、本文

に定める措置の内容は極めて一般的なものである。

すなわち、①テロ行為に対する資金供与を防止し抑止すること、テロ行為用の意図的資金提供・収集を犯罪とすること(第1項)、②テロ行為関与団体・関与者へのいかなる形態の支援をも慎むこと、情報交換等のテロ行為防止に必要な措置をとること(第2項)などを、国連憲章第7章の下で「決定(decides)」している。したがって、これら規定は、国連加盟国のすべてを法的に拘束することになる。特定の事態との関係ではない一般的な内容(適用可能性)をもち、一時的ではない永続的な性格の法的拘束力ある新たな規範を創設したという点で、安保理は、この決議の採択に当たって、立法的機能を行使したということができよう。そこに含まれる措置が、本来であれば多数国間条約において定められるべき一般的な内容のものであることは、それらの多くが1999年のテロ資金供与防止条約の内容や趣旨を反映しているという事実からも確認することができる[91]。

テロ資金供与防止条約は、1999年12月9日に国連総会において採択されていたが、決議1373採択の時点では、発効に22カ国必要な批准国数がわずか4カ国にとどまっていた。そこで、その内容の一部を含む安保理決議を採択することによって、すべての国連加盟国について、同条約をいわば「強制発効」させたともいえよう。しかし、その後の安保理においても、この決議を歓迎し賞賛する声は聞こえても、安保理による国際立法として懸念する声はほとんど聞かれなかった[92]。それは、決議1373が、国連総会第6委員会と国連総会の双方においてコンセンサスで勧奨決議が採択されていた上記条約の内容を反映したものであったからにほかならない。その意味でこの決議は、安保理による史上初の国際立法ではあるにしても[93]、まったく新たな規範創設であったとは言い難い。国際立法の問題性は、この決議ではなく、そのような関連条約が存在しなかった決議1540においてより明確に示されることになる[94]。

(2) 安保理決議1540

安保理決議1540は、核兵器、化学兵器、生物兵器(以下「大量破壊兵器」という)およびそれらの運搬手段の非国家主体による取得や使用の危険性(前文第8項)に対処するため、2004年4月28日、国連憲章第7章の下で採択された(全会一致)。この決議は、前文において、「核兵器、化学兵器および生物兵器な

らびにそれらの運搬手段の拡散」が「国際の平和と安全に対する脅威」を構成することを確認しているが、「平和に対する脅威」の認定との関係で何らの具体的な事態にも言及しておらず、その認定が一般的抽象的な事態を念頭においたものであることを示している。

本文に規定する措置も、いずれも一般的抽象的なものであり、その主要な内容は次のようである。すなわち、すべての国が、①大量破壊兵器やその運搬手段を開発・取得・製造・所有・輸送・移転・使用しようとする非国家主体へのいかなる形態の支援をも慎むこと（第1項）、②非国家主体が特にテロ目的のために大量破壊兵器やその運搬手段を製造・取得・所有・開発・輸送・移転・使用すること（未遂・共犯・援助・資金提供を含む）を禁止する適当で効果的な法律を採択し執行すること（第2項）、③大量破壊兵器やその運搬手段の拡散防止のために国内の管理措置（計量管理、物理的防護、国境取締り、輸出管理を含む）をとりかつ執行すること（第3項）を定める。以上の措置は、憲章第7章の下における安保理の「決定(decides)」であり、法的拘束力をもつ。

以上の諸措置は、基本的に、これまでの大量破壊兵器関連条約における法の欠缺を補うためのものである。これまでの大量破壊兵器関連諸条約には大量破壊兵器の「非国家主体への拡散」の防止といった発想は殆どなく、テロと大量破壊兵器の結合という新しい脅威に直面してその点に緊急に対応しなければならなかったのである。実際、法の「欠缺(gap)」を埋める緊急の必要性は、決議1540（案）の安保理における審議の際にも極めて多数の国によって指摘されており[95]、この決議の重要性は、何よりも迅速かつ広範に法の欠缺を埋めるという法的効果の点にあった。

この点を具体的に核関連の輸出管理（上記③参照）について見ると、核関連輸出管理レジームである原子力供給国グループ(NSG)の参加国数は、現在でも45カ国を数えるに過ぎず（他の輸出管理レジーム参加国はさらに少ない）、それ以外の多くの国においては、たとえ核関連汎用品の製造・輸出等を行っていても、効果的な輸出管理の制度が整っていない。そのため、それらの国では、核兵器製造に関連しうる機微な機器の輸出が、場合によっては野放しともいえる状況にあり、その結果マレーシアやアラブ首長国連邦のように、結果として「核の闇市場」の一端を担ってしまう国さえ出てきたのである。しかし、この決議の採択によって、すべての国連加盟国は適当で効果的な輸出管理を設定するだけでなく、その違反に対する罰則を設定・執行する法的義務を負

うことになったのである。いかなる条約であれ、これだけ迅速に、これだけ広範に、これだけ効果的に(この点は国連加盟国の履行状況にもよる)輸出管理の国内体制整備の義務づけを行うことはできない。諸国においてこれらの措置が十分迅速に(本決議における義務的措置には履行期限の定めがない)履行されるならば、輸出管理面での相当な効果が期待できるであろう。

2 安保理の立法的機能と正当性

このように、安保理の法的拘束力ある「決定」による国際立法という新しい手法は、設定された目的の達成との関係でいえば、極めて実効性[96]の高い方法であるということができる。しかし、そのような新しいアプローチに問題がない訳ではない。そもそも一般的にいって、安保理は国連憲章第7章の下で、すべての加盟国を法的に拘束する措置を決定できる極めて強力な権限を付与されているが、その強力さゆえに、その行使に当たっては慎重さが求められる。とりわけ国際立法の場合には、特定の事態とは独立に、一般的抽象的に一定の行為をすべての国連加盟国に義務づけることになるのであり、したがって本来であれば条約を作成することによって定めるべき一般的規則を、条約作成の通常の過程をすべて省略して作成し、かつすべての加盟国との関係で即時に発効させることになるのであるから、憲章に定める安保理の本来の任務からの懸隔という観点からも、先に見た司法的機能の行使の場合以上に慎重さが求められることになろう。

実際、決議1540の審議の過程においても、国際立法の観点から様々な問題点の指摘がなされた。それらの問題点は、「[安全保障]理事会が、すべての国を拘束する決議をもって国際社会のために立法を行うという、新しくかつ一層広範な権限を行使する傾向が近年高まっていることに対して、基本的な懸念がある」というインドの発言に凝縮されている[97]。このような懸念を他の諸国の発言に照らして敷衍するならば、以下の諸点に整理することができるであろう。

第一に「一部の国による作成」である。例えばナミビアは、「現行の多数国間法文書に、埋める必要のある欠缺があることは認める。しかし、そのような欠缺は、多数国間の交渉による文書によって埋めることができるのであり、[安全保障]理事会の措置によって埋めるべきではない。後者はそれを起

草した者の見解しか表現しておらず、バランスを欠き選択的である」と述べている[98]。安保理による国際立法とは、安保理を構成するわずか15の国がその多数決によって、192の国に法的拘束力ある義務を課する一般的法規範を定立し、大多数の国はその作成過程に参加することなく、結果としての法的義務のみを押しつけられることを意味する。作成過程に参加する15の国の中には、自国の国益に反すると考える場合には拒否権を行使することが可能な五つの常任理事国が含まれるほか、拒否権は認められていないが、分野によっては世界的な視野に立って行動する意思や能力に疑問のある国が含まれるということもありうる。もちろんこの点は、特定の事態に対する通常の制裁決議の場合にも当てはまるが、国際立法の場合にはその義務の一般性・永続性のゆえに、問題はより深刻といえよう。

　第二に「交渉過程の排除」であり、ネパールは次のように述べた。「安全保障理事会は条約作成権限を有していない。我々は、理事会がこの決議案を通してその専断的命令によって条約に匹敵するものを作ろうとしているのではないかと恐れる。これは政府間の条約作成のプロセスと実施のメカニズムを害することになろう」と[99]。一般に多数国間条約においては、異なった利害を有する交渉参加国が、相互の主張と妥協を通じてその利害関係を調整することによって、最終的に（利害関係の点では）バランスのとれたルールを作成することが期待できるのであって、その点は、その後の遵守・履行にも反映されることになろう。

　しかし、常任理事国によって実質的に支配された安保理においては、そのような調整は必ずしも期待できない。その結果、安保理による立法を通じて作成された規則は、形式的には拘束力があるものの、国際社会における基盤という点では脆弱な規範となってしまう危険性がある。それは決議の遵守・履行にも反映されうるのであって、場合によっては法的拘束力があるにも拘らず十分に遵守・履行されないということにもなりかねず、そのことは拘束力ある安保理決議一般の尊重や信頼にも悪影響を及ぼしかねない。

　第三に「参加の自由の排除」であり、キューバは、「国際法上の義務は、多数国間で交渉された関係する条約や協定の署名および批准を通した参加と主権的受諾なくして、加盟国に押しつけられてはならない」と述べている[100]。条約においては、その作成に関与していなくても、その内容に不満があっても、最終的にはその条約に加入しないことによって自国の国益を守るという権利

と自由が保障されている。ところが、安保理による国際立法の場合には、そのような自由もなく、自国がその作成に関与せず、その内容に同意できないものであっても、当然に拘束されることになる（それから逃れる道は国連からの脱退しかない）。こうして、同意しないものには拘束されないという主権の最後の砦が揺らぐことになる。

　もちろん形式的には、国連加盟国は、国連憲章を批准することによって、安保理がすべての加盟国を法的に拘束する「決定」を行うことに「同意」しているのであるから（第25条）、「同意しないものに拘束される」ということにはならない。とはいえ、はたして憲章第25条における「同意」が、安保理が国際立法の権限を有することを前提とした「同意」であったといい得るかが問われるかも知れない。

　極論すれば、インドのNPT未加入という問題も、NPTの規定内容を盛り込んだ「決定」を含む安保理決議を採択すれば解決することになる。しかし、その実体面の是非はともかく、そのような手法は、これまでの条約法秩序を瓦解させることにもなろう。それゆえインドは、決議1540（案）について「インドが署名も批准もしていない条約から生ずる義務を押しつけるような本決議案のいかなる解釈も受け入れない」と主張したのである[101]。

　以上のように、安保理による国際立法には様々な問題点があるが、他方で、決議1540のような国際立法が国連憲章によって禁止されているかといえば、少なくとも明示的には禁止されていないし、一般に国連の機関の決議には「有効性の推定[102]」が妥当する。また、大量破壊兵器を用いた国際テロの危険に対して早急に対応する必要があることも明らかであろう。とはいえ、伝統的には、国際立法が集団安全保障にかかる安保理の本来の任務であるとは考えられてこなかったのもまた明らかな事実である。このように国連憲章上の根拠にあいまいな部分の残る行為については、それが正当であると見られることが政治的には重要なのであって、いかにしてその正当性を確保すべきかが問題となる。

3　安保理の立法的機能と正当性の確保

　安保理による国際立法の正当性の条件を網羅的・確定的に示すことは不可能であるが、比較的重要と思われる要素を以下に列記することにしたい。ま

ず実体的な側面についていえば、①国際社会全体ないし諸国に共通の重大な利益に係わる、②緊急の問題に対処するためのものであることが必要であろう。決議1540の根底にあるテロと大量破壊兵器の結合という新しい脅威は、その双方の要素を兼ね備えた典型的(あるいは例外的)な問題であるといえる。①の要素は、すべての国連加盟国を法的に拘束するというところから導かれるものであり、②の要素は、条約交渉の過程を排除し、個別国家の同意を経ずして法的拘束力ある行為規範を定めるところから導かれるものである。もっとも、地域的な問題であっても、すべての国に義務づけがなされるべき場合があり得ない訳ではなく、その意味では、①の要素は必ずしも絶対的なものではない。より重要なのは②の要素であり、安保理の決定という即効性を有する手段を利用する緊急の必要性がない場合には、通常の条約交渉によって利害関係の調整を図るのが筋であろう。

　この点は、決議1540の採択前審議における各国の主張とも符合する。例えば決議案の共同提案国であったイギリスは、テロリストが大量破壊兵器を取得する危険に言及した上で、「この緊急の脅威に直面して、安保理のみが必要なスピードと権威を持って行動することができるのは明らかである」と主張し、決議案はそのような文脈において提出されたと述べているし[103]、非理事国として審議に参加したシンガポールも、安保理に立法権があるのかという懸念は理解できるし、多数国間条約体制が理想的であることにも同意するが、条約交渉には何年もかかるのであり、緊急の行動が必要とされている、と述べている[104]。

　手続的な側面についていえば、安保理の①手続と②構成の両面において、一定の正当性が要求されるであろう。①の手続の観点からは、決議1540のみならず、決議1373や2006年4月27日の決議1673および2008年4月25日の決議1810(後二者は決議1540の設置した1540委員会のマンデートを延長した決議)など、およそ国際立法に関連する決議はこれまですべて全会一致で採択されていることに注目しなければならない。そこには、国際立法的な内容をもつ決議の採択は全会一致によるべきである、というある種の規範意識を見て取ることができるかも知れない。それは厳密な意味での法的要件ではないものの、正当性の観点からは、安保理が全会一致の努力を行うことは極めて重要である。決議1540との関係でも、共同提案国であるスペインが、安保理は国際社会全体のために立法を行っているのであるから、決議案は非理事国との協議の後

にコンセンサスで採択すべきであると述べていたことが想起される[105]。

　このスペインの発言にもあるように、国際立法においては、安保理のみならず、国際社会全体の民主的正当性の観点も重要なのであり、理事国以外の国連加盟国の意見も可能な限り広く取り入れ、「国際社会の一般意思[106]」を反映するよう努力すべきであろう。決議1540との関係では、密室での交渉ないし少数国による立法という印象を払拭することが重要であるとするニュージーランド等8カ国の要請を受け入れて[107]、2004年4月22日に、非理事国36カ国（うちアイルランドは欧州連合（EU）加盟国等34カ国を代表し、マレーシアは非同盟運動（NAM）諸国116カ国を代表して発言）が安保理で決議案について意見表明を行う機会を与えられ、それらの意見を踏まえた修正も行われている。こうした理事国および非理事国の広範な協議の努力は、多数国間条約における交渉を通じた利害調整にも通ずる意味をもつのであって、その後の義務履行にも好影響を及ぼすことが期待される[108]。

　他方、安保理において全会一致で採択された決議であれば、当然に正当性が付与されることになるかといえば、そうではなかろう。正当性が付与されるためには、全会一致で採択を行った機関の構成が、加盟国全体を代表するもの（representative）でなければならない。②安保理の構成の問題である。ただ、この代表性の問題はまさに難問であるだけでなく、それと直結する安保理改革の問題は本章の目的を超えるものであるので、ここでは以下の点を指摘するに留めたい。すなわち、凡そすべての国が「代表性」の観点から満足するような安保理は不可能であり、その点をあくまで追求するならば、国際立法のためには国連総会がより相応しいフォーラムであるということになろう。しかし、総会には安保理のような拘束的決議を採択する権限はないし、そもそも総会に加盟国を拘束する国際法規則制定権限を与えようとする提案は、サンフランシスコ会議において圧倒的多数で拒否されている[109]。その意味では、決議1540の採択に先だって行われたような非理事国との広範な協議が代替的に用いられることによって、この点については満足しなければならないということなのかも知れない。

IV　おわりに

　以上、本来、国連の執行機関としての性格を有する安保理が、新たに司法

および立法の性格を有する活動にも関与するようになってきたという現実について、主として正当性の観点から検討を加えてきた。

　安保理は、国連憲章上、「国際の平和及び安全の維持」に関して「主要な責任」を負う機関(第24条1項)と位置づけられ、とりわけ憲章第7章の下において、「平和に対する脅威」等の事態に対して強制措置を発動することによって対処するという重要な任務と強力な権限を与えられている。もちろん、そのような任務の遂行に当たっては「国際連合の目的及び原則」に従って行動しなければならず、その「特定の権限」は憲章の第6章、第7章、第8章、第12章に明記されている(第24条2項)。

　しかし、その権能が国連憲章に明文で規定されている事項に限定されないことは、国連発足直後の1947年に事実上確認されており[110]、その後も、安保理が取り扱う対象は、「平和に対する脅威」概念の拡大[111]を通して大きく拡がると共に、そのとりうる措置も、同じく実行を通して大きく拡大してきた。加えて、安保理を含め国連の機関の決定が基本的にはICJの司法審査の対象とならないことは[112]、ナミビア事件・勧告的意見においてICJ自身によって確認されている[113]。こうして、極論すれば、安保理は、「平和に対する脅威」等の認定さえ行えば(あるいはその認定なしでも)、いかなる問題に対してもその強力な権能を行使でき、しかもそれに対する外在的な法的統制は(極めて例外的な場合を除き)事実上ほとんど存在しないとさえいえるのである(ただし、強行規範に反することはできないとされる[114])。

　それゆえ、安保理はその権能の行使、なかでも法的拘束力ある決定を採択する権能の行使に当たっては、自ら慎重を期すべきであるということになろう。とりわけ安保理が司法的・立法的機能を行使することによって、「法」が一部の強国によって生み出されているという印象を与えることは、国連や国際法の信頼性と権威を毀損し、ひいては安定した国際秩序や国際社会における法の支配に対して悪影響を及ぼすということにもなりかねないという点に注意しなければならない。

　安保理による司法的機能行使の問題は、湾岸戦争後のUNCCやIKBDCの設置、さらには旧ユーゴ紛争やルワンダ内戦との関係におけるアドホック国際刑事裁判所の設置によって注目されるようになったが、安保理自身が、争いのある法的問題に対して法的拘束力ある判断を下すという例も(さほど注目されていないが)少なくない。しかし、その旨の特別な授権がある場合は別とし

て、そもそも政治的機関が拘束力をもって終局的な法的判断を下すこと自体、問題があるといわねばならない。

　だが、より問題視しなければならないのは、安保理が司法的機能を行使する過程で、現行国際法の適用の枠を超えて超司法的に行動する場合である。そのようなことも、「平和に対する脅威」や「平和の破壊」といった事態に対する強制措置（それは現行国際法上の権利義務関係の変更を伴うことが多い）の一環として許されるとの見方も可能かも知れない。しかし、平和の維持・回復のための手段として、暫定的・一時的に拘束力を持って法を変更することのある強制措置と、終局的に法関係を確定する司法的行為とは区別しなければならない。安保理による超司法的機能の行使は、一方で司法的機能でありながら現行法を超えるという点で、他方で強制措置の一環とも見られながら法的に終局的な効果をもたらすという点で、いずれの観点からも問題を孕んでいるということができよう。

　他方、これら安保理による超司法的機能の行使は、それ自体としては特定の事態との関係における行為であるにしても、場合によっては、より一般的に国際法の発展に繋がる機能を果たすことも期待できる。非国際的武力紛争における戦争犯罪に管轄権を有するアドホック国際刑事裁判所の創設は、その好例であり、内戦における武力紛争法の尊重を確保する観点から、歓迎されるべき展開であろう。

　もっとも、安保理の司法的機能との関連で生ずることのあるこのような立法的効果は、せいぜい慣習法の形成に（もちろん場合によっては相当程度）貢献するというに過ぎず、その影響力の程度もケース・バイ・ケースであろう。これに対して国際立法の場合には、即時にすべての国連加盟国を拘束する「法」を定立することになるのであるから、その影響はまさに質的に異なるといわねばならない。その意味で安保理による立法的機能の行使には、司法的機能の行使の場合以上の慎重さが求められることになる。それが国際社会に基盤のないままに行われる場合には、潜在的な危険を孕むということにもなりかねない。法はその基盤である社会と切り離して考えることはできないのであって、国際社会の現段階を無視した「法」の定立は、遵守されない「法」の定立という望ましくない結果にも繋がりかねず、さらには関連する法の発展を却って阻害するということにもなりかねない点には注意すべきであろう。

　決議1540の場合には、安保理の理事国でない多数の国連加盟国に意見表明

の機会が与えられ、それらの意見を反映した決議案の修正さえ行われた。そういった努力のゆえにこそ、同決議は全会一致で採択されたし、その後も普遍的な支持を得ている。しかし、その決議1540でさえ、審議の過程では、緊急の必要に対処するための一時的・暫定的な措置であってその後の同一主題に関する条約交渉を排除しないとの発言が、少なからずなされたことを想起すべきである[115]。国際社会は、安保理による「法」の定立について、なお極めて慎重なのである。

冷戦の終結後、激動を続ける国際社会にあっては、既存の枠にとらわれない新奇の発想に基づく迅速かつ実効的な対応が必要とされるのはいうまでもない。しかし、迅速で実効的であればすべてが許されるという訳ではない。正当性を無視した形で短期的な実効性のみを追求すれば、そのような措置は国際社会において尊重されず、長期的には実効的でない結果をもたらすということにもなりうるし、逆に、正当性を重視することは、長期的には実効性の確保に繋がりうるということを忘れてはならない。

【注】

1 藤田久一『国連法』(東京大学出版会、1998年) 105頁。
2 *The UN Security Council and the Rule of Law: The Role of the Security Council in Strengthening a Rule-based International System, Final Report and Recommendations from the Austrian Initiative, 2004-2008* (Federal Ministry for European and International Affairs; Institute for International Law and Justice, New York University School of Law, 2008), p.1, para.1.
3 安保理が「執行的」性格の機関であることは、ICTYのタジッチ判決(管轄権)においても言及されている。ICTY, Case No.IT-94-1-AR72 (*The Prosecutor v. Tadic*), 2 October 1995 (hereinafter cited as "*The Prosecutor v. Tadic* (Jurisdiction, Appeals)"), reproduced in *International Legal Materials*, Vol.35, No.1 (January 1996), p.45, para.37.
4 Jochen Abr. Frowein/Nico Krisch, "Introduction to Chapter VII," in Bruno Simma (ed.), *The Charter of the United Nations*, 2d ed. (Oxford U.P., 2002), pp.708-709.
5 例えば、カージスは、憲章第41条に基づく経済制裁を「立法的行動 (legislative action)」と性格づける。Frederic L. Kirgis, Jr., "The Security Council's First Fifty Years," *American Journal of International Law*, Vol.89, No.3 (July 1995), p.520.
6 Frowein/Krisch, "Introduction to Chapter VII," op.cit., p.707. 森川幸一「国際連合の強制措置と法の支配(二)」『国際法外交雑誌』第94巻4号 (1995年10月) 52、86頁
7 正当性の定義の一例として、see Thomas M. Franck, *The Power of Legitimacy among Nations* (Oxford U.P., 1990), p.24. See also idem, *Fairness in International Law and Institutions* (Clarendon Press, 1995), pp.25-46.
8 Independent International Commission on Kosovo, *The Kosovo Report* (Oxford U.P., 2000), p.4.
9 *ICJ Reports 1971*, p.53, para.115. ICJは、憲章第7章の下における強制措置のみが憲章

第25条に従って拘束力をもつという主張を退け (Ibid., pp.52-53, para.113)、当該安保理決議が拘束力を有するか否かは、①決議の文言、②決議に至る討議、③援用された憲章規定、④その他すべての関連事情を考慮して決定されるべきであると述べた (Ibid., p.53, para.114)。この勧告的意見を受けて安保理は、その結論に「同意する (agrees)」旨の決議301を採択したが (13対0、棄権2)、主要国からはこの意見に批判的な発言がなされ、特に英仏両国は、憲章第25条の解釈が法的観点から承服できないとして決議に棄権している。S/PV.1589, 6 October 1971, p.5, para.51 (UK); S/PV.1598, 20 October 1971, p.3, paras.25-26 (UK); S/PV.1588, 5 October 1971, pp.2-3, para.18 (France); S/PV.1598, p.2, paras.7-8 (France).

10 Cf. *ICJ Reports 1971*, p.45, para.87.

11 オニアマ裁判官もその個別意見において、「これ [=安保理決議276による違法性の宣言] は、事実上、司法的な認定である」と述べた上で、その国連憲章上の根拠について疑義を呈している。Ibid., p.147.

12 A/46/826-S/23307, 31 December 1991, Annex III, p.9 (UK); A/46/827-S/23308, 31 December 1991, Annex, p.2 (US).

13 Ian Brownlie, "International Law at the Fiftieth Anniversary of the United Nations," *Recueil des Cours*, tome 255 (1995), p.222.

14 決議748は、リビアが米英両国をモントリオール条約違反でICJに提訴した後に採択されている。この点につき、安保理が強制力をもって係属中の裁判の主題に介入したとして批判するものとして、杉原高嶺「同一の紛争主題に対する安全保障理事会と国際司法裁判所の権限」杉原高嶺編『紛争解決の国際法 (小田滋先生古稀祝賀)』(三省堂、1997年) 503-526頁参照。

15 *ICJ Reports 1992*, p.15, para.39, p.126, para.42.

16 米英の要請に応えることを要請 (urges) する決議731との関係で、それが現行国際法ではないことを指摘するものとして、Bernhard Graefrath, "Leave to the Court What Belongs to the Court: The Libyan Case," *European Journal of International Law*, Vol.4 (1993), p.194.

17 ICJにおいても、「正規に構成された国際連合の機関の決議は、当該機関の手続規則に従って採択され、議長がそのようにして採択したことを宣言する場合、有効に採択されたものと推定されなければならない」という、いわゆる「有効性の推定 (presumption of validity)」の法理によって、安保理決議は一般にその有効性が推定されるとしている (ナミビア事件)。*ICJ Reports 1971*, p.22, para.20. 位田隆一「国際連合と国家主権」『国際法外交雑誌』第90巻4号 (1991年10月) 15-18頁。しかし、同じナミビア事件においてICJは、関連国連決議の有効性に異議が唱えられていることを理由に、実際上、その有効性の審査 (勧告的意見という限界の範囲内で) を行っており (*ICJ Reports 1971*, p.45, paras.87-89)、上記の推定は、「反証を許す推定」ともいわれる。森川「国際連合の強制措置と法の支配 (二)」67-82頁。See also Erika de Wet, *The Chapter VII Powers of the United Nations Security Council* (Hart Publishing, 2004), pp.34-36. また、ロッカビー事件では、ICJが争訟事件においても国連機関の行為に対する司法審査を行いうることを、初めて相当数の裁判官が示唆したとされる。Geoffrey R. Watson, "Constitutionalism, Judicial Review, and the World Court," *Harvard International Law Journal*, Vol.34, No.1 (Winter 1993), pp.26-27.

18 類似の問題関心から、他の決議を含めて関連安保理決議を列挙するものとして、see Elihu Lauterpacht, *Aspects of the Administration of International Justice* (Grotius Publications, 1991), pp.40-41.

19 ショウは、この規定を、争いのある国境について不可侵の保障を与えた規定などと共に、理事会の新たな動き (new departure) を画するものとして注目している。Malcolm N.

Shaw, *International Law*, 5th ed.(Cambridge U.P., 2003), p.1131.
20　See also S/RES/446(1979), 22 March 1979, pre. para.3; S/RES/904(1994), 18 March 1994, pre. para.6. なお、その他の関連決議につき、see *ICJ Reports 2004*, p.166-167, paras.74-75, p.176, para.99.
21　Ibid., p.177, para.101. 同様な結論は、1999年7月15日に開かれた文民条約の締約国の会議が発した声明においても示されている。See ibid., p.175, para.96.
22　注9参照。
23　同様な指摘は、安保理決議の対象とされた国によってなされることがある。See, e.g., S/PV.2951, 29 October 1990, p.7(Iraq).
24　Cf. Susan Lamb, "Legal Limits to United Nations Security Council Powers," in Guy S. Goodwin-Gill and Stefan Talmon(eds.), *The Reality of International Law: Essays in Honour of Ian Brownlie*(Clarendon Press, 1999), p.376.
25　ノルテも、「国際法上、自らが遂行する権限を持たない任務について、それを遂行する権限を有する補助機関を創設することが技術的に可能な機関が存在する、ということは受け入れられている」と述べる。Georg Nolte, "The Limits of the Security Council's Powers and its Functions in the International Legal System: Some Reflections," in Michael Byers(ed.), *The Role of Law in International Politics: Essays in International Relations and International Law*(Oxford U.P., 2000), p.322.
26　*The Prosecutor v. Tadic*(Jurisdiction, Appeals), paras.32-38.
27　国連行政裁判所につき、太寿堂鼎「国際連合行政裁判所」『国際連合の研究(田岡良一先生還暦記念論文集)(第二巻)』(有斐閣、1963年)190－211頁参照。
28　国連総会による行政裁判所の設置は、その黙示的権能の行使とされる。*ICJ Reports 1954*, pp.56-58.
29　Ibid., p.60 et seq.
30　ICTYの概要につき、伊藤哲雄「旧ユーゴ国際裁判所の法的な枠組と問題点」『立教法学』第40号(1994年)253－283頁参照。
31　S/25704, 3 May 1993, p.8, para.28(Reproduced in *International Legal Materials*, Vol.32, No.4 (July 1993), p.1159 et seq.).
32　A/48/170-S/25801, 21 May 1993, Annex, pp.2, 3.
33　異なった視点からは、そもそも旧ユーゴとルワンダについてのみ安保理が国際刑事裁判機関を設置したということ自体に、公平性の観点から問題があるとする主張もありうる。古谷修一「国際刑事裁判所(ICC)設置の意義と直面する問題」『法学教室』第281号(2004年2月)23－24頁。しかし、これは裁判所自体の独立性・公平性とは次元の異なる問題である。
34　S/25704, p.27, para.106.
35　Ibid., p.8, para.29.
36　Ibid., p.9, para.34.
37　例えば、1949年の捕虜条約第130条参照。
38　ICTY規程採択時の投票説明によれば、米英仏3国は、第3条には、犯罪が犯された時点で旧ユーゴ領域内において有効であった人道法に関する条約上の義務違反が含まれるものと理解しているようである。S/PV.3217, 25 May 1993, pp.11(France), 15(US), 19(UK). またアメリカによれば、具体的にはジュネーヴ諸条約の共通第3条や1977年の二つの追加議定書が含まれるとされる。Ibid., p.15. この点は、ICTYの上訴裁判部も認めている。*The Prosecutor v. Tadic*(Jurisdiction, Appeals), paras.87-89, 143. なお、種田玲子「旧ユーゴーに関する国際裁判所の設立について」『ジュリスト』第1027号(1993年7月15日)109頁をも

参照。
39 この問題は、同様に個人の刑事責任の追及を目的とするが、条約に基礎を置き、かつ原則として遡及的適用のない国際刑事裁判所(ICC)の場合には生じ難い。
40 この点につき、真山全「国際刑事裁判所規程と戦争犯罪」『国際法外交雑誌』第98巻5号(1999年12月)119−120頁参照。
41 もっともICTYの上訴裁判部は、タジッチ事件(管轄権)において、次のように述べている。1930年代以降、国際的武力紛争と国内的武力紛争の区別は次第に薄れてきており、国際的武力紛争を規律するいくつかの規則や原則(一般的性格の本質的要素)は、次第に国内的武力紛争にもその適用を拡大してきている、(慣習法が国際的武力紛争と国内的武力紛争の双方に適用される一定の基本原則を含むとしても、その違反が国内的武力紛争で行われた場合には、個人の刑事責任を伴うことにはならないとの主張に対して、ニュルンベルク国際軍事裁判所の例を引きつつ、違反の処罰に関する条約規定が存在しない場合でも、個人の刑事責任を認定することは妨げられないとした上で)、本件における違反は、国際的武力紛争におけるものであると国内的武力紛争におけるものであるとを問わず、個人の刑事責任を伴うことは疑いない、と述べている。*The Prosecutor v. Tadic* (Jurisdiction, Appeals), paras.97, 126-129.
42 S/22559, 2 May 1991, p.3, para.5.
43 "Provisional Rules for Claims Procedure," S/AC.26/1992/10, 26 June 1992, Annex, reproduced in Richard B. Lillich(ed.), *The United Nations Compensation Commission: Thirteenth Sokol Colloquium*(Transnational Publishers, 1995), pp.427-443. See also S/22559, pp.6-10, paras.20-28, esp.p.9, para.26.
44 de Wet, *The Chapter VII Powers of the United Nations Security Council*, op.cit., p.358.
45 S/22559, p.7, para.20, pp.8-9, para.25. その理由につき、see Frederic L. Kirgis, Jr., "Claims Settlement and the United Nations Legal Structure," in Lillich(ed.), *The United Nations Compensation Commission*, op.cit., p.110.
46 de Wet, *The Chapter VII Powers of the United Nations Security Council*, op.cit., p.361.
47 See, e.g., Kirgis, "The Security Council's First Fifty Years," op.cit., pp.525-526; idem, "Claims Settlement and the United Nations Legal Structure," op.cit., pp.103-116; Hazel M. Fox, "Reparations and State Responsibility: Claims against Iraq Arising out of the Invasion and Occupation of Kuwait," in Peter Rowe(ed.), *The Gulf War 1990-91 in International and English Law*(Routledge, 1993), pp.261-286; de Wet, *The Chapter VII Powers of the United Nations Security Council*, op.cit., pp.359-362; Rosalyn Higgins, *Problems and Process: International Law and How We Use it*(Clarendon, 1994), pp.183-184. 逆にUNCCを肯定的に見るものとして、see, e.g., Carlos Alzamora, "The UN Compensation Commission: An Overview," in Lillich (ed.), *The United Nations Compensation Commission*, op.cit., pp.3-14; John R. Crook, "The UNCC and its Critics: Is Iraq Entitled to Judicial Due Process?," in ibid., pp.77-101; idem, "The United Nations Compensation Commission − A New Structure to Enforce State Responsibility," *American Journal of International Law*, Vol.87, No.1(January 1993), pp.144-157. 中谷和弘「湾岸戦争の事後救済機関としての国連補償委員会」柳原正治編『国際社会の組織化と法(内田久司先生古稀記念論文集)』(信山社、1996年)333−363頁。
48 S/22643, 28 May 1991, Annex, p.2.
49 イラク政府は、請求に関する事務局長の定期報告書(請求の提起した法的・事実的争点を含む)に関し、事務局長を通じてパネルに対して追加的な情報や見解を提示することができるものとされており(請求手続暫定規則第16条3項)、イラクは実際にすべての報告書に対して情報や見解を提出した。また運営理事会においても、すべての会期に

演説を行った。Alzamora, "The UN Compensation Commission," op.cit., pp.10-11; *The United Nations and the Iraq-Kuwait Conflict, 1990-1996*, United Nations Blue Books Series, Vol.IX (United Nations, 1996), p.71.
50 Kirgis, "The Security Council's First Fifty Years," op.cit., p.525.
51 この点は、1990年10月29日の決議674の第8項で初めて言及され、1991年3月2日の決議686の第2項(b)で再言及されていた。
52 もっとも、伝統的には、敗戦国による賠償の問題は政治決着の対象となってきたのであって、基本的には、厳格な法的評価・手続の対象とはなってきていない。
53 例えば、日本の戦後補償裁判において、ハーグ陸戦条約第3条が被害者個人への賠償の根拠として認められたことは一度もない。浅田正彦「日本における戦後補償裁判と国際法」『ジュリスト』第1321号(2006年10月15日)31頁。
54 David D. Caron, "United Nations Compensation Commission: Governing Council Decisions 14 to 23, Introductory Note," *International Legal Materials*, Vol.34, No.1 (January 1995), pp.236-237. 私人への支払いを行わなかった場合の制裁として、その後当該国への支払いをしないという決定ができるものとされる。
55 UNCCを積極的に評価する論者は、逆にこの点をもって、UNCCは新たな道を開いたとして評価する。Crook, "The UNCC and its Critics," op.cit., pp.85-89.
56 運営理事会の決定1によれば、「イラクによる違法なクウェートへの侵攻および同国の占領の結果として」の損失には、1990年8月2日から1991年3月2日までの間における「いずれかの側による(by either side)」軍事行動または軍事的行動の威嚇の結果としての損失や、同期間におけるイラクまたはクウェートからの出国または出国不能の結果としての損失などが含まれる。S/22885, 2 August 1991, Annex II, p.7, para.18.
57 See, e.g., Crook, "The UNCC and its Critics," op.cit., p.90.
58 S/22456, 6 April 1991, Annex, p.7.
59 安保理議長によると、その後イラクは、決議687を受諾する書簡が「イラクによる決議687(1991)の撤回できない無条件の受諾を構成する」ことを確認している。S/22485, 11 April 1991, p.1.
60 もっとも、個々の請求に応じることや細かな手続にまで同意した訳ではないとして、なお法的に争うことは可能であろう。de Wet, *The Chapter VII Powers of the United Nations Security Council*, op.cit., p.362.
61 S/22558, 2 May 1991, pp.1-2, paras.3, 6; S/25811, 21 May 1993, Appendix, p.10, para.14.
62 S/22558, pp.1-2, para.3; S/25811, Appendix, p.9, para.9.
63 S/22558, p.2, paras.3, 6; S/25811, Appendix, p.30, para.112.
64 See, e.g., S/PV.2981, 3 April 1991, pp.78 (India), 86 (US), 113 (UK). See also S/PV.3108, 26 August 1992, p.7 (India). Voir aussi Eric Suy, "Le Conseil de sécurité et la frontière entre l'Iraq et le Koweït," in *Le droit international dans un monde en mutation* (fundación de cultura universitaria, 1994), pp.444-446.
65 図式的にいえば、「画定(delimitation)」が条約等による境界の画定であるのに対して、「画定(demarcation)」は、現地における具体的な標識柱等の設置による境界の画定を意味する。東泰介「国連によるイラク・クウェート間の境界画定と問題点」藤田久一ほか編『人権法と人道法の新世紀』(東信堂、2001年)229-230頁参照。
66 See, e.g., S/24113, 17 June 1992, p.1; S/RES/773 (1992), 26 August 1992, pre. para.4; S/RES/833 (1993), 27 May 1993, pre. para.4; S/25811, pp.1-2; ibid., p.30, para.112. 議長声明(S/24113)の発出は、陸地部分の最初の画定後、委員会は領土を再配分して国境をイラク側へ移動させたとするメディア報道が広くなされたことを受けて行われたものである。M.H. Mendelson

and S.C. Hulton, "The Iraq-Kuwait Boundary," *British Year Book of International Law*, Vol.64 (1993), p.192.
67 See ibid., pp.151-152; Brownlie, "International Law at the Fiftieth Anniversary of the United Nations," op.cit., p.220.
68 S/25905, 8 June 1993, Annex, pp.2-4. 東「国連によるイラク・クウェート間の境界画定と問題点」258－259頁。
69 Mendelson and Hulton, "The Iraq-Kuwait Boundary," op.cit., pp.152, 179; *The United Nations and the Iraq-Kuwait Conflict, 1990-1996*, op.cit., pp.49-50.
70 S/25905, Annex, p.4; Mendelson and Hulton, "The Iraq-Kuwait Boundary," op.cit., p.181. ただし、IKBDCの報告書では、個人的な理由による辞任とされる。S/25811, Appendix, p.10, para.15.
71 この要求の法的性格であるが、第7章の下における「要求(demands)」に法的拘束力を認めることはありうる。
72 S/22558, Annex II, p.5. See also S/22456, Annex, p.2. このほかイラクは、主権国家である国連加盟国に国境を押し付け、領土権を確立する権利を奪うものである、紛争の交渉による解決を要請した決議660第3項に反する、といった批判を行っている。Ibid., Annex, p.2. また、IKBDCの作業完了後にも、イラクは、国境画定は関係国間の合意の原則に従うものであるし、安保理の権限範囲である国際の平和と安全の維持の問題とは無関係であって、安保理は権限外の行為を行ったと批判している。S/25905, Annex, p.5. これらの批判に対する反論として、中谷和弘「国際機構による国際法上の義務履行確保のメカニズム」国際法学会編『国際機構と国際協力』(三省堂、2001年)114頁参照。なお、イラクは、上記の事務総長宛書簡において、決議687の受諾を強いた状況がなお続いているので、自らの見解は考慮されないとしても、事務総長への協力とIKBDCへの代表の指名を行うと述べている。S/22558, Annex II, p.7. クウェートによる協力の約束につき、see ibid., Annex I, p.3.
73 *UNTS*, Vol.485 (1964), No.7063, pp.326, 328 (English).
74 Anthony Aust, *Modern Treaty Law and Practice*, 2d ed. (Cambridge U.P., 2007), pp.96-97.
75 S/22558, Annex III, p.8. 本文では割愛したが、イラクは、決議687の第3項において事務総長が国境画定の支援に当たって利用するものとされる地図について、その作製に参加していないし、これを承認してもいないとして批判しているが、事務総長は、同様に、同決議における規定(第3項)の存在を指摘することによって退けている。Ibid., Annex II, p.6; ibid., Annex III, p.9.
76 Mendelson and Hulton, "The Iraq-Kuwait Boundary," op.cit., pp.178-179.
77 See ibid., pp.186-192.
78 委員会から国連法務部に対して意見照会も行われている。Ibid., pp.188-189.
79 一部本文でも述べたが、委員会は、元インドネシア外相の委員長のほか、土地測量の専門家が2人と、イラク・クウェートを代表したそれぞれの大使から構成されていた。委員会の事務局は、国連事務局の地図作成主任官が務めた。上記委員長辞任後の後任の委員長は、国際労働事務局の事務次長補(万国国際法学会会員)が務めた。S/25811, Appendix, p.10, paras.14-15.
80 S/25811, 21 May 1993; S/25811/Add.1, 24 May 1993.
81 S/1994/1288, 14 November 1994, Annex, p.4.
82 本文では扱わなかったが、ICC規程第13条(b)が定めるように、安保理には憲章第7章に基づく決議によってICCの対象犯罪にかかる事態を検察官に付託する権限が与えられている。これを安保理に付与されたある種の司法関連機能と捉えることも可能であろう

が、たとえそのように捉えたとしても、それは、やや性格は異なるものの、安保理が国連憲章上認められている国際司法裁判所に対して勧告的意見を要請する権能に類似した機能と見ることができよう。

83　国連の安保理自身が前者の例であり(国連憲章第37条2項)、国際民間航空機関(ICAO)理事会が後者の例である(国際民間航空条約第84条)。

84　もっとも、例えば国際原子力機関(IAEA)の理事会には、保障措置協定違反につき一定の認定権限が与えられている(IAEA憲章第12条C)。

85　手続的にも、運営理事会の決定は、補償基金へのイラクの拠出レベルの問題(これは全会一致によるものとされた)を除いて、すべて多数決によるものとされ、拒否権が排除されている。Alzamora, "The UN Compensation Commission," op.cit., p.5.

86　もっとも、ロッカビー事件を政治的紛争の側面から捉える場合には、別の議論が可能かも知れない。加藤陽「国際機構による政治的紛争の実効的解決」『法学論叢』(掲載予定)参照。

87　この点で、国連国際法委員会(ILC)が、国家責任条文草案(第一読)に定める「対抗措置」のコメンタリーにおいて、①個別国家による復仇と②国際機関による制裁とを列記していたことは(批判も多くその後放棄されたものの)示唆的である。*Yearbook of the International Law Commission 1979*, Vol.II, Pt. 2, pp.119-120, 121, paras.13-16, 21. なお、松井芳郎「国際法における『対抗措置』の概念」『法政論集』第154号(1994年3月)342-345頁参照。

88　Frowein/Krisch, "Introduction to Chapter VII," op.cit., pp.710-711, 712.　See also Rüdiger Wolfrum, "Article 1," in Simma (ed.), *The Charter of the United Nations*, 2d ed., op.cit., p.43.

89　Leland M. Goodrich, Edvard Hambro and Anne Patricia Simons, *Charter of the United Nations: Commentary and Documents,* 3d ed. (Columbia U.P., 1969), pp.27-28; T.D. Gill, "Legal and Some Political Limitations on the Power of the UN Security Council to Exercise its Enforcement Powers under Chapter VII of the Charter," *Netherlands Yearbook of International Law*, Vol.26 (1995), pp.64-68; *Documents of the United Nations Conference on International Organization* (United Nations Information Organizations, 1945), Vol.6, pp.452-453.

90　浅田正彦「安保理決議1540と国際立法」『国際問題』第547号(2005年10月)35－64頁、坂本一也「国連安全保障理事会による国際法の『立法』」『世界法年報』第25号(2006年3月)138－162頁、青木節子「非国家主体に対する軍縮・不拡散」『世界法年報』第26号(2007年3月)145－151頁。「国際立法」に確立した定義はないが、その定義の一例として、浅田「前掲論文」50頁参照。それと類似の定義を掲げるものとして、see Edward Yemin, *Legislative Powers in the United Nations and Specialized Agencies* (Sijthoff, 1969), p.6. なお、オーストリア政府がニューヨーク大学と行った共同研究は、国際立法の文脈で、本章で扱った決議1373および決議1540のほか、決議1566にも言及している。決議1566は、2004年10月8日、ロシア・北オセチア共和国のベスランにおけるテロ(学校占拠事件)を受けて採択されたものであるが、憲章第7章の下で採択されてはいるものの、安保理の作業部会設置の部分および末尾の「引き続き積極的に関与する」旨を述べる部分以外では、「決定(decides)」という表現が用いられておらず、他の二つの決議と同様の国際立法といえるか、疑問が残る。See *The UN Security Council and the Rule of Law*, op.cit., p.12, para.32.

91　Matthew Happold, "Security Council Resolution 1373 and the Constitution of the United Nations," *Leiden Journal of International Law*, Vol.16, No.3 (October 2003), p.594. Nico Schrijver, "September 11 and Challenges to International Law," in Jane Boulden and Thomas G. Weiss (eds.), *Terrorism and the UN: Before and after September 11* (Indiana U.P., 2004), p.58も、決議1373の最初の二項(本文の①②に対応)は、明らかにテロ資金供与防止条約を参考にしたものであると述べる。See also Gilbert Guillaume, "Terrorism and International Law,"

International and Comparative Law Quarterly, Vol.53, Pt. 3 (July 2004), p.543.
92　若干の例外として、see S/PV.4950, 22 April, 2004, p.23 (India).
93　Stefan Talmon, "The Security Council as World Legislature," *American Journal of International Law*, Vol.99, No.1 (January 2005), p.176.
94　もっとも、決議1540は、一部、2002年のG8カナナスキス・サミットの政治文書の内容を受けている。See "Statement by G8 Leaders: The G8 Global Partnership against the Spread of Weapons and Materials of Mass Destruction," Kananaskis, June 27, 2002.
95　See, e.g., S/PV.4950, pp.3 (Philippines), 3 (Brazil), 5 (Algeria), 8 (France), 9 (Angola), 12 (UK), 14 (Romania), 20 (Peru), 21 (New Zealand), 25 (Singapore); S/PV.4950 (Resumption 1), 22 April, 2004, pp.5 (Mexico), 7 (Norway), 8 (Republic of Korea), 10-11 (Jordan).
96　「実効性」は、通常、当該規則が遵守されているか否か、あるいはその程度との関係で用いられる概念であるが(遵守における実効性)、当該制度の目的が達成されているか否か、あるいはその程度との関係で用いられることもある(結果における実効性)。ここでは、後者の意味で「実効性」の語を用いている。環境条約の条約機関が後者に重きを置いた機能を果たす傾向がある点につき、Rüdiger Wolfrum, "Means of Ensuring Compliance with and Enforcement of International Environmental Law," *Recueil des Cours*, tome 272 (1998), p.49.
97　S/PV.4950, p.23. そのほか、同様の趣旨のものとして、法的義務は自発的にのみ創設され引き受けられうるのであって、安保理が「世界の立法を行う(enact global legislation)」権限を有しているという遠大な仮定は国連憲章の規定と一致しない(インドネシア)とか、国連憲章は安保理にその過程への参加なしに諸国に義務を課する「世界の立法機関(global legislature)」として行動する権限を与えてはいない(イラン)などといった発言がなされた。Ibid., pp.31 (Indonesia), 32 (Iran).
98　S/PV.4950 (Resumption 1), p.17.
99　Ibid., p.14.
100　S/PV.4950, p.30.
101　Ibid., p.24.
102　「有効性の推定」については、注17参照。
103　S/PV.4950, p.11. See also ibid., p.17 (US).
104　Ibid., pp.25 (Singapore), 28 (Switzerland). See also ibid., p.3 (Philippines); S/PV.4950 (Resumption 1), pp.8 (Republic of Korea), 11 (Jordan).
105　S/PV.4950, p.7.
106　この点につき、Paul C. Szasz, "The Security Council Starts Legislating," *American Journal of International Law*, Vol.96, No.4 (October 2002), p.905.
107　S/PV.4950, pp.21, 22.
108　同旨の主張として、S/PV.4950 (Resumption 1), p.12 (Liechtenstein); S/PV.4956, 28 April 2004, p.9 (Romania). 決議1540は、諸国に決議の履行のためにとった(とる予定の)措置について報告書を提出するよう求めているが(第4項)、2008年7月の段階で、この報告書を提出した国は155カ国である。S/2008/493, 30 July 2008, p.6, para.17. 報告書の提出が法的には義務づけられていないことを想起するならば、多数の国が報告書を提出していると評価することができる。もっとも、同様に法的には義務でない決議1373に基づく報告書は、すべての国によって提出されており (Barry Kellman, "Criminalization and Control of WMD Proliferation," *Nonproliferation Review*, Vol.11, No.2 (Summer 2004), p.153; Eric Rosand, "The UN-Led Multilateral Institutional Response to Jihadist Terrorism: Is a Global Counterterrorism Body Needed?," *Journal of Conflict and Security Law*, Vol.11, No.3 (Winter

2006), p.410)、その点と比較すると、履行のレベルは劣るのかも知れない。いずれにせよ、報告書の提出は、決議の実体的義務の履行と同値ではないことには注意しなければならない。なお、決議1540の実施状況の評価につき、see Masahiko Asada, *WMD Terrorism and Security Council Resolution 1540: Conditions for Legitimacy in International Legislation*, IILJ Working Paper 2007/9 (New York University Institute for International Law and Justice, 2007), pp.26-28.

109 *Documents of the United Nations Conference on International Organization*, Vol.9, pp.70, 346-347.

110 国連事務総長が安保理の権限は特定されたものに限定されない旨の発言を行った(同時にその権限は無制限ではなく国連の目的と原則に従うとも発言)のに対して、大部分の安保理理事国はその意見を共有したし、他の国連加盟国からも異論は出なかったとされる。Kirgis, "The Security Council's First Fifty Years," op.cit., pp.526-527. See also Goodrich, Hambro and Simons, *Charter of the United Nations: Commentary and Documents*, 3d ed., op.cit., pp.204-205.

111 例えば、1992年1月31日の安保理サミット議長声明は、「諸国家間に戦争と軍事衝突がないことは、それ自体として国際の平和と安全を確保しない。経済、社会、人道および環境の分野における非軍事的な不安定の原因も、平和と安全に対する脅威となってきた」と述べ、平和に対する脅威の分野が拡大していることを指摘している。S/23500, 31 January 1992, p.3. なお、酒井啓亘「国連憲章第39条の機能と安全保障理事会の役割」山手治之・香西茂編『現代国際法における人権と平和の保障』(東信堂、2003年)241-268頁参照。

112 国連憲章の起草過程において、ICJに憲章の最終的解釈権限を与えようとする提案が受け入れられなかったことにつき、see *ICJ Reports 1962*, p.168. 国連憲章の起草過程において、憲章の解釈権限の所在に関する問題を検討した委員会の結論(国連の各機関が憲章の関連部分につき解釈する。機関間に意見の相違がある場合にはICJに勧告的意見を求めることもできる)につき、see *Documents of the United Nations Conference on International Organization*, Vol.13, pp.709-710.

113 *ICJ Reports 1971*, p.45, para.89. もっとも、同事件においてICJは、関連国連決議の有効性に異議が唱えられていることを理由に、実際上、その有効性の審査を行っている。Ibid.

114 See, e.g., Andrea Bianchi, "Assessing the Effectiveness of the UN Security Council's Anti-terrorism Measures: The Quest for Legitimacy and Cohesion," *European Journal of International Law*, Vol.17, No.5 (November 2006), pp.886-887.

115 See, e.g., S/PV.4950, pp.3 (Philippines), 5 (Algeria), 15 (Pakistan), 21 (New Zealand), 28, 29 (Switzerland); S/PV.4950 (Resumption 1), pp.2 (Egypt), 4 (Malaysia on behalf of NAM), 15 (Nigeria), 17 (Namibia); S/PV.4956, pp.4 (Pakistan), 9 (Philippines). Cf. S/PV.4950 (Resumption 1), p.7 (Australia).

第2章　国際テロリズムに対する国連安保理の対応
―立法的・行政的機能の拡大

古谷　修一

I　はじめに
II　ATSCの機能
　1　制裁対象の設定と対象拡大
　2　ATSCへの申立手続
　3　ATSCによる履行状況の監視とフォローアップ
III　CTCの機能
　1　CTCの任務とその変化
　2　CTCによる履行状況評価と技術支援
IV　結　び

I　はじめに

　国際テロリズムは、個々の行為の内容を見る限り、通常いずれの国家においても犯罪と認識されるものである。したがって、テロリズムに対する国際社会の対応は、当初は関係国家の刑罰権限の実効的な行使を目的とした国際協力が中心であった。

　1960年代から作成され始めたテロ関係条約は、航空機・空港施設、外交官、人質行為、核物質、海上航行・海上施設、爆弾テロ、テロ組織への資金提供といった個別の事項につき、共通して「引渡か裁くかせよ」(aut dedere aut judicare)と呼ばれる制度を採用している。この制度においては、まず発生したテロ犯罪に特定の利害関係がある国(たとえば、犯行地国や容疑者の国籍国など)に対して、これを処罰するための管轄権を設定することが義務づけられる。さらに、こうした特定の利害関係がなくとも、容疑者が自国領域内で発見された国は、当該容疑者を利害関係国に引き渡すか、あるいは自国の権限

ある当局に訴追のために付託するか、いずれか一方を行う義務を負う。したがって、容疑者所在国は、犯罪と直接の利害関係がない場合でも、これを処罰できる管轄権規定（普遍的管轄権）を国内法上整備しなければならない。こうした管轄権の重層的な展開によって、テロ犯罪の容疑者は逃げ場を失い、所在国における裁判か、あるいは引渡を通じた利害関係国における裁判かのいずれかに必ず服する結果となる。

　しかしながら、こうした制度は、暗黙のうちに、テロ行為が私人により行われ、十分な警察・司法能力を持った国家が、中立的立場からその犯人を訴追・処罰するという状況を前提にしている[1]。しかし、テロ行為に国家がまったく無関係であると想定することは、今日の国際社会の状況を十分に反映しているとは言えない。現在発生しているテロ行為は、多かれ少なかれ、特定国家の積極的または消極的な関与のもとで行われ、あるいは政府の統治機能が極端に脆弱化した国家（failed States）などを拠点にしている。このような状況では、犯人の逮捕・裁判を各国の司法当局に委ねる伝統的な国際法の枠組みは、決して実効的に機能するものではない。こうした国際テロリズムの現代的な特徴は、伝統的な国家間協力の枠組みを越えて、国際機構を中核としたより集権的・強制的な制度の必要性を認識させるものである。国連安保理が、次第に国際テロリズムに対応する機能を果たすようになった背景には、こうした事情がある。

　安保理は、1999年の決議1267により、後に「アルカイダ・タリバン制裁委員会」（Al-Qaida and Taliban Sanctions Committee、以下「ATSC」）と呼ばれる委員会を設置し[2]、タリバンに対する制裁措置の監視を開始した。さらに、9・11テロ事件の発生に対応して、2001年の決議1373により「反テロリズム委員会」（Counter-Terrorism Committee、以下「CTC」）を設置するに至った[3]。これらの委員会は、安保理の補助機関であるが、いずれも安保理の理事国である15カ国により構成されており、実際にも理事国の国連代表が審議に当たっている。したがって、実質的には、これらの委員会を通じて、安保理そのものが国際テロリズムへの対応を行っていると見ることができる。

　もっとも、安保理は「国際の平和及び安全の維持」に主要な責任を負う機関として、本来は国家間の紛争を処理することを任務としている。したがって、テロ行為を安保理の措置の対象とするにしても、国家間紛争の処理メカニズムとしてのその機能を、一気に超越できるわけではない。むしろ、国際テロ

リズムに対する現在の安保理の対応の枠組みは、本来的な国家間紛争の処理からスタートし、それを徐々に変更する形で形成されてきたと言える。しかも、それは単に措置の対象が国家からテロ行為を行う個人・団体へと変化したというだけではなく、安保理が国際社会において果たす機能の変質をも内在させるものであった。結論を先取りすれば、安保理は、警察的な機能を果たす執行機関としての従来の役割から、国際テロリズム問題に関する政策立案から法規範形成に至る立法的機能、そして当該法規範を基盤として、いわば「国際テロリズム行政」とでも言える内容を実施する行政的機能へと、その役割を拡大してきていると考えられる。

本章は、こうした安保理の機能変化の観点から、国際テロリズムへの対応を検討し、その特徴を指摘することを目的としている。

II ATSCの機能

1 制裁対象の設定と対象拡大

安保理が、テロ行為に関連して経済制裁などを発動することは、ATSCが設置される以前にも行われている。たとえば、1988年にアメリカのパンナム航空機がイギリス・スコットランド上空で爆発・墜落したことに端を発するロッカビー事件では、アメリカとイギリスが要求した容疑者の引渡が拒絶されたのを受け、安保理がリビアに経済制裁を科すことを決定している[4]。この事件は、テロ行為への国家の関与という現代的な特徴を端的に示しており、それゆえに安保理が積極的な関与をしたと言えるが、他方でこれがリビアとアメリカ・イギリスの国家間紛争の枠組みの中で認識されていることも否定できない。発動された経済制裁もリビアという国家に対するものであり、これは伝統的な安保理の制裁措置の範囲を出るものではなかった。

一方、ATSCの設置に至る経緯は、こうした伝統的な措置に立脚しながら、これを拡大する要素を内包するものであった。1998年8月、安保理は、アフガニスタンで抗争を繰り返す諸派閥に対して停戦を求める決議1193を採択した[5]。同決議ではまた、「アフガン諸派閥(Afghan factions)に対し、テロリストとその組織をかくまい、訓練することを慎み、不法な麻薬活動を停止すること」[6]が要求されている。そして、さらに同年12月の決議1214では、タリバンを名宛人として、テロリスト組織の庇護・訓練を停止することが要求され

ている[7]。これらの決議において注目すべきは、タリバンがアフガン諸派閥の一つとして認識されており、アフガニスタン国家を代表するものとは考えられていない点である。こうした決議の延長線上で、先に触れた決議1267が採択され、対タリバン制裁の発動とこれを監視する委員会の設置が決定されることになった。このため、アフガニスタン領域を広範に支配していたタリバンへの制裁は、実質的にはアフガニスタンに対する制裁と見ることができるが、形式上は同国に割拠する派閥の一つに対する措置であった。このため、安保理の制裁措置が国家を対象とするという前提は、この段階で崩れたことになる。

　具体的な制裁は、(a) ATSCにより指定されたタリバンにより所有、賃借または運航される航空機の、すべての国連加盟国領域における離着陸の禁止、(b) ATSCにより指定されたタリバンまたはタリバンにより所有・管理された企業により、直接もしくは間接に所有・管理された財産から生じる資金の凍結を内容としていた[8]。航空機の離着陸制限と資産凍結という措置そのものは、これまでの安保理の経済制裁においても取られてきているが、重要であるのは、対象となるタリバンおよびこれが所有・管理する企業を、ATSCが指定するとされている点である。これまでの経済制裁は国家を対象としていたため、その具体的な制裁対象を詳細に決定する必要性は高くなく、また一定の団体が対象国家に属するものかどうかの判断も、基本的には制裁実施にあたる各加盟国に委ねられてきたと言える。ところが、決議1267は非国家主体であるタリバンを制裁対象とするだけでなく、その具体的な対象範囲をATSCが決定する制度を導入したのである。

　こうした制裁対象の脱国家化は、2000年の決議1333が「オサマ・ビン・ラディンとアルカイダ組織を含む、ATSCにより指定された彼に関連する個人および団体（individual and entities associated with him）」を資産凍結の対象に含めることを決定したことにより[9]、さらに鮮明になった。そして同決議は、ATSCに対し、アルカイダ組織のメンバーを含む、ビン・ラディンに関連する個人および団体の最新リストを保持することを要請している。このため、ATSCはこれ以降、制裁対象とすべき個人や団体の「統合リスト」（Consolidated List）を作成し[10]、随時これに新規の対象者・対象団体を登載するとともに、対象外となったものを削除するという作業を行っている。加盟国との関係で言えば、制裁対象となる者の決定については、このリストに拘束されることになり、独自の裁量

判断の余地は残されていない。その意味では、具体的な制裁は各国の国内措置として実施されるものであるとは言え、実質的にはATSCの直轄的な管理のもとに置かれていることなる[11]。

統合リストに登載される対象者の情報は、加盟国や国際機構から直接に提供されるとともに、2004年にATSCの下に設置された「分析支援・制裁モニタリング・チーム」(Analytical Support and Sanctions Monitoring Team、以下「モニタリング・チーム」)[12]を経由しても寄せられる。提供される情報には、タリバンまたはアルカイダとの関連性を示す証拠が含まれることが求められる[13]。このため、ATSCに情報を提供する加盟国にとっては、「関連する」という概念が曖昧であっては、登載されるべき個人・団体の具体的な情報提供が困難になる。そこで安保理は、決議1617によって、この用語が、(a)アルカイダ、ビン・ラディン、タリバンとその下部組織・支部・分派によって、その名のもとに、これを代表して、またはこれを支持して行われる行為・活動に資金提供し、それらの計画、推進、準備、実行に参加すること、(b)これらに武器および関連物資を供給、販売、移転すること、(c)これらのために求人を行うこと、(d)その他、こうした行為・活動を支援すること、を含むと定義した[14]。さらに同決議では、加盟国が情報提供を行う際に使うべきチェックリストも制定し[15]、情報提供の定式化も図られた。また決議1735では、情報提供の明確性と一貫性を確保する目的で、加盟国が情報を提供するに際しては、同決議に付属するカバーシートを使用することも要請されている[16]。

こうした統合リスト作成に関する展開は、安保理が制裁措置の発動を決定するという政策決定機能を果たすだけでなく、決定された内容を具体的に実施するに際して、基準の明確化と方法の定式化までも行っていることを示す。それは、国内行政機関が、基本となる法令のもとで、実施の細則たる省令などを定め、現実の行政活動を円滑に進めることに類似する。しかも、国内制度とは異なり、安保理は行政活動の基盤となる規範も自ら制定できる立場にあり、実際決議1267から決議1735に至る過程は、制裁対象範囲の実質的な拡大という立法的要素と基準の明確化・定式化という行政的要素が混在するものと評価することができる。そして、実際に制裁措置を実施する加盟国は、安保理あるいはATSCの「下部機関」とも言える地位にあるにすぎないとも考えられる。

さらに、こうした制裁措置が、一定の事件発生後の事後的・刑事的な対応

というよりも、むしろテロ行為の発生を事前に予防するための措置であることも重要である。実際、個人が統合リストに登載される前提条件として、一定の犯罪について起訴され、または有罪となっている必要はない。何ら犯罪歴がなくとも、タリバンまたはアルカイダに関連する者であれば、リストに登載可能である。こうした特徴は、ATSC自身が「制裁はその性質上、予防的なものであることを意図している」[17]と強調することからも窺える。これもまた、警察的な執行機能というよりも、行政的な機能と形容できる側面である。

2 ATSCへの申立手続

　制裁措置の直轄的性格は、資産凍結の例外を認める手続や統合リスト登載者の削除を行う手続(de-listing procedure)などにも現れている。

　安保理は、2002年の決議1452によって、凍結の対象となりうる一定の支出につき、凍結を行う義務を解除できる手続を決定している。こうした解除措置の対象となるのは、食料、賃借・抵当、医薬品・医療、租税、保険料などの基礎的費用(basic expenses)およびそれ以外の臨時の費用(extraordinary expenses)として必要な資産である[18]。しかし、こうした凍結措置の例外となるか否かの決定は、各加盟国が独自に行うことはできない。加盟国は、一定の資産につきこの例外措置を適用したい場合、受益者氏名、銀行に関する情報、支出の目的・金額・期日・方法などの詳細な情報とともに、ATSCに対してその旨を通報することが求められる。これを受けたATSCは、構成国すべてにその通報内容を伝え、原則として3日以内にいずれの国からも異議がなければ、ATSCとしてこれを承認することが決定される[19]。したがって、裏を返せば、ATSCを構成する1カ国でも例外措置の適用に反対すれば、これは認められないことになる。

　これまでの経済制裁においても、一定の人道的な用途にかかわる資産・物品を制裁対象の例外とすることは行われてきた。しかし、そうした場合、例外に該当するかどうかの具体的な判断は基本的に加盟国に委ねられてきており、せいぜい制裁実施状況に関して提出される報告書を通して、安保理による監視が行われるにすぎなかった。これと比較すると、個々の例外措置についてもATSCの許可を必要とすることは、制裁措置の直轄性を明確に示すものである。

一方、決議1730によって、本来制裁の対象とされるべきでないにもかかわらず統合リストに登載された個人・団体が、リストからの削除を申し立てる手続が制定された[20]。削除が認められるのは、(a)身元確認の誤りによりリストに登載された個人・団体、(b)「関連する」基準に該当しなくなったなど、もはや制裁対象ではない個人・団体である[21]。該当する個人・団体は、国連事務局内に設置された拠点(focal point)を通じて直接にATSCに申立を行うか、その国籍国・居所国を通して申立を行うことができる[22]。しかし、後者に関しては、加盟国は自国民が直接に申立を行わなければならない旨の宣言をすることができるとされており[23]、この手続が基本的に個人・団体からの直接申立を意図したものであることが読み取れる[24]。

国連機関に対する個人の申立は、信託統治地域の請願権や憲章ベースの人権規範違反に関する個人通報制度など、いくつかの先例がある。しかし、それらはいずれも施政国や国籍国の行為を国連が監督・監視するという趣旨での申立制度であって、国連機関の行為そのものを対象とするものではない。これに対して、統合リストからの削除手続は、ATSCが要求し、これに基づき加盟国が実施する制裁措置そのものに対する申立である。この点では、国内法制度における行政上の不服申立に類似する性格を持つものである。

誤認によるリスト登載などは決して少なくなく、これを放置すれば個人の財産権その他が著しく侵害されることになる。このため、被害を受けた個人は、制裁措置を実施する加盟国を相手に訴訟等を提起することが考えられるが、安保理決議の拘束性を考慮すれば、各国が自由に制裁を解除できる立場にはない[25]。こうした事情においては、ATSC自身が制裁措置により発生する問題に実効的に対応することが求められ[26]、直接的な是正要請を受理する制度を導入せざるをえなかったのである[27]。

3　ATSCによる履行状況の監視とフォローアップ

決議1267は、すべての加盟国に対し3カ月以内に、制裁措置の履行状況に関する報告書をATSCに提出することを求めている[28]。こうした報告書の提出要請は、さらに決議1455(2003年)[29]、決議1617(2005年)[30]によっても行われ、制裁範囲の拡大・拡充に連動して、加盟国は常に履行状況をATSCに報告することを義務づけられる制度となっている。しかも、こうした報告書に

ついても、記述すべき内容に関するガイドライン[31]や個々の対象者に関するチェックリスト[32]がATSCにより定められ、統合リストにおけると同様の定式化が図られている。また、報告書が期限までに提出されない場合、未提出国はリスト化されて安保理に報告されるとともに[33]、提出をしない理由の説明をATSCに対して報告することが求められる[34]。

ATSCとその下部機関であるモニタリング・チームは、こうした報告書を分析しながら、制裁措置の実効性に関する評価を行い[35]、これに基づいてさらに改善された措置を検討するというサイクルが構築されている。さらにATSCには、こうした報告書の審査だけでなく、そのフォローアップを目的としたより緊密な議論を行うため、加盟国代表がATSCを訪問することを要請する権限も与えられている[36]。もっとも、報告書を提出していない国家、あるいはその内容が十分でない国家については、制裁措置の履行状況は必ずしも十分に把握できず、また現実にはこうした国々における制裁が最も脆弱であることは否定できない。そこで、決議1455により、ATSCの委員長またはモニタリング・チームが特定の国家を訪問し、制裁の履行状況を確認するとともに、実効的な実施に向けた協議を行う機能も付与されている[37]。

こうした特定国への訪問は、報告書の未提出や制裁措置の不十分さを糾弾すると言うより、むしろ人的・物的資源や法制度を含めたノウハウの不足などの問題を協議し、技術・資金援助等を含めた建設的な対話を進めることを目的としている。この点でも、ATSCないし安保理の役割が、制裁措置の違反を摘発する警察的機能から、一定の目的達成に向けて柔軟かつ現実的な手段を模索する行政的機能へと変化していることが見て取れる。

そして、こうしたテロ行政に関する能力構築(capacity-building)を進める役割は、次に検討するCTCにおいて、さらに顕著になっている。

III CTCの機能

1 CTCの任務とその変化

CTCは、9・11テロ事件直後に採択された決議1368の延長線上に設置されている。同決議は、9月11日に発生した同時多発テロを非難するとともに、「このような行為を、すべての国際テロ行為と同様に、国際の平和と安全に対する脅威とみなす」[38]としている。この文言は、単に9・11事件の行為が国際の

平和と安全に対する脅威を構成するだけでなく、テロ行為一般がそうした性格を持つことを示している。ここに、アルカイダといった特定のテロ組織の行為を規制するのではなく、広く一般にテロリズムの規制を行おうとする安保理の姿勢が垣間見られる。実際、この約2週間後に採択された決議1373も同様の文言を含み、それが加盟国に要請している措置は特定の事件や団体に関連していない。

　決議1373は、加盟国に対し、(a)テロ行為への資金提供の防止、(b)自国民または自国領域に所在する者が、テロ行為を行う目的で使用されることを意図して、資金の提供・収集を行うことを犯罪とすること、(c)テロ行為を行う者、あるいはこれらの者に所有・監督される団体の資産等を凍結すること、(d)自国民または自国領域に所在する者が、テロ行為を行う者のためにその資産を使用することを禁止すること、を義務づける。こうした安保理決議による一般的なテロ行為への対応は、当時まだ未発効であったテロ資金供与防止条約の内容を、実質的に義務づけるものと見ることもできる[39]。その点で、安保理は特定の事態に対応する執行的機能ではなく、国際テロリズム一般に対処するための枠組みを立法化する機能を果たした、と評価することは可能である[40]。

　CTCは、こうした措置の加盟国による履行をモニタリングすることを任務として設置された。これは加盟国からの報告書を受理し、それを評価するという点では、ATSCと同様の側面を持つ。しかし、後者がその対象をアルカイダ・タリバンに関連する個人・団体に限定しているのに対し、前者はより広範かつ包括的なテロ行為を射程範囲とする点に特徴がある。他方、CTCはATSCのように、自ら制裁の対象となる個人・団体のリストを作成する権限を持たない。制裁措置の実施対象の決定は加盟国に委ねられており、その点では伝統的な経済制裁の枠組みにむしろ近い。このため、CTCの活動は、ATSCと比較して、加盟国による決議履行に大きく依存することになるのである。

　ところが、現実には、加盟国のすべてが決議の要求する措置を国内で実施できるわけではない。不正な資金移動を防止する国内立法がまったく存在しない場合やきわめて脆弱な場合など、国内法の整備が十分でない国が見られる一方、資金を凍結するための行政・司法機関やその要員が整っていない国も存在する。また、テロ関係の条約を批准はしていても、国内実施立法をまっ

たく制定していないため、実質的には条約を履行できない国もあり、条約の締約国であるというだけで、テロ行為に関連する刑事手続が実施されると期待することはできない[41]。

そこで、こうした点に対応するため、CTCは、自らの活動を「再活性化」(revitalization)することを安保理に提案するに至った。その骨格は、CTCが決議1373の履行を評価するに際して加盟国との対話を率先して推進し、加盟国に対する技術支援を促進し、国際機構・地域機構等とのより緊密な協力・調整を働きかけることにある。言葉を換えれば、CTCはその役割を、加盟国の対テロリズム行政の能力を増強・改善する内容へと変更したのである[42]。

こうして2004年3月の決議1535により、CTCは決議1373の履行をモニタリングする役割とともに、これにかかわる加盟国の能力構築(capacity-building)を行う機能を増大させることになった。このことはまた、CTCが一時的な資産凍結などの監視機関から、長期にわたる継続的な対テロリズム行政の実施機関へと衣替えしたことを示唆している[43]。

2 CTCによる履行状況評価と技術支援

現在、CTCは全体会のもとで、三つの小委員会(Sub-Committee)により構成されている。さらに、決議1535により「反テロリズム委員会執行局」(Counter-Terrorism Committee Executive Directorate、以下「CTED」)が新たに下部機関として設置され[44]、CTCの履行評価能力の向上が図られた。

決議1535以降の履行評価においては、1回限りの報告書審査よりも、むしろ履行状況の推移を継続的にフォローすることに力点が置かれている。この目的を達成するため、2006年からは「予備的履行評価」(Preliminary Implementation Assessment、以下「PIA」)と呼ばれる制度が導入されている。この方式は、対象となる国の履行状況を一度評価したうえで、これを向上させるための支援作業をCTCが当該国と協力して行う。そのうえで、再度CTCが履行の進展状況を評価し、さらに当該国との定期的な(2年に1度程度の)情報交換を継続するという内容である。

具体的には、対象となる国から提出された報告書、関係する国際機構・地域機構からの情報などをもとに、CTEDがPIAの原案を作成する。これには、現状の履行における弱点などを記載したカバー・ノート(Cover Note)と、そ

れに対する具体的は改善策を提案するカバー・レター(Cover Letter)の原案も添付される。一つの小委員会がこれらの原案をもとに、具体的に提案すべき措置を検討する。小委員会での検討が終了すると、これがCTC全体会に回され、ここで正式に決定されると、これらが正式に対象国に送付される[45]。こうして、CTCと対象国との間の、履行状況改善に関する継続的な情報交換が開始されることになる。

　また、CTEDは履行評価を行うため、関係国の同意を得たうえで、現地訪問も実施している。その目的は、①決議1373に定められた義務の履行状況に関する分析、②義務を履行する当該国の能力に関する分析、③義務を履行するうえで、技術支援が与えられることにより改善されうる分野の特定、④採られるべき措置に関する勧告の準備である。実際、CTEDが対象とする分野は、反テロ立法、犯罪目的の資産使用に対する措置、実効的な法執行体制、国際協力、国境管理を含めた領域管理など広範囲に及んでいる[46]。

　履行評価によりその弱点が明らかになった段階で、これを改善するための技術支援が必要となる。技術支援に関するCTCの役割は、支援が必要な国とこれを提供できる国の間の交換台(switchboard)となることであると評される[47]。CTC自体は支援を提供することはしないが、支援に関する情報交換の実効性を高め、提供国と被提供国の間を取り持つ役割を果たすことになる。具体的な支援分野は、航空行政、反テロ法制、関税・国境管理、不法な武器取引に関するモニタリング、犯罪人引渡、財政法制、出入国法制、海上安全保障、司法官の訓練と能力開発など、きわめて広い国内法制・行政の問題に及んでいる。これらの分野に関する支援提供国・支援機構の情報と被支援国の情報は、CTED技術支援マトリックスとして、データ・ベース化されている[48]。

IV　結　び

　以上検討してきたように、ATSCとCTCは、その主要な役割は必ずしも同じではないが、伝統的な安保理の機能を変質させている点では共通している。ATSCは、統合リストを自ら作成することにより、ある程度の直轄性を備えた制裁措置の実施に道を開いた。本来、個人の管理が国家の管轄事項であったことを考えれば、統合リストの作成は安保理がその権限を深化させ、国家管轄権の中核部分にまで及ぼし始めたことを意味する。他方、CTCは国家に

よるテロ規制という枠組みを残しながら、国家の法制度・行政機構の実質的な中身を評価し、これを継続的な視点から改善する作業に乗り出している。警察的な法の執行ではなく、国家の内政に係る諸制度の構築に関与する点で、安保理はその権限を質的に拡大していることは間違いない。そして、ATSCとCTCは重層的に機能することによって、多面的な側面を持つ安保理の「国際テロリズム行政」を担っていると考えられるのである。

　国連憲章の起草者たちは、39条が規定する「平和に対する脅威」を、暗黙のうちに一つの「事件」として認識していた。言葉を換えれば、「平和に対する脅威」は、本質的に一過性のものであり、したがってこの脅威は41条ないし42条の措置により「除去」されるべきものであった。こうした認識に基づくならば、脅威に対応するために創設された安保理は、当然に警察的な執行機関としての性格を帯びることになる。ところが、国際テロリズムの問題は、確かに脅威ではあるが、ある「事件」として処理できるような根の浅い問題ではない。時間的には長期にわたる対応を必要とし、方法的には国家の統治権限の内実にわたる事項に踏み込まなければならない。こうした「脅威」の変質が、安保理に継続的な行政的機能を果たすことを求めていると言えるだろう。

　もちろん、こうした安保理の機能変化は、もろ手を挙げて歓迎されるべき段階にはない。国内行政が、個人の自由や権利との緊張関係に常にさらされるように、安保理の「行政」もまたそうした側面を持ち始めている[49]。また、安保理による措置が、決して常任理事国には及ばず、専ら政治的・経済的・軍事的に弱い国の内政に介入しているにすぎないとの見方も可能である。安保理の新しい機能を考えるに際して、その正当性の問題も等閑視することはできない。ATSCとCTCはいずれも、その作業が「発展中」(ongoing)であることを常に強調しているが、その意味では、国際テロリズムに対する行政的機能の拡充だけでなく、これを制約または監視するメカニズムについても、継続して検討をしてゆくことが必要となるのである。

【注】
1　Malcolm D. Evans, "International Wrongs and National Jurisdiction", in Malcolm D. Evans ed., *Remedies in International Law: The Institutional Dilemma* (1998), p.182.
2　S.C. Resolution 1267 (1999), UN. Doc. S/RES/1267 (15 October 1999), paragraph 6.
3　S.C. Resolution 1373 (2001), UN. Doc. S/RES/1373 (28 September 2001), paragraph 6.

4　S.C. Resolution 748(1992), UN. Doc. S/RES/748(31 March 1992), paragraphs 4-6.
5　S.C. Resolution 1193(1998), UN. Doc. S/RES/1193(28 August 1998), paragraph 2.
6　*Ibid.*, paragraph 15.
7　S.C. Resolution 1214(1998), UN. Doc. S/RES/1214(8 December 1998), paragraph 13.
8　S.C. Resolution 1267, *supra* note 2, paragraph 4.
9　S.C. Resolution 1333(2000), UN. Doc. S/RES/1333(19 December 2000), paragraph 8(c).
10　統合リストは、(1)タリバンに関連する個人、(2)タリバンに関連する団体、(3)アルカイダに関連する個人、(4)アルカイダに関連する団体に分類され、加えて委員会の決定によりリストから削除された個人・団体も記載されている。2008年2月現在で、およそ400の個人・団体が登載されており、リストは委員会のウェブサイトで閲覧が可能である(http://www.un.org/sc/committees/1267/consolidatedlist.htm#deleted)。
11　関連する決議の継続的な採択により、制裁内容も徐々に拡大され、2002年の決議1390において、資産凍結、渡航制限、武器等の禁輸という三つの柱が確立された。S.C. Resolution 1390(2002), UN. Doc. S/RES/1390(28 January 2002), paragraph 2.
12　S.C. Resolution 1526(2004), UN. Doc. S/RES/1526(30 January 2004), paragraph 6. 同チームの権限については、Annex to resolution 1526(2004)を参照。
13　Guidelines of the Committee for the Conduct of Its Work(Adopted on 7 November 2002, as amended on 10 April 2003, 21 December 2005, 29 November 2006 and 12 February 2007), p.4, *available at* < http://www.un.org/sc/committees/1267/pdf/1267_guidelines.pdf>.
14　S.C. Resolution 1617(2005), UN. Doc. S/RES/1617(29 July 2005), paragraph 2.
15　1267 Committee Checklist, Annex II to resolution 1617(2005).
16　S.C. Resolution 1735(2006), UN. Doc. S/RES/1735(22 December 2006), paragraph 7. *See* Consolidated List: Cover Sheet for Member State Submissions to the Committee, Annex I to resolution 1735. *See also* S.C. Resolution 1822(2008), UN. Doc. S/RES/1822(30 June 2008), paragraphs 12-18.
17　Guidelines of the Committee, *supra* note 13, p.3.
18　S.C. Resolution 1452(2002), UN. Doc. S/RES/1452(20 December 2002), paragraph 1.
19　Guidelines of the Committee, *supra* note 13, pp.7-8.
20　S.C. Resolution 1730(2006), UN. Doc. S/RES/1730(19 December 2006), paragraph 1.
21　S.C. Resolution 1735, *supra* note 16, paragraph 14.
22　De-listing procedure, *annexed to* S.C. Resolution 1730, *supra* note 20, p.2.
23　*Ibid.*, footnote 1. 実際にフランスがそうした宣言を行っている。Permanent Mission of France to the United Nations, Letters identical to the one below submitted to the Chairpersons of the following Security Council Committees: Security Council Committee established pursuant to resolution 1267(1999)concerning Al-Qaida and the Taliban and associated individuals and entities(30 April 2007), *available at* < http://www.un.org/sc/committees/pdf/France_fp_dec_E.pdf>.
24　これは、申立に関する統一フォームが整備されていることからも窺える。Request for De-listing from the Consolidated List Maintained by the Security Council Committee Established Pursuant to Resolution 1267(1999)concerning Al-Qaida and the Taliban and Associated Individuals and Entities, *available at* < http://www.un.org/sc/committees/1267/pdf/De-listing%20form%20-%20English.pdf>.
25　これに関連するEC裁判所の実行については、須網隆夫「地域的国際機構と国際テロリズム規制—EUによる国際テロへの法的対応と課題」『国際法外交雑誌』106巻1号(2007年5月)20-34頁。

26 Statement by the President of the Security Council, UN. Doc. S/PRST/2006/28 (22 June 2006), p.2.
27 拙稿「『テロとの戦争』における国際人権法の役割―人権法の機能的拡張」『国際人権』2006年報第17号(2006年10月)5頁。
28 S.C. Resolution 1267, *supra* note 2, paragraph 10.
29 S.C. Resolution 1455 (2003), UN. Doc. S/RES/1455 (17 January 2003), paragraph 6.
30 S.C. Resolution 1617, *supra* note 14, paragraph 10.
31 Guideline for reports required of all States pursuant to paragraph 6 and 12 of resolution 1455 (2003), *available at* < http://www.un.org/sc/committees/1267/pdf/guidanc_en.pdf>.
32 Checklist under resolution 1617 (2005) - Guidance document, *available at* < http://www.un.org/sc/committees/1267/pdf/checklist.pdf>.
33 Report of the Al-Qaida and Taliban Sanctions Committee to the Security Council pursuant to paragraph 23 of resolution 1526 (2004), Annex I to Letter dated 27 April 2004 from the Chairman of the Security Council Committee established pursuant to resolution 1267 (1999) concerning Al-Qaida and the Taliban and Associated Individuals and Entities addressed to the President of the Security Council, UN Doc. S/2004/349 (3 May 2004); List of 50 Non-reporting countries, as at 11 July 2005, Annex II to Letter dated 1 December 2005 from the Chairman of the Security Council Committee established pursuant to resolution 1267 (1999) concerning Al-Qaida and the Taliban and associated individuals and entities addressed to the President of the Security Council, UN Doc. S/2005/761 (6 December 2005).
34 S.C. Resolution 1526, *supra* note 12, paragraph 22.
35 *See* Paragraph 13 assessment, Annex I to Letter dated 1 December 2005 from the Chairman of the Security Council Committee established pursuant to resolution 1267 (1999) concerning Al-Qaida and the Taliban and associated individuals and entities addressed to the President of the Security Council, UN Doc. S/2005/761 (6 December 2005); Written assessment pursuant to paragraph 17 of Security Council resolution 1617 (2005), Annex to Letter dated 20 December 2006 from the Chairman of the Security Council Committee established pursuant to resolution 1267 (1999) concerning Al-Qaida and the Taliban and associated individuals and entities addressed to the President of the Security Council, UN Doc. S/2006/1046 (28 December 2006). なお、2004年段階でのモニタリング・チームの問題点については、Eric Rosand, "The Security Council's Efforts to Monitor the Implementation of Al-Qaida/Taliban Sanctions", *American Journal of International Law*, vol.98 (2004), pp.753-755.
36 S.C. Resolution 1526, *supra* note 12, paragraph 11.
37 S.C. Resolution 1455, *supra* note 29, paragraph 11; S.C. Resolution 1526, *supra* note 12, paragraph 10; S.C. Resolution 1617, *supra* note 14, paragraph 15; S.C. Resolution 1735, *supra* note 16, paragraphs 28-31. 訪問国については、Paragraph 13 assessment, *supra* note 35, paras.7-10; Written assessment, *supra* note 35, paras.9-11.
38 S.C. Resolution 1368 (2001), UN. Doc. S/RES/1368 (12 September 2001), paragraph 1 (傍点筆者).
39 Paul C. Szasz, "The Security Council Starts Legislating", *American Journal of International Law*, vol.96 (2002), p.903.
40 坂本一也「国連安全保障理事会による国際法の『立法』―安保理決議1373及び1540を手懸りとして―」『世界法年報』第25号(2006年)142頁; Stefan Talmon, "The Security Council as World Legislature", *American Journal of International Law*, vol.99 (2005), p.117.
41 Report by the Chair of the Counter-Terrorism Committee on the problems encountered in the

implementation of Security Council resolution 1373 (2001), Annex to Note by the President of the Security Council, UN. Doc. S/2004/70 (26 January 2004), pp.5-8.
42 Proposal for the Revitalisation of the Counter-Terrorism Committee, Annex to Letter dated 19 February 2004 from the Chairman of the Security Council Committee established pursuant to resolution 1373 (2001) concerning counter-terrorism addressed to the President of the Security Council, UN Doc. S/2004/124 (19 February 2004), paras.4-5. もともと、こうした機能はCTCに全く期待されていなかったわけではなく、これを創設する時点においてもそうした側面は考えられていた。その意味では「力点」の変更と考えられる。なお、創設当初の機能については、Eric Rosand, "Security Council Resolution 1373, the Counter-Terrorism Committee, and the Fight Against Terrorism", *American Journal of International Law*, vol.97 (2003), pp.335-337.
43 S.C. Resolution 1535 (2004), UN. Doc. S/RES/1535 (26 March 2004), preamble paragraphs 15-16.
44 *Ibid.*, paragraph 2.
45 Procedures for the Security Council's Counter-Terrorism Committee's Updated Working Methods (17 October 2006), *available at* <http://www.un.org/sc/ctc/workmethods171006.shtml>.
46 Framework Document for CTC Visits to States in Order to Enhance the Monitoring of the Implementation of Resolution 1373 (2001) (9 March 2005), *available at* <http://www.un.org/sc/ctc/frameworkdocument.htm>.
47 Policy Guidance PG. 1, UN. Doc. S/AC.40/2005/PG.1 (6 December 2005), p.2, *available at* < http://www.un.org/sc/ctc/documents/tech_assistance%20guidance.pdf>.
48 *See* United Nations CTED Technical Assistance Matrix, *available at* < http://www.un.org/sc/ctc/htdocs/>.
49 *See* Andrea Bianchi, "Assessing the Effectiveness of the UN Security Council's Anti-terrorism Measures: The Quest for Legitimacy and Cohesion", *European Journal of International Law*, vol.17 (2006), pp.903-910.

第3章　大量破壊兵器の不拡散と国連安保理の役割

市川　とみ子

Ⅰ　はじめに
Ⅱ　安保理による「立法」——決議1540をめぐって
　1　安保理による「立法」は受容されたか
　2　決議1540の実施とその課題
　　(1)　輸出管理の規範化をめぐって
　　(2)　国際機関の役割
　　(3)　1540委員会のマンデート延長と決議実施の現状
Ⅲ　抜かれた「伝家の宝刀」——北朝鮮・イランをめぐる制裁決議
　1　IAEA保障措置と安保理
　2　輸出管理レジームの規範化へ？
　3　制裁の特色——「貨物検査」と個人・団体の特定
　　(1)　「貨物検査」
　　(2)　制裁対象の特定
Ⅳ　安保理決議の正当性・実効性と外交努力
　1　決議の正当性——全会一致の意義
　2　決議の実効性——個別の事案を通じて
　　(1)　北朝鮮——六者会合を中心に
　　(2)　イラン——IAEAとEU3+3を中心に
Ⅴ　おわりに

Ⅰ　はじめに

　大量破壊兵器(WMD)およびその運搬手段であるミサイル等(以下「WMD等」)[1]の不拡散に関し、近年国際連合安全保障理事会は、一般的な規範形成

および個別事案への対応の双方で大きな役割を果たすようになっている。一般的な規範形成については、米同時多発テロを受けてWMD等を使用したテロの可能性に対する脅威認識が高まったことを背景に、2004年、国連憲章(以下「憲章」)第7章下で安保理決議1540が採択され、不拡散分野での安保理の役割に大きな変化をもたらした。一方、個別事案への対応については、北朝鮮およびイランに関して2006年以来制裁措置を含む一連の安保理決議が採択され、特に核問題に関し、国際原子力機関(IAEA)の保障措置ひいては核兵器不拡散条約(NPT)の実効性を担保するうえで、国連安保理が「最後の砦」として果たしうる役割が明確に示された。これらの一連の決議を通じて、WMD等の不拡散と安保理との関係は新たな段階に入ったと言っても過言ではないであろう。

他方、決議1540については、安保理がこのような一般的な国際規範を決議の形で設立すること(安保理による「立法」)の是非に関する議論がある。また、北朝鮮およびイランに関する、いわゆる制裁決議(以下「制裁決議」)を含め、憲章第7章下の安保理決議が定める措置であっても、国連加盟国(以下「加盟国」)による実施を確保することは必ずしも容易ではないとの課題も明らかになってきている。さらに、北朝鮮およびイランの核問題をめぐる外交交渉の経緯が示すように、安保理の権威をもってしても問題が直ちに解決されるとは限らず、WMD等の拡散に対しては国際社会の一致した粘り強い取組みが必要とされている。

本章では、WMD等の不拡散に関するこのような安保理の役割の意義と課題を、実務者の視点から考えたい。なお、本章の内容は筆者個人の見解であるが、外務省内外の関係各位による貴重な情報や意見等、参考資料としては引用困難な支援への謝意を記しておきたい。

II 安保理による「立法」——決議1540をめぐって

国連においては従来、総会の場で継続的に軍縮問題が扱われてきたのに対し、安保理は国際の平和と安全に関する主要な責任を有する機関として、イラクや北朝鮮のWMD等の個別事案を扱ってきた。軍縮・不拡散一般につい

ては、決議1540の採択以前には、NPTに関連する若干の決議[2]や1992年1月の安保理首脳会合の議長声明[3]における言及がみられる程度であった。そのような安保理において、2004年4月、非国家主体へのWMD等の拡散防止一般に関する決議1540が憲章第7章下で採択されるに至った背景には、言うまでもなく、2001年9月の米同時多発テロ以降、テロリストとWMD等が結びつく危険が現実の脅威であるとの認識が高まったことがある。決議1540に至る経緯および決議の内容についてはすでに多くの研究が行われており[4]、ここでは、安保理による「立法」と言われる決議1540の意義と課題を法形式および実施の観点から検討したい[5]。

1 安保理による「立法」は受容されたか

決議1540の採択は、決議1373と並んで安保理による「立法」に途を開いたと言われている[6]。これらの決議の特徴は、特定の事態ではなく、テロ(決議1373)やWMD等の非国家主体への拡散(決議1540)一般を国際の平和と安全に対する脅威とみなして、憲章第7章下の安保理決議採択により全加盟国に即刻適用される義務を課した点にあり、安保理による「立法」と言われるゆえんである。しかし、これらの決議の採択は、個別の事態への対処を超えて安保理が「立法」を行うことが一般的に受容された結果というよりは、差し迫った脅威認識と国際法の欠缺という状況の中で、いわば緊急避難的に認められたというのが実態に近いと考えられる。

決議1540の採択に至る過程では、WMD等とテロリストが結びつく危険が切迫していること、および既存の軍縮・不拡散体制は非国家主体への拡散問題を扱っていないという国際法の欠缺があることが強調され[7]、安保理による「立法」という特別な措置の必要性が指摘された。このような状況認識は、途上国を含むほぼすべての国に共有され、安保理決議による「立法」についても、積極的な支持まではいかない場合も、多数国間交渉による条約作成が望ましいが例外的あるいは一時的な措置として受け入れる(ないし、やむをえない)との立場が多くの国から表明された[8]。他方で、決議案については例外的に認める場合を含め、安保理が「立法」を行う権限を否定あるいは疑問視する見解も途上国側から示されていた[9]。また、決議案の内容については、途上

国を中心に多くの国が不拡散と軍縮は表裏一体の補完的関係にあることを強調しており、核廃絶の必要に関する主張や、決議案における不拡散と軍縮のバランスの欠如への不満表明もみられた[10]。

　決議1540の採択当時、安保理の中でも、テロとWMD等の結びつきという脅威について、WMD等の拡散をより強調する国とテロの側面をより強調して決議1373の文脈で理解する国があった[11]。決議1540の全会一致での採択が可能であった一つの背景として、内容面では、決議1373に代表されるテロとの闘いの文脈で理解されることにより、NPTの下で議論される国家の義務としての核軍縮と核不拡散のバランス論とは一応切り離して考えることが可能であった点が挙げられよう。また、安保理による「立法」が受容された大きな要因としては、国家に決議の実施義務を課すとはいえ、決議1373と同様に非国家主体がそのターゲットであったことが挙げられる。仮に不拡散一般、あるいは国家間の不拡散を扱う決議であったとしたら、安保理の「立法」は可能だったであろうか。緊急性の認識という点からも、NPTを中心に従来積み上げられてきた核軍縮・核不拡散の議論との関係でも、広範な賛同を得ることは困難であったと考えられる。何より、国家の安全保障にかかわる問題について安保理による「立法」という法形式を容認することに対しては、いかなる国であれ躊躇を覚えるであろう。

　安保理による「立法」では、通常の条約作成であればすべての関係国が参加して交渉するために要する時間を大幅に短縮して、15カ国の決議により即時に全加盟国に義務を課すことができる。しかし、これは逆に言えば、条約作成では交渉・署名・締結の過程で関係国が有する、条約の内容、締結の適否、締結する場合の国内措置の要否等を検討し自らの立場を決定する選択肢と時間を奪うことを意味する。決議1540の採択に至る過程では、数カ月にわたり安保理での協議が行われ、非同盟（NAM）諸国との非公式協議や安保理メンバー以外の国を招いた公開会合も開催されたが、それでも安保理メンバー以外の国にとっては、決議の内容に関する情報を得る機会も、自国の意見を表明する機会も、極めて限られていた。国家を対象とする軍縮・不拡散、さらには国家の権利義務一般について、多数国間条約の作成に代わってこのような形で行われる安保理の「立法」を認めることは、まさに国家の主権の根幹に

かかわる問題であり、容易に受け入れられるものではないであろう。決議1373および決議1540は、それぞれ当時の国際社会の状況の中で採択が可能となった特別の事例であって、これらの決議により安保理の一般的な「立法」機能が国際社会に受容されたと言うには時期尚早であり、今後の動向をみる必要があると考えられる[12]。

2 決議1540の実施とその課題

(1) 輸出管理の規範化をめぐって

安保理による「立法」も、その内容が加盟国による措置を求めるものであれば、憲章の定める受諾・履行義務があるとは言っても[13]各国による実施なくして実効性の確保は望めない。決議1540が加盟国に求める義務の内容は、関連物質の管理・防護から国境管理や輸出管理等広範にわたるが、ここでは、後述の北朝鮮およびイランに関する決議との関連で、特に輸出管理について考えたい。

決議1540の重要な意義の一つとして、既存の輸出管理レジームへの非参加国を含め、全加盟国に輸出管理を義務づけた点が指摘される[14]。確かに輸出管理の規範化という概念を導入した点では、決議1540の意義は大きい。しかし、同決議は加盟国に対して輸出管理制度の制定と執行を一般的に義務づけ、輸出管理リストの制定を呼び掛けてはいるが、その範囲や内容は規定されていない[15]。輸出管理レジームリストの受け入れを決議採択前から拒否していた国もあれば[16]、輸出管理レジームの有用性に言及する国もみられる[17]など、加盟国の対応はさまざまである。後述するように、輸出管理レジームの規範化については、決議1540がその嚆矢となったとは言えるが同決議のみでは達成できず、その後の個別事案に関する制裁決議の実行を通じて規範化が図られている段階と言えよう。

他方、決議1540においては、輸出管理に関連して求められる義務の範囲は非常に広範である。具体的には、輸出に加えて通過(transit)、積換(trans-shipment)、再輸出(re-export)およびこれに関連する資金供与や輸送等の役務についても管理が求められている[18]が、これらは既存の輸出管理レジームにお

いては従来規制されておらず、レジーム参加国にとっても義務の範囲が拡大したことになる。A・Q・カーン博士を中心とする核の闇ネットワークの活動をみても、拡散はさまざまな拠点を利用して複雑なルートで行われている。自国からの関連物資の輸出を防ぐのみならず、自国が貿易の経由地やサービスの提供地としても利用されないようにすることは、非国家主体に対する場合はもとより拡散一般の防止にとっても重要である。しかし現実には、多くの途上国では輸出管理自体も十分に行われてきたとは言えない。

先述のとおり、決議1540の採択に至る過程では数カ月にわたり協議が行われ、NAM諸国との非公式協議や安保理非メンバー国を招いた公開会合も開催された。しかしそれでも安保理の外にいる大多数の国、特に従来十分な法律や制度を持たない途上国にとっては、関連物資の管理・防護から国境・輸出管理等の広範な義務が「空から突然降ってきた」に等しい。これは、後述する北朝鮮およびイランに関する決議が定める義務についても同様であり、これらの個別事案に関する安保理決議では、対象が限定されているとはいえ、さらに短期間で新たな義務が制定されている。安保理による「立法」も憲章第7章下の制裁決議も、決議の採択は時間をかけずに可能であっても、その実施は加盟国の意思と能力にかかっている。決議の実効性を確保するためには、各国がこれを受け入れるのみならず、決議の実施に必要な制度作りとその厳格な執行のため、人材・資金を含む資源を投入することが不可欠である。加盟国、特に途上国による実施は一朝一夕には実現可能ではないのが現実であり、加盟国の広範なコミットメントを得るためには、通常の条約の場合にも増して、特に途上国に対する粘り強い働きかけと支援が必要とされている。

(2) 国際機関の役割

2007年2月の決議1540に関する安保理公開会合は、同決議の実施に関連する国際機関の代表を招いて行われたことが注目される。同会合には、国連事務局（軍縮局〔当時〕）、IAEA、化学兵器禁止機関（OPCW）および世界税関機構（WCO）から関係者が出席し、決議1540の実施に関して各機関が果たす役割について述べている。決議1540においては不拡散分野での協力推進の重要な手段としてIAEA、OPCWおよび生物兵器禁止条約（BWC）に言及されているが、決議の実施に重要な役割を果たすとは位置づけられておらず、むしろ

既存の権利義務と抵触しないとの文脈での消極的な言及もみられた[19]。また、WCOについては言及されておらず、このような国際機関との連携の強化は、決議実施の過程でこれらの機関が有する知見や支援プログラムの重要性が認識されたためと考えられる。

決議1540が言及している途上国等への支援については、同決議の採択に伴って国連の場に実施のための新たな資金や組織が設けられたわけではなく、決議により設置されたいわゆる「1540委員会」がクリアリングハウスの役割を果たしつつ、個々の加盟国や国際機関、地域機構等により実施されてきている。なかでもIAEA、OPCWおよびWCOは、それぞれの分野で専門的な知見を有する機関として、こうした支援の実施に重要な役割を有している。先述のとおり、安保理は「立法」により加盟国に即時に義務を課すことはできてもその効果的な実施を確保できるとは限らず、1540委員会も同決議の実施は直ちに結果が出るとは限らないプロセスであるとの認識を示している[20]。国際機関との連携強化も、このような安保理の「立法」の限界に対する認識の高まりを示唆するものと言えよう。

(3) 1540委員会のマンデート延長と決議実施の現状

決議1540により設置され当初2年間と定められていた1540委員会のマンデートは、2006年4月に決議1673により2年延長され、2008年4月の決議1810でさらに3年延長された。これは、決議1540の実施が息の長い取組みを要するプロセスであることが、国際社会において広く認識されていることの表れであろう。決議1673により2008年4月までに提出を求められていた1540委員会の報告書は、予定より遅れて2008年8月に提出された[21]。同報告書の記載からは、以下のような現状が見て取れる。

・決議1540により求められている報告書の提出は、2008年7月1日現在で155カ国と1機関(EU)が少なくとも1回行ったが、37カ国は1度も提出していない。
・決議1540が定めた一連の措置については、関連する条約等への加入や国内法・制度の制定・実施を行う国の数は一般に増加してきているが、実施国の数および措置の内容のいずれの点でも決議1540の完全な実施には程遠い。

こうした現状を踏まえて、1540委員会は報告書において、すべての国による決議の完全な実施には時間がかかる旨述べている。1540委員会は、決議の実施にあたって支援を必要とする国と各国・国際機関が有する支援プログラムの間の橋渡しを行うクリアリングハウスとしての役割も果たしているが、決議1540の採択から4年以上を経た2008年5月の段階でも、自国が決議1540の実施に当たってどのような支援を必要とするか理解していないために適切な支援を要請できない途上国も少なくなく、決議1540に関する理解を促進するためのセミナー等の活動は引き続き有効かつ重要であるとしている[22]。緊急避難的に行われたはずの安保理の「立法」が、4年以上を経てなおこのような実施状況にあることは、そうであればこそ国際社会の意思決定は迅速に行われるべきとの議論よりは、やはり、安保理の「立法」は極めて例外的な場合に限って慎重に行われるべき、という議論に一つの論拠を与えるのではないかと考えられる。

III 抜かれた「伝家の宝刀」——北朝鮮・イランをめぐる制裁決議

1　IAEA保障措置と安保理

　2006年は、国連安保理がWMD等の不拡散に果たす役割にとって転機となった。この年、北朝鮮については7月の弾道ミサイル発射および10月の核実験実施発表を受けて、それぞれ決議1695および1718が採択された。また、イランについてはIAEA理事会からの報告を受け、議長声明に続き、7月に決議1696、12月に決議1737が採択された。その後、イランについては、2007年3月に決議1747が、さらに2008年3月に決議1803が採択され、制裁が強化されてきている[23]。

　個別の事案に対処するうえでこれら一連の決議が有する重要性は改めて言うまでもないが、これに加え、北朝鮮の核実験実施発表から1週間足らずで憲章第7章下の制裁決議が採択されたこと、およびイランの保障措置違反に関するIAEA理事会からの報告を受けて、安保理が段階を踏みつつ憲章第7章下の制裁決議採択に至ったことは、NPT体制およびIAEA保障措置の擁護に安保理が果たす役割の観点から特に注目される。NPT脱退宣言、IAEA査察官の国外退去から、核兵器保有宣言を経て核実験実施発表にまで至った北

朝鮮のケースが、NPT体制に対する公然たる挑戦であるとすれば、あくまでNPTおよびIAEA保障措置の下で認められた平和的な活動であると主張しつつ、過去の未申告かつ秘密の活動や種々の疑惑により国際社会の信認を得られないまま、合理的な必要性の認められないウラン濃縮関連活動を継続・拡大しているイランのケースは、NPT体制に対する隠れた挑戦とも言えよう。これらの事案に対して安保理が憲章第7章下の制裁決議採択という「伝家の宝刀」を抜くに至った背景には、個別の事案の重大さに加え、これらの事態に対して安保理が有効に対処できなければ、NPT体制およびIAEA保障措置そのものの信頼が揺らぎかねないという深刻な危機感もあったと考えられる[24]。

　IAEA憲章においては、IAEA理事会による保障措置協定違反（non-compliance）の認定が安保理に報告される旨定められており[25]、安保理の権威はIAEA保障措置協定の遵守を担保するための究極的な裏付けとなっている。NPT第3条により非核兵器国に包括的保障措置の受諾が義務づけられたことから、安保理は、保障措置協定違反があった場合にIAEAから報告を受け、これに対処することを通じて、NPTの下で原子力の平和的利用を担保するためのいわば「最後の砦」の役割を担うことが期待されていると言える。しかし、報告を受けた安保理がどのような対応をとるかは安保理次第であり[26]、憲章第7章下の制裁決議という「伝家の宝刀」が抜かれるとは限らない。

　この観点からは、イランのケースが特に注目される。後述するように、イランに関するIAEA理事会および安保理における一連のプロセスは、並行して行われているEU3（英仏独）やEU3+3（米中露）による外交努力の成果を見極めつつ、段階的に進められてきている。また、安保理議長声明および累次の安保理決議はその都度IAEA事務局長の報告を求め、イランがIAEA理事会および安保理の要求事項を遵守していないことを確認したうえで次のステップに進んでいる。この一連のプロセスは、IAEA保障措置協定違反の報告を受けた国連安保理の対応として、関係国による外交交渉との連携やIAEAとの関係を含め、これまでで最も系統だった形をとっている。個別の事案における安保理の対応は今後ともケース・バイ・ケースで判断されるであろうが、イランをめぐるプロセスは、憲章第7章下の制裁決議に至る場合の一つのモデルを示していると言えよう。

以下、北朝鮮およびイランに関し、憲章第7章に明示的に言及している制裁決議である決議1718、1737、1747および1803の内容について、決議1540との関連を含め注目される点をみていきたい。

2 輸出管理レジームの規範化へ？

北朝鮮に関する決議1718およびイランに関する決議1737が定める制裁に関してまず注目されるのは、従来輸出管理レジームにおいて参加国間の「紳士協定」として形成されてきた規制品目リストが、いくつかの限定はあるものの、北朝鮮およびイランに関する限り全加盟国[27]が移転防止を義務づけられるリストとなったことである。決議1718と決議1737では、移転防止を義務づけられるWMD等関連品目の範囲に相違があり、生物・化学兵器関連では、決議1737には規定がない一方、決議1718においては制裁委員会が14日以内にオーストラリア・グループ(AG)の規制品目(S/2006/816)を勘案した決定を行った場合には移転防止の対象となる旨規定され、制裁委員会の検討結果が公表されて(S/2006/853および同CORR.1)、これらの品目の北朝鮮への移転および北朝鮮からの調達防止が加盟国の義務となった[28]。核関連(原子力供給国グループ〔NSG〕)およびミサイル関連(ミサイル技術管理レジーム〔MTCR〕)については、決議1737においてはNSGで軽水炉関連およびMTCRで特定の無人航空機が除外されたほか、NSGの汎用品の移転防止は、加盟国がイランの濃縮関連、再処理、重水関連または核兵器運搬手段の開発に貢献すると判断する場合に限定されていたが、これらの限定については決議1803でそのほとんどが解除され、例外はNSGに関する軽水炉関連の移転のみとなった。

これらの相違はあるものの、決議1718および1737の双方においてNSGガイドライン(S/2006/814)およびMTCR規制品目リスト(S/2006/815)が引用され、これらの品目等の北朝鮮への、および北朝鮮からの(決議1718)、イランからの、および上記の限定を付したイランへの(決議1737)移転等の防止が、全加盟国の義務とされたことは、大きな意義を有する。輸出管理レジームは不拡散上の有効な手段であるが、そのガイドラインや規制品目は参加国の遵守が期待される「紳士協定」であり、遵守を法的に義務づける国際的な制度は存在していなかった。また、レジーム参加国がガイドラインを厳格に遵守しても、

非参加国からの調達という抜け道の存在が従来から指摘され、特に最近では一部の途上国の経済・技術および貿易の発展に伴い、その懸念が増大している。一方、レジームの実効性を維持するためには、厳格な輸出管理を行うための国内制度を整備・実施する能力や意思がない国の参加はかえってマイナスとなることから、レジーム参加国の大幅な拡大は困難との制約がある[29]。また、途上国の中には輸出管理レジームを閉鎖的な先進国クラブとして批判的にみる向きもあり[30]、輸出管理レジームが発展させてきた高いレベルの基準をレジーム参加国以外に広く普及させることは容易ではない。

先述のとおり、輸出管理を全加盟国の義務とするという規範設立の意味では、特定の事案に限定されない「立法」である決議1540こそ画期的であったが、その具体的な内容は規定されていなかった。これに対し決議1718および1737は、いくつかの例外を付しつつも輸出管理レジームのリストを引用して具体的な移転防止の範囲・内容を憲章第7章下で全加盟国に義務づけており、北朝鮮およびイランという限られた対象についてではあるが、従来指摘されてきたレジームの制約を乗り越えてその基準を普遍化する方途を示したと言える。各輸出管理レジームのリスト（NSG〔S/2006/814〕、MTCR〔S/2006/815〕、AG〔S/2006/816〕）は、いずれも決議1718の採択に際して安保理文書として配布され、前二者は決議1737においても引用された。イランに関する一連の制裁決議においては、当初は一定の限定が付されていたものの、決議の積み重ねを通じて結果的にNSGおよびMTCRのリストがほぼそのまま適用されることとなった。こうした経緯に照らすと、今後とも、安保理において不拡散分野の制裁が検討される際には、これらの輸出管理レジームリストは重要な基礎となると考えられる。なお、決議1718および1737はこれらの品目等に関し、自国民および自国籍の船舶・航空機による移転や技術訓練・サービスの提供等の防止も加盟国に義務づけ、決議1737は関連する金融資産・サービスの移転防止まで拡大していることから、レジーム参加国にとっても義務の範囲は従来の「紳士協定」の範囲を超えるものと言える。

個別の事案に関する制裁決議自体は国際法上の新たな規範設立とは言えない[31]。しかし、北朝鮮やイランという特定の仕向地を対象とする輸出管理も結局、決議1540が求めている一般的な輸出管理体制の確立なしには実施困難

である。安保理による新たな「立法」決議の採択は容易でないと考えられる中で、決議1718および1737は、個別の事案に関する決議の積み重ねを通じて安保理による輸出管理レジームの事実上の規範化(が言い過ぎであれば事実上の国際標準化)が漸進的に図られていく流れに位置づけられるのではないか[32]。

3 制裁の特色──「貨物検査」と個人・団体の特定

北朝鮮およびイランに対する制裁は、最近の安保理による経済制裁の流れである「スマート・サンクション」に沿ったものとなっており、制裁の内容や対象が詳細に特定されている。その中で、決議1718および1803については、WMD等の移転防止に関し加盟国に「貨物検査」を含む協力行動を要請していること[33]、決議1737、1747および1803については、資産凍結や入国等の警戒(決議1803においては一部について入国等の防止)対象となる個人・団体の具体名をリストに明記していること[34]が注目される。これらは、輸出管理レジームリストとともに、今後の不拡散分野の制裁決議における重要な要素となっていく可能性があると思われる。

(1) 「貨物検査」

決議1718 op 8(f)の「貨物検査(inspection of cargo)」については、決議採択当時、いわゆる「臨検」や「海上封鎖」にあたるのではないかといった議論もみられた。しかし、決議は加盟国に対し、WMD等関連物資の移転を防止するため、あくまで自国の権限および国内法令に従い、かつ国際法に適合する範囲内で、北朝鮮向けおよび北朝鮮からの貨物検査を含む協力行動をとることを要請するものである。また、イランについては決議1803において貨物検査が要請されているが、自国の権限・国内法令および国際法について同様に規定されるとともに、イランの特定の航空会社(Iran Air Cargo)ないし海運会社(Islamic Republic of Iran Shipping Lines)により所有または運航され、累次の安保理決議で禁止された物資を運んでいると疑う合理的な理由がある場合とされている。

こうした「貨物検査」について、あえて類似の概念を見出すとすれば、拡散に対する安全保障構想(PSI)が挙げられるであろう[35]。PSIはその目的に賛同する諸国の任意の活動であり、拡散対抗、なかでも拡散の「阻止(interdiction)」

に力点をおき、その具体的な方法として、WMD等関連物資の輸送が疑われる船舶への乗船や立入検査等の手段を想定している。PSIについても、2003年5月にブッシュ米大統領により提唱された当時は既存の国際法を超える強制的な行動を求めるものではないかとの見方もあったが、同年9月に採択された「阻止原則宣言(Statement of Interdiction Principles)」では、PSIの活動が各国の国内法、国際法および国際的な枠組みに従って行われることが明記された[36]。

WMD等の拡散防止のために加盟国が協力行動をとることは決議1540においても一般的な形で要請されているが[37]、「貨物検査」等の具体的な方法は明記されていなかった。決議1718および1803ではその方法がより具体的に記載されており、輸出管理の場合と同様、決議1540で開始された規範化の試みの具体化という流れに位置づけることも可能と考えられる。ただし、決議1540、1718および1803のいずれにもPSIの中心的な概念である「阻止」との表現は盛り込まれておらず、特に中国は決議1540および1718の採択にあたって「阻止」に対する留保を明確に表明しているなど[38]、これらの決議の規定が国際社会全体によるPSI概念の受容やその規範化(あるいは事実上の国際標準化)を意味するとまでは言えないであろう[39]。

(2) 制裁対象の特定

イランに関する決議1737、1747および1803には、資産凍結の対象となる個人・団体および入国・通過の警戒、抑制ないし防止の対象となる個人の具体名を記したリストが添付されている。これらの義務については、その対象となる個人・団体の範囲が次第に拡大するとともに、義務の内容も厳しくなってきている。例えば入国・通過については、決議1737では警戒(vigilance)が、決議1747では警戒および抑制(restraint)が呼びかけられ(call upon)、入国・通過が行われた場合には制裁委員会への通報が義務付けられていたが、決議1803では一部の個人については入国・通過を防止する(prevent)ために必要な措置をとることが決定された(decide)[40]。

安保理の制裁決議においては従来、制裁の対象となる個人や団体を名称で特定する場合と、その属性により定義する場合がみられる[41]。決議1718にお

いては、資産凍結対象の個人・団体および入国・通過防止対象の個人について、北朝鮮の核、その他のWMDおよびミサイル計画に関与しているとの属性を定義しつつ、これらの団体・個人は制裁委員会または安保理が定めると規定されたが、現在までその指定はなされていない[42]。これに対し決議1737、1747および1803では、決議本文で加盟国の義務を記載するとともに、決議の付属文書において個人・団体が具体的名称で特定されていることから、加盟国は決議採択と同時に、これらの個人・団体の資産凍結および個人の入国・通過の警戒・抑制あるいは防止と入国・通過があった場合の制裁委員会への通報義務を負うこととなった。

制裁の対象が属性のみで定義されている場合は、その規定が一般的であるほど同一の個人・団体に対し加盟国により異なる判断が行われる可能性が高まる。したがって、加盟国がとるべき措置の明確化の観点からは、具体的名称による対象の特定が望ましい。他方、これらの個人や団体が別名やフロントカンパニーを使用している場合には（拡散関連の取引で実際に行われている）、具体的名称による特定のみでは実効性に欠けることとなる。また、団体・個人の名称のみでは対象の特定が十分とは言えないのではないか（同姓同名の個人や同一ないし類似の名称の団体の存在など）、それぞれの個人・団体が制裁対象となる理由について具体的な説明が必要ではないか、といった指摘も行われている。決議1737に比べて、決議1747および1803のリストでは個人・団体に関してより詳細な情報が記載されているが、その背景にはこのような考慮もあるものと思われる。制裁対象をいかに効果的に特定するかは拡散に対する金融面での規制の実効性を確保するうえでも課題とされており、今後とも継続的な検討が必要と考えられる。

Ⅳ　安保理決議の正当性・実効性と外交努力

安保理決議の正当性と実効性については浅田教授による第1章に詳しいが、正当性に関しては、全会一致の意義について簡単に触れたい。また、実効性に関しては、安保理決議のみでは問題解決が困難である事例として、北朝鮮およびイランをめぐる外交努力の経緯と現状について見ていくこととする。

1　決議の正当性──全会一致の意義

　安保理決議は常任理事国が拒否権を行使せず9票以上の賛成があれば採択され[43]、これが満たされる限り賛成の票数により法的効果が変わるものではない。安保理による「立法」であれ制裁決議であれ、この点は同様である。また、最近の安保理決議は、伝統的に票が割れる中東和平等の案件を除き、ほとんどの場合全会一致または反対ないし棄権が1、2カ国に限られている。しかし、安保理による「立法」および制裁決議については、国際社会の一致したメッセージを発出するため、また、加盟国による実施における実効性を確保するため、通常の決議にも増して全会一致の意義が大きいと考えられる。

　特に、安保理による「立法」の場合、全加盟国に一般的な義務を課す内容でありながら安保理の中でも賛同しない国があるとすれば、決議の普遍性に対する疑念を招くであろう。決議1540に関しては、安保理による「立法」である以上全会一致で採択されることが望ましいとの発言が行われたが[44]、このような観点を反映したものと考えられる。また、「立法」であれ制裁決議であれ、加盟国による実施が必要であることを考えれば、15カ国の間ですら見解の一致が得られない場合には、全加盟国による決議の積極的な実施を期待することはより困難であろう。北朝鮮およびイランに関する2006年以来の制裁決議はほとんどが全会一致で採択されたが、その背景にはこのような考慮もあったと考えられる[45]。

2　決議の実効性──個別の事案を通じて

　このように、安保理が一致して明確なメッセージを発出することは重要であるが、国際社会の状況によっては、安保理決議を採択すること自体常に迅速に行われるとは限らず、その内容も安保理理事国、特に常任理事国の意向に大きく影響されるのが現実である。さらに、安保理決議が採択され加盟国により実施されたとしても、個別の事案が直ちに解決するかといえば、北朝鮮についてもイランについても未だに核問題の出口が見えていないことに示されるように、問題解決はそれほど容易ではない。以下、北朝鮮およびイランの核問題に関するこれまでの経緯を簡単に見ていきたい。

(1) 北朝鮮——六者会合を中心に

　北朝鮮の核問題については、1994年の「米朝間の合意された枠組み」により寧辺の核施設の凍結等が行われていたが、2002年10月、米政府の訪朝団に対して北朝鮮がウラン濃縮計画を有していることを認めたことを契機として、同年末にはIAEA査察官の国外退去、2003年1月にはNPT脱退通告に至り、2003年2月のIAEA理事会では、北朝鮮によるIAEA保障措置協定のさらなる違反(non-compliance)が認定され、安保理に報告されるに至った(GOV/2003/14)。これに対し北朝鮮は、「合意された枠組み」の下で凍結されていた5MWe黒鉛炉を再稼働するとともに、使用済み燃料棒の再処理を実施した。

　このような北朝鮮の動きに対して、国際社会は直ちに安保理決議の採択によるのではなく、外交努力で対応することを主眼とし、2003年8月以来、六者会合(中国を議長国とし、日本、米国、韓国、ロシア、北朝鮮が参加)による取組みを続けてきた。2005年9月に採択された六者会合の共同声明[46]においては、北朝鮮がすべての核兵器及び既存の核計画を検証可能な形で放棄すること、NPTおよびIAEA保障措置に早期に復帰することが約束され、北朝鮮による核廃棄に向けた枠組みが示された。しかしその後北朝鮮は、米国による金融措置を理由に六者会合への参加を拒否し、2006年7月にはテポドン2を含む7発の弾道ミサイル発射を強行し、また、同年10月には核実験実施を発表した。日本および東アジアはもとより国際社会の平和と安全に対するこのような重大な脅威に対し、安保理が決議1695および決議1718をそれぞれ迅速に採択したことは先述のとおりである。

　2006年12月に六者会合が再開され、2007年に入り、2005年9月の共同声明の実施に向けた具体的な措置が合意され実施されてきたが、2008年半ば以降状況は停滞し、逆行の動きも見られた。核の分野に限って主な内容を列挙すると、以下のとおりである。

「共同声明の実施のための初期段階の措置」(2007年2月)
・寧辺の核施設[47]の活動停止・封印と、必要な監視・検証のためのIAEA要員の復帰。
・五つの作業部会の一つとして「朝鮮半島の非核化作業部会」を設置。

このうち、核施設の活動停止・封印とIAEA要員の復帰は、60日以内に実施されることとされていたが、同年7月に実施された。なお、日本は北朝鮮におけるIAEAの活動経費に対し、同年9月、50万ドルの貢献を行った。また、「非核化作業部会」については、同年3月の第1回会合では具体的な成果は得られなかったが、8月の第2回会合では、下記の「第二段階の措置」に向けて、無能力化や申告に関する具体的な議論が行われた。

「共同声明の実施のための第二段階の措置」(2007年10月)
・無能力化：北朝鮮はすべての既存の核施設を無能力化することに同意。2007年末までに、寧辺の5MWe黒鉛炉、再処理工場、核燃料棒製造施設の無能力化を完了。
・申告：北朝鮮は、2007年末までにすべての核計画の完全かつ正確な申告を行うことに同意。
・不拡散：北朝鮮は、核物質、技術およびノウハウを移転しないことを再確認。

このうち、無能力化作業は、2007年11月に現地での作業が開始され、同月末には筆者を含む六者会合専門家による無能力化作業視察のための寧辺訪問も行われるなど、当初は順調に実施された。その後も、技術的な制約によるものを含めて遅延が生じたものの、一連の措置が順次とられてきた。しかし、北朝鮮は、検証をめぐる議論の膠着から米によるテロ支援国家指定解除が行われないことを不満として、2008年8月には無能力化を停止し、さらに9月には施設の原状復旧措置をとり始めた。10月に米によるテロ支援国家指定解除が行われた後、無能力化作業が再開されたが、完了の目処は未だ立っていない。また、申告については、予定よりほぼ半年遅れて2008年6月に提出されたが、しっかりした検証体制が必要であるとする北朝鮮以外の五者とこれを拒否する北朝鮮との間で、2008年末現在、議論は膠着状態に陥っている。

(2) イラン——IAEAとEU3+3を中心に

2002年の反体制派による秘密の核活動暴露に端を発するイランの核問題[48]については、2005年9月のIAEA理事会でイランによる保障措置協定違反(non-compliance)が認定された(GOV/2005/77)後、2006年2月のIAEA特別理事会で安

保理に報告することが決議され(GOV/2006/14)、同決議に基づいて提出されたIAEA事務局長報告(GOV/2006/15)も安保理に伝達された。これを受けて安保理は3月に議長声明(S/PRST/2006/15)を発出し、イランに対しIAEA理事会決議の履行を求めたが、イランはこれに応じなかった。

　安保理は2006年7月、憲章第7章第40条下の決議1696でイランに対しIAEA理事会決議等の履行を求めたが、イランはこれにも応じず、EU3+3による外交交渉も成果をみせない中で、同年12月、憲章第7章第41条下の決議1737においてイランに対する制裁が決定された。その後、2007年3月には決議1747で制裁の範囲が拡大されたが、その後もイランはこれらの決議に従う意向を示さなかった。安保理の常任理事国の間では、さらなる制裁を含む新たな決議の採択を早期に行いたいとする米英仏と、これに慎重な中露との間で意見の相違があったと言われるが、2008年に入って協議が進捗し、2008年3月、決議1747から1年近くを経て決議1803が採択された。

　一方、外交努力も並行して進められてきた。イランの核問題発覚以降、まずEU3がイランと交渉し、2004年11月にはパリ合意が成立してイランは濃縮関連活動を停止したが、2005年8月には交渉プロセスは頓挫し、イランは濃縮関連活動を再開した。その後、EU3+3は、一連の安保理決議に先立つ2006年6月に新たな包括的提案をイランに提示したが、イランはこれを受け入れず、上述のとおり、決議1696、1737、1747および1803の採択に至った。その間も外交努力は継続され、2008年6月にはEU3+3から2006年の提案を改訂した新たなパッケージ提案が示され、7月には米も加わってイランとの協議が行われた。しかし、2008年末に至るまで、イランは依然として安保理決議の要求に従う姿勢を見せず、濃縮活動等を継続・拡大させている。こうした中で、米やEUは、安保理決議の制裁に加え独自の制裁を追加的に行う一方、さらなる安保理決議に向けた協議もEU3+3を中心に開始され、2008年9月には、イランに対し過去の決議の義務を完全に遵守するよう求める、新たな制裁内容を含まない安保理決議1835が全会一致で採択された。しかしながら、どうすればイランの核開発を止められるか、国際社会には未だ解決策が見出せない状況が続いている。

V　おわりに

　最後に、加盟国、特にアジア諸国による安保理決議の実施を含む不拡散の取組みを促すための日本の努力について簡単に触れたい。

　WMD等の拡散防止における安保理の役割は近年大きな飛躍を遂げており、「立法」および個別事案への対応を通じて、これまで限られた国々によって行われてきた不拡散分野の実行を全加盟国の義務とし、またその内容を具体化していく流れがみられる。このような安保理の動きがどこまで進むかは、安保理による「立法」が容易でないことを考えると、一義的には個別事案の動向次第ということになるであろう。しかし、個別の決議も規範化の流れと関連づけてみることで、不拡散分野における安保理の役割の全体像がより明確になると思われる。

　その一方で、「立法」である決議1540であれ北朝鮮やイランなどの個別事案への対応であれ、安保理決議の採択は短期間で可能である場合でも、加盟国による理解と効果的な実施を伴わなければ実効性は期待できない。先述のとおり、これらの決議が定めている輸出管理等の義務は、輸出管理レジームに属していない国々にとっては全く新たな内容であり、直ちに実施することは困難な場合も少なくない。こうしたことから、日本は特に、地理的に近接するとともに、近年の経済・技術・貿易の発展に伴いWMD関連物資の潜在的な輸出あるいは中継貿易地となりかねないアジアの国々が国内法や関連制度の整備・実施を行うことを重視し、これらの国々が一連の安保理決議やPSI、IAEA保障措置追加議定書等への理解を深める機会を提供し、日本の経験を共有するなどの努力を行ってきている[49]。また、各輸出管理レジームの議長による参加国以外への働きかけ（アウトリーチ）も積極的に支持している。個別事案における外交努力と並んで、不拡散体制の強化に向けたこのような地道な努力の積み重ねを通じて安保理決議の実効性を高めていくことは、決議の採択ほどには注目されないが意味のある取組みであると考える。

【注】

1　大量破壊兵器(WMD)については、核、生物および化学兵器を指すとの一般的な意味で用いるが、本章の検討では核を中心に扱う。
2　いわゆる「積極的安全保証」に関する決議225、およびいわゆる「消極的安全保証」に関する決議984。
3　1992年1月31日、安保理の首脳レベル会合で採択(S/23500)。
4　浅田正彦「安保理決議1540と国際立法―大量破壊兵器テロの新しい脅威をめぐって」『国際問題』第547号(2005年10月)、青木節子「WMD関連物資・技術の移転と国際法」『国際問題』第567号(2007年12月)、および同「非国家主体に対する軍縮・不拡散」『世界法年報』26号(2007年)、坂本一也「国連安全保障理事会による国際法の『立法』―安保理決議1373及び1540を手懸りとして」『世界法年報』25号(2006年)、Olivia Bosch & Peter van Ham (ed.), "Global Non-Proliferation and Counter-Terrorism: The Impact of UNSCR 1540," Brookings Institution Press, 2007 等。決議の交渉経緯については、Merav Datan "Security Council Resolution 1540: WMD and Non-State Trafficking" (*Disarmament Diplomacy*, No.79, April/May 2005) に詳しい。
5　以下の各国の見解につき、2004年4月22日の安保理公開会合(S/PV. 4950および同Resumption 1)、同年4月28日の決議採択会合(S/PV. 4956)、2007年2月23日の安保理公開会合(S/PV. 5635および同Resumption 1)参照。
6　浅田、前掲論文(注4)等。
7　van Ham & Bosch "Global Non-Proliferation and Counter-Terrorism: The Role of Resolution 1540 and Its Implications" (Bosch & van Ham, op.cit.) は、決議1540が埋めた「欠缺」として、非国家主体に焦点をあてたこと、生物兵器に関する国際機関の不在(BWC)、運搬手段を明示的に含むこと、NPT・BWC・CWCを超える義務を加盟国に課すこと、執行が義務とされていることを挙げている。
8　フィリピン、アルジェリア、アンゴラ、ニュージーランド、スイス、エジプト、韓国、ヨルダン、ナイジェリア、ナミビア等が、安保理決議を例外的あるいは一時的措置と位置づけている。
9　アルジェリア、パキスタン、インド、キューバ、インドネシア、イラン、エジプト、メキシコ、ネパール、ナミビア等が、安保理による「立法」権限を否定ないし疑問視する見解を示した。
10　国により言及ぶりは異なるが、ブラジル、アルジェリア、ベナン、ドイツ、カナダ、ペルー、ニュージーランド、南アフリカ、インド、アイルランド(欧州連合〔EU〕)、スイス、キューバ、インドネシア、イラン、シリア、マレーシア(非同盟諸国運動〔NAM〕)、メキシコ、ノルウェー、カザフスタン、アルゼンチン、オーストリア、ヨルダン、リヒテンシュタイン、ネパール、ナイジェリア、ナミビア、クウェート、タイ等が軍縮(特に核軍縮)の重要性を取り上げた。
11　決議1540採択時の発言で、フランス、英国およびドイツは不拡散に関する安保理の役割を強調し、スペインおよびフィリピンはテロとの闘いの側面を強調している。
12　2004年4月の公開会合で、日本は、安保理が立法機能を担う以上、国際法体系の安定を阻害しないよう慎重であるべき旨述べている。
13　国連憲章第4条および第25条参照。
14　浅田、前掲論文(注4)、青木、前掲論文「非国家主体に対する軍縮・不拡散」(注4)、Scott Jones, "Resolution 1540: Universalizing Export Control Standards?" *Arms Control Today*, May 2006。
15　決議1540 op 3 および op 6参照。決議1540における定義の曖昧さとその影響につき、Lars Olberg, "Implementing Resolution 1540: What the National Reports Indicate" (*Disarmament Diplomacy*, No.82, Spring 2006); Ben Steyn, "Understanding the Implications of UN Security

Council Resolution 1540"(*African Security Review*, Vol.14, No.1, 2005)参照。
16　2004年4月の公開会合におけるパキスタンの発言。
17　2007年2月の公開会合におけるロシア、フランス、ベルギー、ベラルーシ(レジームの透明性の必要にも言及)等の発言。イスラエルは既存のレジームのリストを国内法制に取り込んだ旨発言。
18　決議1540 op 3(d)。
19　決議1540 op 8(c)およびop 5。
20　1540委員会の安保理への報告(S/2006/257)。1540委員会の限界と国際機関等の役割につき、Monika Heupel, "Surmounting the Obstacles to Implementing UN Security Council Resolution 1540"(*Nonproliferation Review*, Vol.15, No.1, March 2008)参照。
21　S/2008/493。
22　2008年5月、G8議長国として筆者が行った1540委員会との対話の際の1540委員会側の発言。
23　2008年9月に採択された決議1835は新たな制裁を含まない(後述)。
24　阿部信泰、"Existing and Emerging Legal Approaches to Nuclear Counter-Proliferation in the Twenty-First Century"(*New York University Journal of International Law and Politics*, Vol.39, No.4)は、IAEAの検証制度そのものは十分な強制力をもたないとしたうえで、国際の平和と安全の維持に対する責任を有する安保理がその責任を果たすべきとしている。
25　IAEA憲章第12条C。同第3条B4参照。
26　IAEA理事会による保障措置協定違反の認定と安保理への報告が国連憲章第7章下の安保理決議に帰着した例として、イラクに関する決議707があるが、違反の発見は、湾岸戦争終結後の安保理決議687で憲章第7章下の強力な権限が与えられた査察の結果であった。イラクはすでに制裁下にあり、決議707は、イラクの保障措置協定違反を非難し、イラクに対しIAEAへの完全な協力を求めるとともに医療用等の若干の例外を除いてあらゆる核関連活動を停止するよう求めている。
　　　北朝鮮については、1993年、94年および2003年の3回、IAEA保障措置違反が安保理に報告され、1993年には議長声明(S/25562)および決議825、1994年には議長声明(S/PRST/1994/13および28)が発出されたが、いずれも憲章第7章下の決議には至らなかった。
　　　この他、ルーマニアおよびリビアにより過去に行われた核活動に関して、安保理に対する情報提供のみを目的として報告され、リビアについてはWMD放棄を歓迎する安保理議長声明(S/ PRST/2004/10)が発出された。
27　制裁の実施主体について、決議1718は全加盟国(all Member States)、決議1737、1747および1803はすべての国(all States)としている(ただし決議1737は一部のパラグラフでは全加盟国〔all Member States〕としている)が、ここではその異同には立ち入らない。
28　決議1718 op 8(a)(ii)参照。
29　2008年9月現在、NSG参加国は45カ国、MTCR参加国は34カ国、AG参加国は40カ国。なお、通常兵器の輸出管理に関するワッセナー・アレンジメント(WA)参加国は40カ国。日本はすべてに参加。
30　2004年4月の安保理公開会合におけるパキスタンの発言等。
31　Paul C. Szasz, "The Security Council Starts Legislating," *American Journal of International Law*, Vol.96, No.4, October 2002。
32　アルゼンチンは決議1718採択時に、S/2006/814、S/2006/815およびS/2006/816の配布は同決議のみを目的とするものであり、安保理が汎用品に関し立法行為を行うものではない旨述べた(S/PV. 5551)。決議1737ではNSG品目のイランへの移転に関し汎用品は異なる取り扱いをされているが、対象はNSGリストが用いられており、MTCRについてはほ

とんどの汎用品がそのまま対象となっている。また、イランからの調達禁止品目にはNSGおよびMTCRの汎用品がすべて含まれる。決議1737採択時にはアルゼンチンはこれらの点について特段発言していない(S/PV. 5612)。

33 決議1718 op 8(f)および決議1803 op11。

34 決議1737では10団体および12個人、決議1747では13団体および15個人が定められた。決議1803では12団体および13個人が追加的に定められたほか、決議1737および1747で指定された個人中5名を入国・通過防止の対象としている(決議1737 op 10, op 12, Annex、決議1747 op 2, op 4, Annex I、決議1803 op3~7, AnnexI~III)。

35 ボルトン米常駐代表(当時)は、決議1718採択直後の安保理での発言において、同規定は既存のPSIの活動に基礎を置いている旨述べている(S/PV. 5551)。ただし、PSI自体は特定の国や非国家主体を対象とする活動ではない。

36 「阻止原則宣言」全文は外務省ホームページ英語版(http://www.mofa.go.jp/)、仮抄訳は同日本語版(http://www.mofa.go.jp/mofaj)に掲載。

37 決議1540 op 9および10。

38 決議1540の採択に際しては、阻止への言及が中国の提案で削除された旨(S/PV. 4950)、決議1718の採択に際しては、北朝鮮に関する貨物検査の実行を支持せず、同規定には留保がある旨(S/PV. 5551)述べている。他方、決議1803の採択に際しては、貨物検査については特段発言していない(S/PV.5848)。

39 決議1540は米国により当初PSI型の拡散対抗として構想されたが、決議作成過程で協調的努力を内容とする文言に変化していったとされる(Datan, op.cit.)。

40 決議1737 op10、決議1747 op2および決議1803 op5。

41 例えば、アフガニスタンに関する累次の決議においては、オサマ・ビン・ラディン、タリバン、アル・カイダ等の固有名詞による特定が行われる一方、タリバンやアル・カイダに関連する団体や個人という属性に着目した指定も用いられている。

42 日本は独自の措置として、北朝鮮籍を有する者の入国を原則として認めておらず、また、安保理決議1695実施の一環として15団体および1個人を指定して支払い・資本取引規制を行っている。

43 手続事項については常任・非常任の区別なく9票の賛成(国連憲章第27条)。

44 2004年4月の公開会合におけるスペイン、チリの発言。

45 イランに関する決議1696(制裁を含まない)にカタールが反対、決議1803にインドネシアが棄権。決議1803については、結果としてインドネシアのみが棄権し、直前まで動向が注目されたその他の非常任理事国はすべて賛成に回ったが、リビアは投票理由説明の中で、安保理が「一つの声」で発言できるように賛成に加わる旨述べている(S/PV.5848)。

46 共同声明をはじめとする六者会合の一連の文書については、外務省HP日本語版(http://www.mofa.go.jp/mofaj)参照。

47 その後の北朝鮮とIAEAとの協議の結果、寧辺の5MWe黒鉛炉、再処理工場、核燃料棒製造施設、50MWe黒鉛炉(建設中断中)および泰川の200MWe黒鉛炉(建設中断中)の5施設が特定された。

48 イランの核開発およびEU3+3による外交交渉の経緯については、木村修三「中東における核拡散問題—イスラエルの核とイランの核をめぐって」『国際問題』第554号(2006年9月)に詳しい。

49 1993年以来、外務省と経済産業省の委託事業として輸出管理の実務者等を対象としたアジア輸出管理セミナーを、また、2003年からはASEAN諸国や地域の関係国の局長級の不拡散担当者を対象としたアジア不拡散協議(ASTOP)を開催している(各会合の詳細については、外務省HP日本語版(http://www.mofa.go.jp/mofaj)参照)。

第4章 安保理決議に基づく経済制裁
――近年の特徴と法的課題

中谷　和弘

　Ｉ　はじめに
　Ⅱ　近年の安保理決議に基づく経済制裁
　Ⅲ　スマート・サンクション
　Ⅳ　無辜の第三国への補償問題――国連憲章第50条
　Ⅴ　経済制裁措置の解釈
　Ⅵ　船舶検査
　Ⅶ　私法上の問題
　Ⅷ　安保理決議に基づく経済制裁措置の国内的履行
　Ⅸ　おわりにかえて

Ｉ　はじめに

　経済制裁措置は、「国際の平和と安全の維持・回復」のため、国際法違反を停止させるための主要な手段である。本章においては、1990年代から多用されるに至った国連安保理決議に基づく経済制裁措置(非軍事的強制措置)について主要な特徴を概観するともに若干の法的課題について検討することとしたい[1]。

Ⅱ　近年の安保理決議に基づく経済制裁

　安保理決議に基づき非軍事的強制措置として経済制裁措置が発動された例は、1980年代までは、①南ローデシア(自決権を無視した形での英国からの一方

的独立を原因として、1966年の決議232、1968年の253により発動、1979年の決議460により解除)、②南アフリカ(アパルトヘイトを理由として、1977年の決議418により発動、1994年の決議919により解除)にとどまっていたが、1990年代からは大幅に増加し、③イラク(クウェート侵略を理由として、1990年の決議661により発動、クウェートからのイラク撤退後も1991年の決議687において継続が確認。2003年の決議1483により、禁輸以外はほぼ解除されたが、他方、同決議では新たに有責者の資産を凍結)、④旧ユーゴスラビア(内戦を理由として、1991年の決議713により発動、1995年の決議1021により解除決定)、⑤ソマリア(内戦を理由として、1992年の決議733により武器禁輸を発動)、⑥リビア(パンナム機爆破犯容疑者の引渡拒否等を理由として、1992年の決議748により発動し、1993年の決議883により範囲を拡大、1998年の決議1192により停止、2003年の決議1506に基づき終了)、⑦ユーゴスラビア連邦(セルビア・モンテネグロ、内戦における集団殺害・民族浄化を理由として、1992年の決議757により発動、1995年の決議1022により停止され、1996年の決議1074により解除。コソボへの武力弾圧を理由として、1998年の決議1160により発動、2001年の決議1367により解除)、⑧リベリア(内戦を理由として、1992年の決議788、1995年の決議985に基づき発動。措置は2001年の決議1343に基づき解除されたが、他方、同決議では、シエラレオネ反乱軍への支援中止のため措置を発動。2003年の決議1521により、休戦合意が履行されず武器が拡散する状況を平和に対する脅威と認定して措置を発動)、⑨ハイチ(軍政による民政復帰の国内合意の不履行等を理由として、1993年の決議841により発動、1994年の決議944により終了)、⑩アンゴラの(内戦における軍事行動を理由として、反政府団体UNITA[アンゴラ全面独立民族同盟]に対して、1993年の決議864により発動、2002年の決議1448により終了)、⑪ルワンダ(内戦を理由として、1994年の決議918により武器禁輸を発動、1995年の決議1011により政府に対する武器禁輸は解除されたが、非政府勢力に対する武器禁輸は継続)、⑫スーダン(ムバラク・エジプト大統領暗殺未遂事件への関与を理由として、1996年の決議1054により発動、2001年の決議1372により解除。ダルフール内戦を理由として、2004年の決議1556および1591により発動)、⑬シエラレオネ(内戦を理由として、1997年の決議1132により発動)、⑭タリバン・アルカイダ(ナイロビとダルエスサラームの米国大使館爆破をはじめとしたテロリズムを理由として、1999年の決議1267、2000年の決議1333、2002年の決議1390、2003年の決議1455、2004年の決議1526、2005年の決議1617、2006年の決議1735により発動)、⑮エチオピア・エリトリア(武力紛争を理由として、2000年の決議1298により発動、2001年の安保理議長声明により解除)、

⑯コンゴ民主共和国(内戦を理由として、2003年の決議1493により発動)、⑰コートジボワール(内戦を理由として、2004年の決議1572により発動)、⑱シリア(ハリリ・レバノン首相暗殺に関与した者に対して、2005年の決議1636により発動)、⑲北朝鮮(ミサイル発射を理由として、2006年の決議1695により発動、核実験を理由として同年の決議1718により発動)、⑳イラン(ウラン濃縮活動を理由として、2006年の決議1737により発動、2007年の決議1747、2008年の決議1803により強化)がある。

　近年の安保理決議に基づく経済制裁の特徴としてまず指摘できることは、第1に、「平和に対する脅威」として認定される原因行為が多様化したこと、および、第2に、措置が多様化したことが挙げられる。

　第1の点については、国内紛争(内戦)状況が「平和に対する脅威」として認定されることが多い。特に注目されるのは、対リビア経済制裁を発動した決議748では、リビアが英米に航空機爆破の容疑者を引き渡さないことが、また、対ハイチ経済制裁を発動した決議873では、ハイチ軍事政権が民政への移行を約束した国内合意を履行しないことが、「平和に対する脅威」であると認定されたが、これらがそもそも国際法違反であるかどうかには異論もありうる[2]。

　第2の点については、金融上の措置につき政府資産の凍結・送金禁止にとどまらず有責者の個人資産の凍結・送金禁止までもが、また運輸上の措置につき航空機乗入禁止措置にとどまらず有責者の旅行(入国・通過)禁止措置までもが、課されるようになったことが指摘できる。このような措置は、従来から発動されてきた武器禁輸(経済制裁措置の中核をなす輸出入禁止措置の中でも中心的な措置である)とあわせて、以下にみるスマート・サンクションの考え方に基づくものである。特に個人資産の凍結に関しては、没収と違って一時的な措置であって所有権の剥奪ではないものの、一般国際法上それが正当化されるかどうかについては、個人の財産自由処分権との関係で異論もありえよう[3]。

　このような二つの点にかかる措置は、国際法違反に対する対抗措置(非軍事的復仇措置)に関する一般国際法上の基準[4]を逸脱しうる場合があるものの、国際の平和と安全の維持に「主要な責任」を負う(国連憲章第24条1項参照)安保理の決定に基づく非軍事的強制措置に関しては、一般国際法上の基準に拘束されず、また、たとえ措置が既存の経済関係条約(通商航海条約、GATT、GATS、航空協定、投資保護条約、FTA、EPA等)に抵触する場合であっても、国連憲章第103条(「国際連合加盟国のこの憲章に基く義務と他のいずれかの国際協定

に基く義務とが抵触するときは、この憲章に基く義務が優先する」)により、合法性の問題はクリアされるといえる[5]。

III スマート・サンクション

　対イラク経済制裁においては、他の経済制裁同様に食糧や医薬品を輸出禁止対象から除外するという人道上の配慮をした(さらに食糧支援のためのoil-for-foodプログラムを実施した)にも拘らず[6]、イラクにおいて乳幼児等をはじめとする社会的弱者の死亡率が高くなってしまったとの苦い経験に鑑みて、1990年代後半から国連関係者の間では、被制裁国の無辜の人民に対する打撃を過大なものにならないようにし[7]、他方、原因行為に責任を有するエリート層に対する打撃を極大化する制裁措置であるスマート・サンクション(smart sanctions)が重要であると認識されるようになった[8]。具体的な内容には、食糧・医薬品は経済制裁から除外するといった人道上の配慮[9]や武器禁輸に加えて、α有責者の個人資産の凍結およびβ有責者の旅行禁止が含まれる(他には、外交・領事関係法上の措置、文化・スポーツ交流の禁止、特定の物資の取引やサービスの禁止等が考えられる)。⑲北朝鮮に対する決議1718に含まれる奢侈品の輸出禁止もスマート・サンクションとして位置づけられる。αの金融制裁についてはスイス外務省主催のインターラーケン・プロセス(1998−99)、βの旅行制裁および武器禁輸についてはドイツ外務省主催のボン・ベルリン・プロセス(1999−2000)において検討がなされた。ここでは、新しい措置であるα有責者の個人資産の凍結およびβ有責者の旅行禁止についてやや細かく考察しておきたい[10]。

　α有責者の個人資産の凍結は、③イラク決議1483パラグラフ23(b)、⑧リベリア決議1532パラグラフ1、⑩アンゴラ決議1173パラグラフ11、⑫スーダン決議1591パラグラフ3(e)、⑭タリバン・アルカイダ決議1267パラグラフ4(b)、1333パラグラフ8(c)、1390パラグラフ2(a) (なお、テロリスト一般の資産凍結を決定した決議1373も関連)、⑯コンゴ決議1596パラグラフ15、⑰コートジボワール決議1572パラグラフ11、⑱シリア決議1636パラグラフ3(a)、⑲北朝鮮決議1718パラグラフ8(d) (なお、決議1695も「金融資源の移転の防止」という一般的表現で関連する個人資産も対象)、⑳イラン決議1737パラグラフ12の各事案において発動されている。なお、個人資産凍結リストがはじめて示されたのは、

⑨ハイチ制裁の決議917(1994年)パラグラフ4においてであったが、同パラグラフは各国にハイチの有責者の資産を凍結するよう強く促す(strongly urge)にとどまり、拘束力を有するものではなかった[11]。他方、③では2003年の決議1483が採択されるまではフセイン大統領をはじめとする有責者(フセイン政権高官)の資産は凍結されず、また⑥ではカダフィ大佐をはじめとする有責者(リビア政府高官)の資産は凍結されなかった。

　我が国は、2008年12月19日時点で、③イラク前政権高官・関係者等(295個人・団体)、⑧リベリア前政権高官・関係者等(55個人・団体)、⑫ダルフール和平阻害関与者等(4個人)、⑭タリバン・アルカイダ関係者その他テロリスト等(534個人・団体)、⑯コンゴ武器禁輸措置に違反した者等(22個人・団体)、⑰コートジボワール和平への脅威を構成する者等(3個人)、⑲北朝鮮ミサイル・大量破壊兵器計画関与者(16個人・団体)、⑳イラン核開発等関与者(75個人・団体)に対して資産凍結・送金規制等の措置を発動している[12]。

　資産凍結措置をはじめとする金融上の経済制裁措置は、被制裁国及びその国民の金融資産の大半が預託されている少数の有力国が協力すれば、相当の経済的打撃を与えることが可能であり、「針の一穴」から密輸が可能となってしまう輸出入禁止措置よりも実効性が期待できる。もっとも金融資産の移転はほぼ瞬時に可能であるため、輸出入禁止措置と比べ資産凍結措置ははるかに迅速に実施することが必要である[13]。

　安保理決議に基づく有責者個人資産の凍結においては、制裁委員会が対象者リストを作成し、リストには頻繁に追加がなされてきた。人道上の必要性ゆえにリストから除外することについては、当初はケースバイケースに制裁委員会(事案毎に安保理の補助機関として設置される)が決定していたが、⑭のタリバン、アルカイダ関係者およびテロリストの資産凍結に関しては、2002年12月の安保理決議1452により、各加盟国が、食糧・医薬品・税金・訴訟費用等の支払のための例外を認めることができるようになった。リストには誤謬もあり、たとえばソマリア系スウェーデン人のAhmed Ali Yusufはリストに掲載されていたが、2006年8月にリストから削除された[14]。2006年12月の安保理決議1730により、リスト対象者によるde-listing(リスト削除)のための申請手続が採択され、また、同月の安保理決議1735により、それまで不透明であったリスト掲載の手続が多少とも明確化された[15]。

　有責者(政府高官をはじめとする指導者層)は概して富裕層であり、また政治

的・経済的に不安定な自国ではなく外国に金融資産を隠匿することが多いため、有責者の個人資産の凍結は、エリート層により強い打撃を与えるものである。この措置が実効的となるかどうかは、各国(特にタックス・ヘイブンといわれる国家や地域)の銀行が顧客の口座情報の開示にどこまで協力的になるかに大きく依存し、また、銀行以外の金融関連機関(保険、ファンド)、電子マネー、スマートカード等の規制という新たな金融法上の問題にも効果的に対処しなければならない。

やや細かい点ではあるが、凍結された金融資産が利子を生じるかについて諸国の見解は異なることが、インターラーケン・セミナーにおいて明らかとなった。英国は銀行口座にある資金は依然として口座所有者に属し、それゆえ、口座の資金は適切に運用されなければならず利子をうむとの見解であったのに対して、欧州大陸のいくつかの国はいかなる利子も支払われ得ないし、また支払うべきではないと主張した。その後は、利子を払うべきだとの見解が一般に受け入れられるようになったと指摘される[16]。

次に、β有責者の旅行禁止について。従来からしばしばなされてきた航空機乗入禁止措置(⑥のリビア制裁においてはこれが中心的な措置であった)とは独立に、政府高官(家族を含む)をはじめとする有責者の入国・通過の禁止等の旅行制裁が措置の新しい特徴である。有責者(その範囲は各制裁委員会がリストアップする)の入国・通過の禁止措置をとることを決定したものとしては、⑧リベリア決議1521パラグラフ4(a)、⑨ハイチ決議917パラグラフ3、⑫スーダン決議1054パラグラフ3(b)、決議1591パラグラフ3(d)、⑬シエラレオネ決議1132パラグラフ5、⑭タリバン・アルカイダ決議1390パラグラフ2(b)[17]、⑯コンゴ決議1596パラグラフ13、⑰コートジボアール決議1572パラグラフ9、⑱シリア決議1636パラグラフ3(a)、⑲北朝鮮決議1718パラグラフ8(e)があり、また、⑳イラン決議1737パラグラフ10では入国・通過の禁止ではないが入国・通過の監視の実施が要請(call upon)されている。もっとも、これらの決議の大半においても、例外的に人道上の理由(医療救援等のみならずイスラム教徒によるメッカ巡礼といった宗教上の義務を含む)によって旅行が正当化されると制裁委員会が認定した場合には措置は適用されない旨の条項が含まれている[18]。

海外旅行をより頻繁に行うのは富裕層であることに鑑みると、有責者の入国・通過を禁止する旅行制裁措置はエリート層により打撃を与える措置であるといえる。もっとも、旅行禁止措置の実施は航空機乗入禁止措置の実施よ

りも難しい。というのは、個人は航空機よりもその動向を把握しにくいからである。現実には、偽造パスポートをいかに見分けるかといった技術的課題の克服が、この実施の成否にとって重要となろう。

　安保理決議において、旅行制裁は、それのみで単独で発動された例はなく、他の諸措置と組み合わせて発動されてきた。旅行制裁の効果は、一般には、有責者を国際的に孤立させるという象徴的・心理的効果にほぼとどまるものである[19]。

IV　無辜の第三国への補償問題——国連憲章第50条

　非軍事的強制措置から国家および私人に生じる直接および間接の悪影響は、被制裁国の近隣国(いわゆる前線国家)や被制裁国に経済的に依存してきた国家およびその私人には、甚大なものとなり、個々の損害をこえて、当該国の経済全般を破綻させることにさえなりかねない。この深刻な問題に関して、国連憲章第50条では、「安保理がある国にとって強制措置をとったとき、他の国で措置の履行から生ずる特別の経済問題に自国が直面したと認めるものは、国連加盟国であると否とを問わず、この問題の解決について安保理と協議する権利を有する(have the right to consult)」と規定する。ここでの最大の問題は、同条の文言からしても、同条の成立過程を見ても、同条で認められているのは安保理への協議要請権のみであり、また実際にも協議要請に基づき安保理での一応の協議はなされてきたものの、それ以上のこと(つまり当該国への援助)は安保理の決定としてはなされてはいない。安保理としては損害を被ったと主張する国家に援助をするよう一般的に各加盟国に要請するのみであり、実際には、加盟国の一部による自発的な援助が *ad hoc* になされることがあったにすぎない[20]。

　このように現状では、協議要請にとどまり、また損害を客観的に評価する独立した第三者機関がないため、協議要請国は主観的な基準に基づいて自国の被った損害額を安保理に申し立てている。

　同条の解釈上の指摘すべき点としては、①非加盟国にも協議要請権はあること、②非軍事的強制措置の発動前には協議要請の権利はないと解されること、③安保理が援助の決定をすることは可能であり、国連による援助がなされた場合には、その経費は17条の「この機構の経費」に含まれうると解される

こと[21]、④同条は、当該国による強制措置の履行の結果生じた問題のみならず、第三国による履行の結果として間接的に生じた問題も射程範囲に含むと解されるという見解を国連法務部はとっていること[22]、⑤協議の結果として、援助ではなく(またはそれに加えて)、非軍事的強制措置への参加から一部または全部免除されることは不可能ではない(実際に対イラク制裁ではヨルダンに関してこれが認められた)、といった点が挙げられる。

提案としては、①ガリ事務総長は1992年の「平和への課題」において、「協議要請権のみならず、経済的困難に対する救済の現実の可能性が重要である」旨を指摘し、また、1995年の「平和への課題:補足」においては、安保理の要請により、制裁前に潜在的なインパクトを評価するメカニズムの確立を提言した。②国連憲章特別委員会では、信託基金(trust fund)や恒常的な補償メカニズムの提案がなされたが、「50条の射程範囲外である、安保理の機能を妨げる、安保理の決定の帰結に対する補償という危険な先例となる」といった理由で、先進国や安保理常任理事国が反対した[23]。なお、興味深いことに、サンフランシスコ国連憲章制定会議において、皮肉にも南アフリカが、強制措置の標的国は強制措置のコストを支払い、強制措置による損害の賠償をすべきだとの明文を憲章中におくべきだと主張した。これに対して米国は、安保理の満足いく活動の妨げになるとして、また第11パラグラフ(現在の第50条に相当)があるとして、反対した。結局、南ア提案は2対19で否決された[24]。非軍事的強制措置から生じるあらゆる損害の補償を標的国に負担させるという考え方は、間接損害までをも有責国に負担させるという点で問題があるばかりか、およそ現実的でなく、過酷な補償義務は標的国(ドイツ)を結局暴走させたという戦間期の苦い先例もある。

国連安保理が主導する形での非軍事的強制措置である以上、そのコストについてはやはり安保理が責任をもって負担すべきであり、また、経済制裁措置への不参加は、「制裁のぬけ穴」を作り出し、措置の実効性を大いに損なうこととなる。この二重の意味で、補償基金の創設が望ましく(このコストも最終的には可能な限り被制裁国に負担させるべきである)、またその前提として損害を評価する機関の創設も必要であろう。

V　経済制裁措置の解釈

　安保理決議に基づく経済制裁措置の各国に対する拘束力の有無は、決議のパラグラフ毎に判断されなければならない。この判断基準については、一般的には、解釈されるべき決議の文言、決議に至る討論、援用される憲章の条項、安保理決議の法的帰結を認定するのに役立つあらゆる事情に照らして判断されるべきであるとする国際司法裁判所「ナミビア事件」勧告的意見[25]が参考になる。この拘束力の有無は、北朝鮮問題に関する決議1695をめぐって問題となったが、同勧告的意見では「平和に対する脅威」や第7章への言及のない決議のパラグラフであっても拘束力を認めたことが留意される[26]。

　経済制裁措置の具体的範囲をめぐって解釈が必要になることは実際にはたびたび生じている。統一的な解釈が徹底されればよいのだが、現実には解釈が徹底されず、混乱も生じている。たとえば、対リビア経済制裁を決定した決議748および883に関しては、国連事務局は既契約にも適用されるとの見解であったが、この解釈は徹底されず、1994年にはオランダ企業が政府の許可を得て2機の航空機エンジンをリビア側に販売し、これを英米が非難するという事態となった[27]。また、決議748パラグラフ4bにおいては、リビアの航空機または航空機部品の整備となるエンジニアリングおよびメンテナンスの供与の禁止が決定されたが、これには空港建設目的のためのシャベル、照明、塗装用品の供与の禁止が含まれるか否かが不明確であった[28]。

　さらに、安保理決議1718パラグラフ8(a)(iii)においては奢侈品(luxury goods)が輸出禁止と決定されたが、奢侈品のリストは制裁委員会では作成することができず、リストは各国毎に作成することとなった[29]。

　安保理決議の解釈をめぐる基本的問題は、そもそも解釈の一般的基準が明確化されていない(条約の解釈のルールがどこまで準用されうるか)ということである[30]。

VI　船舶検査

　経済制裁を実効的なものにするためのいわゆる船舶検査措置が安保理諸決議で規定されたのは、これまで6回あるが、規定ぶりは各々異なっている。①南ローデシアに対する1966年の決議221パラグラフ5では、英国に対して、

必要であれば武力を用いてでも南ローデシア向けのタンカーのベイラ寄港を防止することを要請した。③イラクに対する1990年の決議665パラグラフ1では、クウェートに協力して海軍を派遣している国家に、積荷と目的地を検査し、決議661の輸送に関する諸条項の厳格な履行確保のため、安保理の権限の下に航行船舶を停止するために必要な状況に見合った措置をとるよう要請するとした。④新ユーゴに対する1992年の決議787パラグラフ12では、国連憲章第7章及び第8章の下で行動するとして、諸国家に対して、国家単位で又は地域的機関・取極を通じて、積荷と目的地を検査し、決議713および757の諸条項の厳格な履行を確保するため、安保理の権限の下に航行船舶を停止するために必要な状況に見合った措置をとるよう要請するとした。⑨ハイチに対する1993年の決議875パラグラフ1では、国家単位で又は地域的機関・取極を通じて、ハイチ正当政府と協力して、石油、石油製品又は武器等に関する決議841および873の諸条項の厳格な履行を確保するため、安保理の権限の下に、そしてとりわけ積荷と目的地を検査・確認するために必要な航行船舶の停止のため、安保理の権限の下で必要な状況に見合った措置をとるよう要請するとした。⑲北朝鮮に関する安保理決議1718パラグラフ8(f)は、「すべての加盟国は、核兵器、化学兵器または生物兵器、その運搬手段及び関連物資の不正取引を阻止するため、必要に応じ、自国の権限及び国内法令に従い、かつ、国際法に適合する範囲内で、協力行動（北朝鮮からの及び北朝鮮への貨物の検査を含む）をとることが要請される」と決定した。⑳イランに対する決議1803パラグラフ11は、すべての国家に対して、国内の法当局及び法制に従いまた国際法（とりわけ海洋法及び関連する国際民間航空協定）と両立して、禁止された品目を輸送していると信じる合理的理由がある場合には、イラン・エア・カーゴ及びイラン・イスラム共和国海運会社が所有又は運営する航空機及び船舶によるイランへの及びイランからの積荷を自国の空港及び港湾において検査することを要請するとした。

　⑲の北朝鮮に対する決議を過去の4決議と比較すると、「必要な措置」という文言にはなっておらず、控え目な文言となっていることがまず指摘できる。同決議では、海上での船舶のみによる検査を想定しているわけではなく、港湾や空港での貨物検査や陸上での貨物検査も対象としていることにまず留意する必要があるが、船舶検査に限定して考察すると、「国際法に適合する範囲内」という文言ぶりになっている所から、公海上の船舶に対する管轄権は旗

国のみが有するという旗国主義を無視することはできず、あくまで旗国の同意の下での船舶検査を求めたのだと読むのが一見すると自然である。また、船舶検査の実施はあくまで各国の判断に基本的には委ねられており、義務となることは基本的にはない。もっとも、同パラグラフは「すべての加盟国」を名宛人としその中には国連加盟国である北朝鮮自身も含まれていることに鑑みると、疑惑の北朝鮮船籍の船舶があった場合には、北朝鮮政府としては自身で検査をするか第三国による検査に同意するか少なくともどちらかを選択することが要請されると解釈することは可能であろう。

VII 私法上の問題

　安保理決議に基づく経済制裁措置は通常、既契約にも適用されるが[31]、この点に関連して原因行為を創出した国家およびその私人の側には請求権がないことが、安保理決議において確認されることがある。たとえば、イラク問題に関する決議687（1991年）パラグラフ29においては、決議661および関連諸決議によってとられた措置を理由として契約の履行が影響を受けても、イラク政府またはイラクの個人もしくは機関の側には請求権がないことを確保するため、すべての国家（イラクを含む）に必要な措置をとる旨を決定している。イラク側に請求権がないことは、clean hands原則（「不法行為から請求権は生じない」［*ex delicto non oritur actio*］という考え方）にも合致するものであるといえよう。同様の規定は、リビア問題に関する決議883パラグラフ8、ハイチ問題に関する決議917パラグラフ11等にも存在する[32]。

　私法上の問題に関連して注目すべき別の点は、資産凍結を含む最近の安保理諸決議（⑧リベリア決議1532パラグラフ2、⑫スーダン決議1591パラグラフ3（g）、⑭コートジボワール決議1572パラグラフ14、⑯コンゴ決議1596パラグラフ16、⑲北朝鮮決議1718パラグラフ9、⑳イラン決議1737パラグラフ13）においては、資産凍結措置の例外として、次のものを挙げているということである。「a. 食糧・賃料・医薬品・租税・公共料金等の基礎的経費の支払として必要と決定されたもの又は法的サービスの費用や金融資産の手数料等のための支払だと決定されたもの、b.臨時経費として必要だと決定されたものであって委員会によって承認されたもの、c.司法、行政又は仲裁上の担保（lien）又は判決（judgment）の対象であると決定され、当該資金がその担保または判決を

充足させるために使用されるものであって、その担保または判決が本決議の日よりも前に記録され、有責者の利益のためではなく、かつ関係国によって委員会に対し通知がなされたもの。」この条項は、私法上・行政上の債権の優先順位を明記することによって、資産凍結措置から生じうる複雑な法律問題（及びその帰結としての民事訴訟）を回避するために挿入されたものであり、私法関係の安定性にとって非常に重要な条項である。

VIII 安保理決議に基づく経済制裁措置の国内的履行

我が国においては、安保理決議に基づく経済制裁措置の国内的履行は、外為法を中心として、航空法や船舶法等のいわゆる業法によるパッチワーク的対応がなされてきた。外為法は、以前は特に安保理決議に基づかない一方的な経済制裁措置においては不備があった[33]。また、安保理決議に基づく措置の場合であっても、たとえば輸入禁止の根拠については、1990年の決議661採択時点での外為法第52条では、「外国貿易及び国民経済の発展」しかなく、輸出禁止については、第48条にある「国際的な平和及び安全の維持」を根拠にして発動したのに、輸入禁止については「外国貿易及び国民経済の発展」を根拠にして発動するという多少とも無理のある解釈・適用がなされたことがあった。その後の法改正により輸入禁止についても「我が国が締結した条約その他の国際約束を誠実に履行するため」という根拠が加えられた。2004年までの法改正によって、輸出入禁止、支払禁止、資本取引禁止、役務取引禁止という諸措置に関しては、安保理決議に基づく場合はもとより、安保理決議がない場合であっても基本的には対応できるようになった[34]。もっとも、外為法第5条では、事務所所在地主義にたっている（日本国内に事務所を有する企業の海外での行為についても外為法を適用するが、在外自国民による輸出入全体が規制対象となっている訳ではない）のに対して、安保理決議に基づく輸出入禁止措置等では、通常は、属地主義および属人主義にたっている（たとえば、決議661パラグラフ3では、自国領域から/への輸出入禁止のみならず自国民による輸出入も禁止する）ため、外為法では安保理決議の決定事項を完全には履行できないかもしれないという問題が残る[35]。また、旧ユーゴ制裁を実施した決議820パラグラフ24においては、旧ユーゴから加盟国に来る航空機、船舶、鉄道車両等の没収を義務づけているが、日本ではこのような場合に押収・没収を可

能とする国内法規がないため、出入国管理難民認定法で対応した[36]。

問題は、サービス貿易の多種多様化が顕著となるこれからの国際社会において、安保理決議によって新種のサービス貿易の禁止が課される場合に、このようなパッチワーク的な対応では十分とはいえないということである[37](すべての業法にサービス貿易の禁止を正当化する条項が含まれている保証は全くないどころか、国内法規制のない状態のサービス貿易も存在しよう)。法改正には時間を要するため決議の迅速な履行は不可能となり、また、行政指導による対応ではその実効性に疑問があるばかりか、「法律による行政の原理」との関係で事実上の超法規的措置は可能な限り回避されるべきであろう。

もっとも、各国による安保理決議の履行には温度差があり、我が国のように真摯に考え履行している国家はむしろ少数派であることに鑑みると、以上指摘した点は現実には多少とも杞憂なのかもしれない。しかしながら、国際法上の義務を忠実に履行することは、国家の国際的評判にとって最重要の要素である以上、検討を放置してよいものではなかろう。

この点に関連して、米国の国連参加法(United Nations Participation Act, 1945年)においては、大統領に非軍事的強制措置を履行するため必要な措置をとる権限を付与するとともに、措置は他の国内法に優位する旨を規定している[38]。このような包括的アプローチの利点は、どのような経済制裁措置が安保理決議によって義務づけられても、同法を根拠にして履行が可能となるということである。英国の国連法(United Nations Act, 1946年)においても、国内機関に非軍事的強制措置を履行するため必要な措置をとる権限を付与する旨、規定しているが、英国法には米国法のように「措置は他の国内法に優位する」との規定はない。シンガポールの国連法(United Nations Act, 1991年)では、経済制裁に従って取引停止をした私人が契約不履行の責任を問われないことを確認する条項がおかれていることが注目される[39]。このような条項は、経済制裁に従うことから生じうる訴訟から特に金融機関を保護するために必要な規定である。

このような米英等の包括的アプローチは、パッチワーク的な対応において不可避のリスクとして懸念される「履行の漏れ」を防止できるゆえ、大いに参考に値するものであろう。

IX おわりにかえて

　以上、最近の安保理決議に基づく経済制裁をめぐる国際法上の諸課題についてみてきたが、安保理は深刻な事態に対して常に対処できる訳ではない点に留意する必要がある。最近でも、ジンバブエにおける深刻な事態（人権侵害、暴力行為、不正選挙）を「平和に対する脅威」であると認定して、ムガベ大統領ら14名の要人の個人資産の凍結や渡航禁止を含む非軍事的強制措置を発動する決議案は、安保理において、2008年7月11日に中国及びロシアの拒否権行使によって採択されなかった（SC/9396）。また、2008年8月に発生した南オセチアにおける武力衝突についても、対ロシア経済制裁が安保理で採択されることはありえない。冷戦期においては、このような現象はむしろ日常的であって、ほぼあらゆる紛争が東西冷戦の構図の中に位置づけられ、安保理は機能麻痺をしていたが、冷戦後の今日のおいても、常任理事国間の利害対立から非軍事的強制措置が（発動されてしかるべき状況下においても）発動されないことは当然ありうることは想起されるべきであろう。

　この点に関連して、国際法上、留意すべきは、安保理における非軍事的強制措置の決議案が否決されたことは、国家が単独で経済制裁措置をとる可能性までをも否定したものではない（一般国際法上の対抗措置の要件を満たす限りは経済制裁措置をとりうる）ということである[40]。

【注】
1　経済制裁措置全般につき、拙稿「経済制裁の国際法上の機能とその合法性(1)〜(6・完)」『国家学会雑誌』第100巻5・6号（1987年）1－47頁、同7・8号（同年）62－134頁、同11・12号（同年）1－65頁、第101巻1・2号（1988年）125－183頁、同3・4号（同年）61－110頁、同5・6号（同年）73－108頁、吉村祥子『国連非軍事的制裁の法的問題』（国際書院、2003年）参照。
2　前者については、航空機不法行為奪取防止条約（モントリオール条約）で容疑者所在地国に義務づけられているのは、「引渡か訴追か」（*aut dedere aut judicare*）の選択義務にすぎないこと（第7条）や自国民不引渡原則との関係で英米への引渡拒否が直ちに国際法違反にはならないとの見解が一方であり、他方では、このような国家テロリズムの事案においては、何人も自己の裁判官たるを得ず」（*nemo debet esse judex in propria sua causa*）の法理ゆえ、自国での訴追という選択はなしえず、それゆえ引渡が義務となるとの見解が対峙する。後者については、国家の国内体制選択の自由ゆえ単なる国内合意の不履行は国際法違反ではないとの見解が一方であり、他方では、ハイチにおける人権状況をあわせて勘案すれば軍事政権の居座り自体が国際法違反と本質的にリンクするとの見解が対峙する。

3　有責者の旅行制裁に関しては、まず入国については、一般国際法上、国家は外国人の入国を認める義務はない。これに対して、通過に関しては、空港でのトランジットは一般に認められており、国際民間航空条約第9附属書第5．4．1項では、通過旅客に対して通過証を発給することが国際標準として規定されている(国際標準ゆえ、違背通告をすれば拘束されない。同付属書につき、春田哲吉『パスポートとビザの知識』(有斐閣、1987年)309-311頁)。それゆえ、通過禁止は一般国際法上は問題となりうる。
4　この点に関して、拙稿「国家の単独の決定に基づく非軍事的制裁措置」『国際法外交雑誌』第89巻3・4号(1990年)1-36頁、「経済制裁と国際公益―第三国との関係を中心として―」広部和也・田中忠編集代表『国際法と国内法―国際公益の展開―(山本草二先生還暦記念)』(勁草書房、1991年)、535-561頁参照。
5　なお、GATT第21条c、GATS第14条の2第1項cでは、「国際の平和及び安全の維持のため国際連合憲章に基づく義務に従って措置をとること」は安全保障のための例外として認められており、通商航海条約や投資保護条約にも通常、このような例外規定がおかれている(他方、航空協定にはこのような例外規定は通常はおかれていない)。
6　食糧・医薬品の経済制裁からの除外につき、拙稿「現代における経済制裁と交戦・中立法および国際人道法との関係」村瀬信也・真山全編『武力紛争の国際法』(東信堂、2004年)307-311頁、oil-for-foodプログラムにつき、拙稿「国際機構による国際法上の義務履行確保のメカニズム」国際法学会編『日本と国際法の100年　第8巻　国際機構と国際協力』(三省堂、2001年)110-112頁参照。
7　経済制裁は被制裁国に経済的圧力をかけてその政策を変更させることを目的とするものであるが、被制裁国の国民に全くの経済的打撃がない経済制裁はおよそ実効的ではありえない。というのは、問題の政策を推進する政府は容易に政策を変更しないため、多くの場合において実際には、経済的に打撃を受けた被制裁国の国民が不満をもって平和裡に(選挙により)または暴力的に(革命・クーデターにより)当該政権を打倒することが必要になるからである。
8　重大な国際法違反を犯した個人の刑事責任が国際刑事裁判所において追及されるようになったことと同様、有責者個人をターゲットにすることが国際法違反への実効的対応としては重要であるとの認識がスマート・サンクション導入の背景にあると考えられる。
9　食糧・医薬品は輸出禁止から除外されるのが通例であるが、この点に関して、拙稿(注6)307-311頁、人道的免除措置全般につき、松隈潤「経済制裁措置の合法性の再検討」『日本国際経済法学会年報』16号(2007年)112-134頁参照。
10　武器禁輸につき、拙稿(注6、2004年)302-304頁参照。
11　米国政府による麻薬トラフィキング、マネーロンダリングのリスト作成の考え方を経済制裁にとりいれたのが、個人資産凍結の淵源だと指摘される。D.Cortright and G.A.Lopez, "Introduction", in *D. Cortright and G.A.Lopez (eds.), Smart Sanctions* (2002), p.17.
12　財務省HP「為替制度」http://www.mof.go.jp/jouhou/kokkin/frame.html　なお、以上の他、2000年11月のEC理事会規則2488に基づき、ミロシェビッチ前ユーゴ大統領および関係者に対して資産凍結措置を発動してきた。(2001年2月の発動当初は625個人、2002年2月からは10個人に削減)。
13　D. Cortright, G. A. Lopez and E. S. Rogers, "Targeted Financial Sanctions", *in* Cortright and Lopez (eds.), *supra* note 11, pp.26, 29-30. 資産凍結は迅速に実施する必要がある。人質事件における米国によるイラン資産凍結(1979年)および③イラクのクウェート侵攻時の日米欧によるイラク・クウェート資産の凍結は迅速になされた(後者では、安保理決議661採択前になされた)。他方、安保理決議1267の採択には、数週間にわたる討議を要したゆえ、タリバンは資産を隠匿してしまい、また採択から実施まで30日の期間があったため、さ

14 同人は、リスト掲載に基づく欧州連合による資産凍結によって財産権、聴聞を受ける権利、実効的な司法審査を受ける権利といった基本権を侵害されたとして、欧州理事会規則および欧州委員会決定の無効を求めて、理事会および委員会を相手どって欧州第1審裁判所に提訴した。2005年9月21日、同裁判所は、ＥＣは国際テロリズムに対する戦いに関連して個人の資産の凍結を命ずる権限を有し、資産凍結措置が安保理によって要求されている場合には、原則として司法審査になじまない(ユス・コーゲンスに違反する場合は別である)とした上で、本件資産凍結措置はユス・コーゲンスとして保護される原告の基本権を恣意的に、不適切に又は均衡性を失して侵害するものではないとして、原告の請求を退けた(Case T-306/01)。本事案につき、中村民雄「国連安保理の経済制裁決議を実施するＥＣ規則の効力審査」『貿易と関税』2006年7月号65－75頁、須網隆夫「地域的国際機構と国際テロリズム規制」『国際法外交雑誌』106巻1号(2007年)20－25頁参照。

15 もっとも、個人資産の凍結に関しては、誤認を防止するためさらなる改善が必要であろう。オーストリア外務省がSimon Chesterman 教授に委託してとりまとめた報告書 The UN Security Council and the Rule of Law (2008), pp.17-18 では、安保理決議によって影響を受ける私人の権利を保護するための「公正かつ明確な手続」を整備し、とりわけ、措置につき知らされる権利、聴聞を受ける権利、再審査を受ける権利を確保できるようにすることが必要であるとの勧告および財産に対する権利および関連する人権を侵害するリスクを減らすため、個人資産凍結を定期的に見直すべきだとの勧告を行っている。そのようなシステムの案としては、①ICTY(旧ユーゴ国際刑事裁判所)のような特別に創設する裁判所への上訴、②UNCC(国連補償委員会)のような行政的な再審査、③コソボ・ミッションによって創設された拘留再審査委員会のような非公開の再審査プロセス、④コソボや東ティモールにおいてみられたようなオンブズマン機構を挙げ、政治的に微妙な問題を含むゆえ、独立した準司法的・行政的な再審査手続は実現困難であるとし、制裁委員会自身がリスト追加・削除決定を見直すようにするのが現実的である(但し、専門家パネルを創設し、リスト削除要請を審査し制裁委員会に勧告することを含みうる)と指摘する。同報告書は、http://www.bmeia.gv.at/.../New_York/Kandidatur_SR/FINAL_Report_-_The_UN_Security_Council_and_the_Rule_of_Law.pdf に掲載されている。

16 Chatham House, *Financial Sanctions* (*Discussion Group Summary*), http://www.chathamhouse.org.uk/research/international_law/papers/view/-/id/354/

17 決議1333パラグラフ14では、入国・通過の制限措置をとることを勧奨(urge)した。なお、決議1267ではタリバン運営の航空機の飛行を各国に禁止するとし、決議1333ではタリバン高官の入国・通過を各国に禁止するとし、またアリアナ・アフガン航空のオフィスの閉鎖を命令したが、決議1388では、アリアナ・アフガン航空はもはやタリバンによって運営されていないとして、同社の飛行禁止・資産凍結を解除した。

18 メッカ巡礼を制裁から除外することの適否については、特にリビアおよびイラクに対する航空機乗入禁止措置に関して問題となったが、この点につき、拙稿(注6,2004年)310頁参照。

19 R. W. Conroy, "The UN Experience with Travel Sanctions", *in* Cortright and Lopez (eds.), *supra* note 11, pp.162-164. G. C. Hufbauer et al., "Economic Sanctions Reconsidered" (3rd ed., 2007), p.141 では、スマート・サンクションは諸国家の「何かをする」という必要性を満たし、標的国を孤立化させうるものだが、外交政策上の目標を達成するための万能薬ではない旨、指摘する。

20 対イラク経済制裁を例にとると、21カ国が同条に基づく協議申請をし、その中にはイラクと密接な経済関係を有する国家(ヨルダン)、クウェートに労働力を提供している国

家(フィリピン)、イラクでプラント建設をすすめている国家(チェコスロバキア)が含まれた。我が国は、エジプト、トルコ、ヨルダンに対して1990年9月に20億ドルの経済援助を決定した。
21 国際司法裁判所「ある種の経費に関する事件」勧告的意見(*ICJ Reports 1962*, p.167)参照。但し、1976年の国連法務局見解では、そのような根拠で国連が支払をすることは可能だが、財政上の負担ゆえ、また先例に照らしても、現実には安保理が「この機構の経費」であるとの決定をして国連による支払を義務づけることはまずないと指摘する。*United Nations Juridical Yearbook 1976*, pp.203-205.
22 Provisional Summary Record of the 2nd Meeting(17 August 1990), S/AC.25/SR.2 available at D.L.Bethlehem(ed.), *The Kuwait Crisis: Sanctions and Their Economic Consequences*, Part.2 (1991), p.776, 但し、原因行為自体からのみ生じた問題は除外するか否かについて議論はありうるとJ.Carver and J.Hulsmann, "The Role of Article 50 of the UN Charter in the Search for International Peace and Security", *International and Comparative Law Quarterly*, vol.49(2000), p.537 は指摘する。
23 Carver and Hulsmann, *supra* note 22, p.574.
24 *UNCIO Documents*, vol.12(1945), pp.292-293, 613.
25 *ICJ Reports 1971*, p.53.
26 同決議の成立経緯につき、北岡伸一『国連の政治力学』(中央公論新社、2007年)272-277頁、同決議をめぐる国際法上の諸課題につき、拙稿「北朝鮮ミサイル発射」ジュリスト1321号(2006年)45-50頁。前文において平和に対する脅威の認定や第7章への言及があり、「決定する」(decide)という動詞ではじまるパラグラフが拘束力あるパラグラフの典型であるが、これらは必須の要件ではない(上記の勧告的意見では、平和に対する脅威の認定や第7章への言及のない決議であって「要請する」(call upon)とした決議276パラグラフ5を拘束的だと認定した)。
27 Conroy, *supra* note 19, p.147.
28 L.Bondi, "Arms Embargo", *in* Cortright and Lopez(eds.), *supra* note 11, p.114.
29 我が国は、2006年11月14日の閣議決定により、24品目(牛肉、まぐろのヒレ肉、キャビアとその代用品、酒類、たばこ、香水、化粧品、革製バッグ・衣類等、毛皮製品、じゅうたん、クリスタルガラス、宝石、貴金属、貴金属細工、手携帯型情報機器、映像オーディオ機器・ソフト、乗用車、オートバイ、モーターボート・ヨット等、カメラ・映画用機器、腕時計等、楽器、万年筆、美術品・収集品・骨董品)を対象として決定した。
30 この点につき、拙稿「条約及び国連安保理決議の解釈(ロースクール国際法第4回)」『法学教室』334号(2008年7月号)116-117頁。
31 たとえば、イラク問題に関する決議661パラグラフ5では、「国連非加盟国を含むすべての国家に対し、この決議の日の前に締結された契約または付与された許可にかかわらず、厳格にこの決議に従って行動するよう要請する」と規定する。
32 同趣旨の条項は、インターラーケン・プロセスにおけるモデル決議においても含まれている。The Swiss Federation, *Targeted Financial Sanctions*(2001), p.41.
33 1990年のイラクのクウェート侵攻の際には、決議661採択以前に、日米欧は、イラクおよびクウェートの金融資産を凍結したが、わが国においては外為法上この措置を可能にする根拠規定がなかったため、大蔵省が全国銀行協会に対して行政指導することによって対応した。
34 我が国単独で資産凍結措置等の経済制裁措置をとる国内法上の根拠が十分に確立されたのは、2004年であり、「我が国の平和及び安全の維持のため特に必要があるときは、閣議において、対応措置を講ずべきことを決定することができる」という第10条の規定

が新設されることによってであった。
35　道垣内正人「日本の法的対応」日本エネルギー研究所編『安全保障とエネルギー関連取引』(1994年)51－52頁。
36　Hisashi Owada, "Japan", in V.Golland-Debbas(ed.), *National Implementation of UN Sanctions* (2004), pp.280-281.
37　Owada, supra 36, p.297では、我が国のpiecemeal approachは制裁のより頻繁・多様な利用ゆえ、ますます不適当かつ不満足なものとなってきていると指摘する。
38　同法第287条cでは、「他のいかなる法の規定にもかかわらず、安保理が国連憲章第41条に基づいて決定した措置を適用するように合衆国が安保理によって求められた場合には、大統領は、当該措置を適用するのに必要な範囲において、自らが任命する代理機関を通じて、及び、自らが発する命令と規則の下で、いかなる外国、その国民若しくはその在留民と合衆国若しくはその管轄に服する者との間の又は合衆国の管轄に服する財産に関する経済関係又は鉄道、航海、航空、郵便、電信、無線通信その他の運輸通信手段の全部又は一部を審査、規制、禁止することができる」と規定する。なお、同法につき、古川照美「安全保障理事会決議の機能変化と国内法制」『法学教室』1994年2月号14頁参照。
39　同趣旨の条項は、インターラーケン・プロセスにおけるモデル決議においても含まれている。The Swiss Federation, supra 32, p.84.
40　この主題につき、拙稿「国家の単独の決定に基づく非軍事的制裁措置」『国際法外交雑誌』第89巻3・4号(1990年)1－36頁参照。

　　［付記］　脱稿後に次の点を追記しておきたい。注14に関連して、国連制裁委員会の資産凍結リストに掲載されたサウジアラビア在住のYassin Abdullah Kadi及びスウェーデンに所在するAl Barakaat International Foundationは、Yusuf同様に欧州第1審裁判所に提訴し(T-315/01, T-306/01)、2005年9月21日、同裁判所がYusuf同様に訴えを退けたため、欧州司法裁判所に上訴(C-402/05P, C-415/05 P)した所、2008年9月3日、欧州司法裁判所は、第1審裁判所が原則として管轄権を有しないと判断したのは誤りであるとして審理を行い、本件資産凍結措置に関しては、聴聞を受ける権利や実効的な司法審査を受ける権利が尊重されていない、また財産に対する不当な制限であるとして、取り消す旨、判示した。本事案の検討は別の機会に行うことにしたい。

第5章 国連安保理の機能の拡大と平和維持活動の展開

酒井 啓亘

Ⅰ　はじめに
Ⅱ　1990年代における安保理と国連平和維持活動の関係
　1　安保理の活性化と国連平和維持活動
　　(1)　「平和に対する脅威」概念の拡大と安保理の活動の深化
　　(2)　国連平和維持活動の連続性と非連続性
　2　実行からの教訓と国連平和維持活動の限界
　　(1)　安保理の介入主義的行動と平和維持活動の齟齬
　　(2)　憲章第7章の援用と国連平和維持活動の活動原則の整合性
Ⅲ　21世紀における国連平和維持活動の実践と展望
　1　安保理による国連平和活動の推進
　　(1)　「ブラヒミ・レポート」における国連平和維持活動の位置づけ
　　(2)　90年代末からの国連平和維持活動の実践
　2　国連による多機能型平和維持活動の評価と課題
　　(1)　平和維持活動の中核的な任務と安保理の影響
　　(2)　憲章第7章との新たな関係と活動原則の再構成の必要性
Ⅳ　おわりに

Ⅰ　はじめに

　国連の平和維持活動(以下、PKO)は、第2次世界大戦直後、インド・パキスタン国境とパレスチナ地域でその原型を現したが、いわゆる伝統的PKOと呼ばれるものを形づくったのは1956年のスエズ危機に際して派遣された国連緊急軍(UNEF)の実行であった[1]。その後、コンゴやレバノン、そしてキプロスといった紛争地域に国連PKOは展開することになり、60年代から70年代にか

けてその活動は国際の平和と安全の維持という国連の目的に合致するものとして定着していくことになる。周知のように、国連憲章上、国連PKOには明文の法的根拠はない。そのため、国連憲章起草者が想定した憲章第7章下の集団安全保障システムが冷戦期に機能しなかったことから苦肉の策として編み出されたとされる国連PKOは、なによりも実行を通じてその存在、任務、機能を明確化することで国連憲章におけるその地位を定位させる必要があった。それ故、国際法学者が国連PKOの法的根拠を国連憲章上に求めて大捜索を続け、その活動を憲章第7章に基づく措置と比較して検討してきたのは理由のないことではない[2]。しかし国連憲章におけるPKOの明文上の法的根拠は「どれだけ捜しても、ないものはな」く[3]、本来根拠規定によって明確に限界付けられるべきその機能の外延は実践過程での展開に委ねられることになり、結果として、任務の限界は不明確となりながら、他面で柔軟性に富む制度を導入しうることになったということはいえよう。

　もともとUNEFは、常任理事国でもある英国とフランスが当事者となったスエズ危機に安保理が対応できないことから、平和のための結集決議に基づき事案が国連総会に移され、総会決議で設置が認められたものであった。そこでの安保理の姿勢は、従って、集団安全保障システムの機能不全とスエズ危機への有効な対応策の不提示という二重の不作為を体現していたといえる。しかしこれは、逆に言えば、安保理が積極的な対応を行うことになると、その実践的性格ゆえに、国連PKOの実行にも少なからず影響が及ぶことをも示していた。それは、安保理の側から見ると、朝鮮戦争での国連軍を除けば、冷戦期において唯一といっていい国連の軍事活動であるPKOという手段を、60年代以降は途上国中心の構成となった国連総会から奪還し、国際の平和と安全の維持に主要な責任を有する自らに繋ぎとめ、その存在証明を果たす試みにつながっていくことになる。実際、冷戦期においては、UNEF以後、ほとんどのPKOが安保理決議により設置されたのであり[4]、安保理の関与の増大とともにPKOもその存在意義を高めてきたのである。そして国際の平和と安全の維持における国連PKOの役割は、少なくとも冷戦期においては、憲章第7章に基づく強制措置が十全には発動し得ない状況でこそ高く評価されるに至ったのであった。

　これに対して、1989年から90年にかけての冷戦構造の崩壊をきっかけとしたその後のいわゆるポスト冷戦期においては、安保理はそれ以前と比べては

るかに多くの決議を採択し、憲章第7章に基づく様々な措置を発動するようになった。冷戦期には米ソの対立により困難と考えられていた集団安全保障システムが機能するようになったと指摘される所以である。東西間のイデオロギー対立の解消により中央集権的な集団安全保障上の措置が実際に行われてきたかどうかは別途議論の余地のありうるところであろうが、少なくとも安保理が主導して「集団安全保障」を実施するかのような軍事・非軍事的活動が数多く確認できるようになったことは紛れもない事実であろう[5]。そしてそれとともに注目に値するのは、国連PKOもまた、現地展開数において冷戦期と比較すると飛躍的な伸びをみせる一方[6]、その活動内容についても、後述するように、従来の受動的消極的介在型軍事活動のみならず、人道的活動支援や領域暫定統治、予防的展開にいたる広範な任務を付与されるようになったことである。ここには冷戦期と異なり、国際の平和と安全の維持・回復にかかる分野において安保理が、憲章第7章上の措置を可能な限り発動することを志向しているとともに、他方で、集団安全保障システムの機能不全の結果として利用されてきたPKOをも活用していくという二重の意味で積極的な姿勢を示していることが看取できる。

　本章では、安保理の機能が冷戦後に拡大していく中で、量的にも質的にも発展・拡大していくことになった国連PKOの現代的な展開現象を主として法的観点から検討する。これから見ていくように、安保理による「平和」概念ないし「平和に対する脅威」概念の拡大解釈に応じて国連PKOもその任務を機能的に拡大させ、「多角的な(multi-dimensional)」PKOという形式が増えていくことにより、これまで慎重に棲み分けが試みられてきた憲章第7章に基づく措置とPKOの接近がおこり、両者の関係の再検討がPKOの活動原則における内的側面と多国籍軍型軍事活動との関係という外的側面の両面にわたって必要になってきている。それと同時に、安保理の機能の拡大に伴うPKOの任務の多角化は、紛争予防や平和構築など隣接する他の活動との関係の整序も要請することになってきた。これらは多分に国連PKOが実践過程を通じて発展してきたことの延長線上でとらえられるものであり、その方針については様々な節目で提出されている「平和への課題(Agenda for Peace)[7]」「平和への課題：補遺[8]」「国連平和活動に関するパネル報告書(通称「ブラヒミ・レポート」)[9]」といった報告書で方向性が探られてきたが、現在ではその到達点として国連により2008年に公表された報告書「国連平和維持活動：原則と指針」において

いっそう明確に示されている[10]。この通称「キャップストーン・ドクトリン」と呼ばれる報告書を最後に検討して、現時点における国連PKOの意義と問題点を明らかにすることにしたい。

II 1990年代における安保理と国連平和維持活動の関係

1 安保理の活性化と国連平和維持活動

(1) 「平和に対する脅威」概念の拡大と安保理の活動の深化

冷戦後、国際の平和と安全の維持に関わる分野で安保理が積極的に活動する事例が増えてきたことは事実である。手続的には常任理事国間の協調を通じて拒否権発動の減少により安保理としての意思決定が比較的迅速に行えるようになったことが大きいが、その背景には、思想的には国際社会全体が人権保護や人道的考慮、法の支配など一定の価値を共有する一方、政治的軍事的には米国が超大国として出現し、冷戦後の思潮に沿ったかたちでその主観的な目的から安保理を主導することになったことにも留意しておかなければならない。そしてこうした安保理内の協調は、とりわけ憲章第7章に基づく措置の数的増加とその内容の質的多様化という現象を90年代にもたらしたのである[11]。

この憲章第7章に基づく措置が増大するためには第39条に定める「平和に対する脅威」概念の豊富化という洗礼を受けなければならなかった。同条に基づく「平和に対する脅威」の存在認定が憲章第7章に基づく措置の発動にいたる入口の役割を果たしていたからであり、端的にいえば、この「平和に対する脅威」概念の拡大こそが90年代における安保理の「活性化」の動因として作用したのである。この拡大傾向は1992年の第1回安保理サミットで採択された議長声明においてすでに明白となっていたが[12]、その後も、難民・避難民の流出、国際人道法違反、軍事クーデターによる政権交替など、「平和に対する脅威」とみなされる事態が安保理決議という実行を通じて拡大・確定し、そのように脅かされた「平和」を「回復」するための措置も、それに応じて多様化していったことはすでに様々なところで検討されてきたとおりである[13]。またこうした「平和に対する脅威」概念の拡大と「平和」回復手段の多様化には、別稿で指摘したように、紛争の性質変化(国家間武力衝突から国内的性質を帯びた紛争への拡大)とその対応の深化(武力衝突の中止のみならず、紛争の政治的社

会的原因そのものの根絶を目的とした措置への転換)が反映していることも見逃せない[14]。

　安保理はある事態に対処する方策を決定して実施する実働的(operational)あるいは執行的(executive)機関であるがゆえに、深化した「平和」の実現と回復や拡大した「平和に対する脅威」の除去を目的としてそれに対応した措置を豊富化させることには一定の合理性がある。脅かされる「平和」の内実とその「平和」を維持・回復する措置との相関関係を考慮して、人道目的のための武力行使が多国籍軍型軍事活動に許可されたのもそうした安保理の措置実施機関としての役割の一側面を表している。しかし他方で、そうした措置実施の前提として個別的で具体的な事態に適用される法の認定が安保理自身によって行われることもあり、安保理の活動には「規範的な」側面が内包されていることも否定できない[15]。それが高じて、たとえば、国際人道法違反への非難と国際社会における法の支配の実現を目的とした国際的な刑事裁判所の設置に至ることになったのである。

　このように安保理の活動が機能的にも規範的にも拡大していく中で、国連PKOに求められる役割も、維持すべき「平和」の多様な解釈により、これまでとは異なる種類の任務を含むようになっていく。それは、現実には、主権国家の内部に入り込んで「平和」の維持・回復に努めるよう社会的経済的分野での活動に従事することが国連PKOに期待され、そうした任務遂行の実効性確保のために、紛争当事国の同意のほか、憲章第7章に基づく行動のような強制的な手段が付与されるという経路をたどっていくことになるのである。

(2)　国連平和維持活動の連続性と非連続性

　冷戦期における国連PKOの展開は、少なくとも1980年代初めまでは、主として紛争当事者間へのその介在による現状維持と事態の悪化防止を目的とするものであった。こうしたいわゆる伝統的PKOは、具体的には、紛争当事者間における停戦合意の履行監視および兵力引き離しと非武装地帯の確立を含む戦闘行為再発防止のための措置をその任務としたのである。すなわち、武力衝突により生じた緊張関係に対応して、紛争当事者の停戦合意を前提として両当事者の間に割って入り、冷却期間を置きながら紛争当事者間の和平努力が進行するのを辛抱強く待つというのが伝統的PKOの基本的なスタンスである。そこではPKOに対して紛争解決の役割そのものは期待されておらず、

むしろPKOの現地展開の条件となる停戦合意と、PKOの任務終了と現地からの撤退を保証する最終的な和平合意の成立は、国際社会が提供する和平への政治的努力、とりわけ紛争当事者の政治的意思にかかっていた。キプロスや中東におけるようなPKOの現地駐留の長期化がPKOの能力不足によるという主張は、それ故、的をはずした批判といわなければならない。兵力の引離しにより紛争の政治的解決を促進させる環境整備と信頼醸成こそが伝統的PKOの役割の本質だったからである。

　伝統的PKOがその任務を実施するためにはPKOの現地展開と任務遂行に対する紛争当事者の同意と協力が必要であり、後述するように、それがPKOの活動原則の一つである同意原則に組み込まれることになるのであるが、停戦監視や兵力引き離しといった活動が実効性を持つのは、実践面では、こうした紛争当事者の政治的意思が現場の関係者までいきわたり、その行動に反映することが条件となる。すなわち紛争当事者の指揮命令系統が中央からその末端まで実効的に機能していることがPKOの現地展開と任務の遂行には重要となる。こうした条件が充足されやすいのが国家を当事者とする国家間武力衝突の場合であって、それゆえ、PKOがもっとも効果的に任務を遂行しやすいのも国家間への介在の場合であり、あるいはせいぜい国家に準じるような組織化された実体が一定の地域を実効的に統治しているような場合にとどまるのである。従って、冷戦期において、国連PKOが有用であった事例の多くは国家間紛争であり、逆にPKO部隊自体が紛争に巻き込まれ、上記のような役割を遂行できなかったものには内戦に派遣されたPKOの場合が多いということにも理由がないわけではない。

　これに対して、80年代末から90年代前半にかけての国連PKOは、そうした軍事活動のみならず、それに政治過程が結びついた複合化現象と、PKOに強制機能が結びついた平和強制との結合現象という2種類の質的変化が確認されるといわれてきた[16]。前者は停戦監視などの軍事活動のみならず、人権状況の監視や選挙監視、難民・避難民の帰還と再定住の促進、人道的活動支援など民生部門についても任務を担い、平和創造や平和構築の機能と不可分に結びつくものとされた。そこには、「平和」が武力衝突の欠如を意味するだけでなく、人権・基本的自由の侵害や経済発展の不均衡といった経済的社会的要因にまで紛争の原因を広げてこれを直視することで、こうした構造的な紛争原因の除去を「平和」とみなしてその「維持」を試みる紛争解決の政治的過程

と結合が存在することは明らかであり、さらに言えば、それは先に見た安保理における「平和」や「平和に対する脅威」を拡大していこうとする傾向を現場で機能的に体現するものでもあった[17]。また後者は、政治的過程に深くコミットしたPKOが、その任務を実効的に遂行する手段として、とりわけ大国による武力行使に依拠する現象を指す[18]。それは、具体的には憲章第7章に基づく軍事的な措置を安保理から許可されることになり、そこでは、「平和に対する脅威」概念の拡大に応じ、その対策として憲章第7章に基づく措置が頻繁に安保理によってとられていく傾向と歩調をあわせてPKOも変化してきたとみることも可能であろう。

　冷戦後の国連PKOも停戦や両当事国軍の撤退を監視するという従来の軍事的役割を担うものが少なくなかったが、冷戦期のPKOの事例と大きく異なるのは、展開対象となる紛争の性質が国家間紛争ではなく、内戦の場合がほとんどであるということと[19]、内戦の過程で生じる難民・避難民の保護や、文民に対する人道的活動への支援、さらにはまだ戦闘が行われていない地域への予防的展開などに任務が拡大していることである。もちろん冷戦期にそうした例がなかったわけではない。1960年代初頭のコンゴは内戦状況に陥り、そうした中で現地に展開した国連コンゴ活動（ONUC）が紛争に巻き込まれて撤退を余儀なくされたのは有名であり[20]、予防的展開についても、1995年から99年にかけてマケドニアに展開した国連予防展開部隊（UNPREDEP）が初めてというわけではなく、レバノン国連監視団（UNOGIL）の任務にもそうした性格があったといわれている[21]。国連PKOによる暫定統治でさえ、西イリアン保安軍（UNSF）と連携した国連暫定統治機関（UNTEA）にその出発点をみることができる[22]。

　しかし、冷戦後は内戦の事例が圧倒的であり、またPKOが軍事的過程だけでなく政治的過程や民生部門とも結びつくような任務を行うことが常態化してきたことも事実である。冷戦期と冷戦後でPKOは紛争の性質や任務内容の点につき、一つ一つを取り上げると連続性を有するところはあるが、冷戦後のPKOの特徴である多角的任務とその実効的遂行手段としての憲章第7章下の措置の導入という点は、明らかに断絶が存在するといわなければならない。それは、90年代初頭の安保理の「活性化」を背景とした介入主義的傾向の下で、PKOもまた、積極的な役割と力によるその実施が期待されたためでもある。

2 実行からの教訓と国連平和維持活動の限界

(1) 国連安保理の介入主義的行動と平和維持活動の齟齬

　1990年8月のイラクによるクウェート侵攻に端を発した湾岸危機では、武器禁輸などの憲章第7章に基づく非軍事的措置からいわゆる湾岸多国籍軍への武力行使の許可を与えた軍事的措置の発動まで安保理の主導により様々な措置がとられた。そこには、確かに、諸国にとって至高ともいえる領土保全原則をあからさまに蹂躙する行為が対象になったことから、安保理理事国間の協調には多分に偶然の要素も含まれてはいた。しかし、他方では、憲章第7章に基づく措置が発動できるようになったという現実のもつ意味こそが、この湾岸危機への対処を超えて、国際社会で生起する紛争への安保理の対応に大きな影響を与えることになった。それは、安保理の「活性化」に寄せる国際社会の過剰ともいえる期待に映し出されるとともに、また国際政治において紛争処理のための現実的な選択肢の一つとなった安保理を一種の道具と見立ててこれを利用しようとする大国の思惑も招くこととなったのである。

　国際世論を背景に、こうした安保理の「活性化」と大国の紛争への関与という傾向を平和維持の分野でさらに促進しようと目論んだのが就任間もない当時のブトロス・ガリ国連事務総長である。1992年に発表された有名な国連事務総長報告「平和への課題」では、停戦遵守のために限定された強制措置を実施する「平和強制部隊」構想が大きな反響を呼んだが、その他にもPKOについては同意原則の再検討の可能性や要員安全確保のための武装強化も提言として取り上げられた[23]。ここに共通するのは、大国による力の支配を基調とした強制的要素を国連PKOにも反映させようとする意図である。そして、湾岸戦争における憲章第7章下の強制措置発動の成功を踏まえて、同じ国連の活動であるPKOにもこれを移植することにより、PKOに対する原理的な制約は置き去りにされることになっていく[24]。それは、緩衝材としての伝統的な軍事的アプローチを超えて、人道的活動や統治機構の整備支援という社会的経済的領域にまで足を踏み入れた冷戦後のPKOに任務遂行のための実効的手段を付与することを目的としたものであったからである。しかもこうしたPKOへの強制的要素の導入は、現実にも、1992年から93年にかけて、ソマリアと旧ユーゴスラビアで実現されることになる。

　たとえばソマリアの事例では、1991年1月のバーレ政権崩壊後に悪化した

内戦状態に対し、停戦合意を受けて主としてその監視のため伝統的な国連PKOである国連ソマリア活動(UNOSOM)が派遣されたが、その後、人道状況や治安状況の悪化から、人道的援助支援のための安全な環境の構築を目的した武力行使を許可された多国籍軍(UNITAF)がUNOSOMに代わって展開した。その結果、このUNITAFの現地展開により人道・治安状況は改善されたため、これを引き継いで展開したのが第2次国連ソマリア活動(UNOSOM II)であり、米国から国連へと指揮命令系統が移ったことを除けば、その任務内容もその実施手段もUNITAFからそのまま継承した画期的な活動であった[25]。また旧ユーゴスラヴィアでも同様に、当初は伝統的PKOとしての役割が期待された国連保護軍(UNPROFOR)が、事態の進展につれて、初期段階には予定されていなかった人道的援助活動支援や安全地域保護など武力行使を伴う任務を付与されるとともに、空爆の許可を受けた北大西洋条約機構(NATO)の軍事活動と共同歩調をとるようになったのである[26]。UNOSOM IIもUNPROFORもともに、内戦状況における国連のプレゼンスを強化し、必要であれば力による平和の獲得を志向するという安保理の姿勢を体現したものであったことは間違いない。ただしそこには、先に述べたブトロス・ガリ国連事務総長による国連PKOの強化構想が背景として存在していたのであり、国連PKOと強制措置の結合の導入は、国連事務総長の意向に安保理が積極的に応えた結果だったのである。

　しかしこのような安保理の介入主義的活動に影響を受けたソマリアや旧ユーゴスラヴィアでの国連PKOはいずれも失敗に帰することになり、その結果は他の紛争へ波及して実践面で大きな影を落とすことになった。自国軍隊への被害をきっかけとして、これまで国連PKOを利用して介入を行ってきた米国は消極策へと政策を転換し、これと平行して安保理もまた、人道的状況の悪化を目前に国連PKOを増派するような積極的な関与を控える姿勢に陥ったからである。たとえばルワンダではジェノサイドの危機が予測されたにもかかわらず、国連事務総長が主張した増派計画の選択肢を否定し、かえって国連PKOを減員させたのは、米国を含めた主要安保理理事国によるルワンダ内戦への不関与という政治的意思を表したものであった[27]。

　ソマリアや旧ユーゴスラヴィアで強制的要素が付与された国連PKOが失敗に終わった原因としては、任務内容やその遂行手段に応じた十分な資源がPKOに供給されなかったことや、中立的性格のPKOに強制的要素を付与する

ことの原理的矛盾を指摘する議論もある[28]。国連がPKOを通じて人道的状況を改善し、内戦を終了させ、疲弊した国家とその行政機構を再生しようとすれば、必然的に当該国家の内政に関与せざるをえなくなることから、それ自体が伝統的な意味での中立原則を逸脱することになるのであり、しかも付与された任務を遂行するために強制的手段として武力の行使が許可されたことは、まさしく国連PKOの変質を表すものであった。従って、国連PKOがいずれにしても、先に述べたように、伝統的PKOで培われた活動原則が90年代前半で再検討され、それを受けた国連PKOが実践で十全の結果が得られなかったということは、活動原則の(再)再検討に、そしてそれと連動している活動内容そのものの見直しに必然的につながったのである。

(2) 憲章第7章の援用と国連平和維持活動の活動原則の整合性

　伝統的PKOの活動原則は、一般に、PKOの活動に対する関係当事者の同意を求める同意原則、受入国国内事項への不介入や紛争当事者との中立的立場の維持を含む中立・公平原則、そして自衛目的以外の武力行使の禁止を内容とする自衛原則をいう。これらは、その任務内容と同様、実行を通じて活動の実効性を確保するために実践的に確立されてきたものである。その意味で、任務内容に適合したかたちで活動原則は形成・実施されてきたのであり、活動原則によって任務内容の射程範囲は限界付けられていた。紛争の原因や当事者の内政には決して踏み込まず中立的な立場にとどまることによってこそ、PKOは軍事活動でありながら、「敵のいない軍隊」として、停戦監視と兵力引離し、非武装地帯の確保といった任務を遂行することができたのである。またそうであればこそ、同意、中立、自衛という活動原則のうちいずれか一つでも維持できなければ、コンゴでの経験が示すように、当事者として紛争に巻き込まれる危険が出てくるのである。

　こうした活動原則と任務範囲の密接な関係を前提とした場合、冷戦後のPKOにみられるような任務内容の多角化は、伝統的PKOによって実践的に醸成されてきた活動原則の適用を困難とするとともに、翻って活動原則でその実効性を担保してきた任務の遂行そのものをも困難としてしまうおそれを内包していた[29]。とりわけ活動原則の一つである自衛原則は、要員そのものの安全を確保するために武力行使を行うことが認められる狭義の自衛のほか、任務遂行への妨害行為に応戦する手段として認められる武力行使につい

てもまた広義の自衛としてPKOの武力行使の根拠を提供するものと定め、結果として、PKOの任務内容が武力行使の敷居の基準として取り込まれることになったからである[30]。そして任務の拡大に応じた自衛原則の適用範囲の拡大と、それに伴う武力衝突の発生の可能性は理論上の問題にとどまらず、実際にも実行において確認できるようになった。旧ユーゴスラヴィア紛争でのUNPROFORにもその傾向は見出されるし[31]、成功裏に終わったと評価される国連カンボジア暫定行政機構(UNTAC)においてさえ、選挙監視、人権保護監視などを含む暫定統治という任務が十全に果たされるかどうかは確実なものではなく、場合によっては反政府勢力であったポル・ポト派との武力衝突の可能性も存在していたとされている[32]。

　もちろん、PKOが派遣された冷戦後の紛争について、その性質が国家間紛争というより内戦であることが多くなってきたという事実も、PKOの活動原則の適用に重大な影響を与えていることは否定できない。国内的性質の紛争に継続的に関与し、そこでの任務が人道的側面を含むように拡大してきたことはそうした活動原則の適用に困難を生ぜしめる[33]。とりわけ同意原則の適用については、紛争当事者の確定や利害調整の困難さなどから、内戦に由来する限界があることはすでに指摘されているとおりである[34]。

　このように、新しい状況におかれた冷戦後のPKOについて、冷戦期の実行に伴い発達した活動原則がそのままのかたちで適用される場合ばかりではないことは想像に難くない。さらに留意すべきは、PKOの設置決議等で憲章第7章に基づく行動が援用されている場合におけるPKOの活動原則の取扱いである。憲章第7章＝平和強制と憲章非第7章＝PKOという二分法的思考によれば、PKOと憲章第7章が相容れることはなく、憲章第7章とPKOの結合は原理的な矛盾であり、両者が同時に適用されることはありえないということになる。たとえば、憲章第7章に基づく措置はその対象となる加盟国等の同意を得ずして実施されうるのであり、その限りで同意原則が適用される余地はなく、また武力行使を許可する趣旨での憲章第7章の援用も、その行使範囲が自衛目的に限定されるわけではない以上、自衛原則の適用が排除されることを意味するからである。従って、伝統的PKOの活動原則に依拠すれば、憲章第7章に基づく行動が認められた「PKO」は平和維持活動ではなく、まさに「平和強制」活動としてPKOの枠外におかれ、憲章第7章とのつながりを切断することで自らのPKOとしての存在証明が確認されることになる。憲章第7章と

結合した活動そのものを放逐することによって国連PKOとその活動原則は冷戦期のまま維持され、そこでは、PKOの任務遂行に通底する「公平性」が、再び政治過程への無関心という紛争当事者に対する消極的姿勢に還元されるに至った[35]。実際、このことは、ブトロス・ガリ国連事務総長が1995年に発表した「平和への課題：補遺」であらためて確認されている。そこでは、平和強制とPKOの結合は影を潜め、伝統的PKOへの回帰とその活動原則の遵守が重視されることになったからである[36]。

　しかし、国連PKOが伝統的な活動原則に従った活動に立ち戻ったからといって、現実の紛争、そしてその紛争の結果として求められる人道的救援活動や難民・避難民の保護等もまた消滅するわけではない。PKO派遣にとって適合的な紛争が国連には可視化されていないとしても、現実の紛争は発生し、それにより派生する事態は悪化し続けるからである。国際社会がこうした問題に関与する以上、その任務を遂行するための手段を保持・利用する必要がある。強制的要素を付加された国連PKOにもはやその任を求め得ないとすれば、国際社会はそれに代わる軍事活動を演出しなければならない。この点で、UNPROFOR失敗の後を処理するため、1995年以降、デイトン合意に基づきボスニア・ヘルツェゴヴィナ等に展開することになったNATO中心の和平合意実施軍(IFOR)やその後継のボスニア安定化軍(SFOR)が、憲章第7章に基づく武力行使を許可された上でデイトン和平合意の履行監視とその実施を行い、少なくとも現地を安定化させることに成功したことは注目に値する[37]。また、「平和に対する脅威」の完全な除去を大規模な武力行使で実現しようとした湾岸多国籍軍とは異なり、人道・治安目的など限定的な目的に応じた武力行使を認められた多国籍軍型軍事活動の出現も重要である。そして、その任務と実現手段の類似性ゆえに、憲章第7章と結合したPKOに代えて90年代後半はこうした多国籍軍型軍事活動が「多国籍軍のPKO化」として旧ユーゴスラヴィア以外でも利用されるようになったのである[38]。他方において、90年代後半に設置された国連PKOにはさしたる重要な任務も与えられず、PKOが国際社会において再び脚光を浴びるには90年代末の「強化された」PKOの出現を待たなければならなかった。

III 21世紀における国連平和維持活動の実践と展望

1 安保理による国連平和活動の推進

(1) 「ブラヒミ・レポート」における国連平和維持活動の位置づけ

　90年代初めに平和強制の試みがソマリアや旧ユーゴスラビアで失敗に終わり、その結果、PKOは主として伝統的役割への回帰を余儀なくされ、国際社会の関心を失っていったものの、こうした状況を受けて90年代後半に主として人道目的で行われるようになった多国籍軍型軍事活動もまた、それだけでは国際社会の平和と安定、とりわけ紛争後の現地の混乱の収束には不十分であることが認識されるようになった。

　さらに21世紀の国際社会は新たな脅威に直面することになったことも安保理の活動に影響を及ぼすことになる。2001年9月に米国を襲った同時多発テロ事件は、国家間関係を基軸とした国連の集団安全保障システムの限界を露呈させ、一部の諸国は国連の枠外での行動により「テロとの闘い」を遂行した。他方、安保理もまた対国際テロリズムや大量破壊兵器拡散防止の文脈において多数国間の協調関係を維持できるようにその機能を拡大させていった。安保理決議を通じた国際法規則定立を行ったり[39]、あるいは武力紛争時の児童の保護のようなテーマを設定して一般的な議論を行い、安保理決議を採択して一定の規範的効果の創設を試みたりするような規範的実行はその例である[40]。ここでも、「平和に対する脅威」概念の発展が安保理の機能の拡大に結びつき、集団安全保障上の措置の多様化に影響を与えていることは明らかである[41]。

　こうした状況の中、国連のPKO局長から1997年に国連事務総長に昇格したコフィ・アナンは、過去のPKOに対する反省を踏まえて新たなPKOの役割とそれを支持する国連の機構改革に着手し、これを受けて2000年には国連平和活動に関する委員会がアナン事務総長に対して「国連平和活動に関する報告書」を提出するに至った。この報告書がいわゆる「ブラヒミ・レポート」であり、21世紀のPKOにとって出発点を提示するきわめて重要な意味を持つ文書となったのである。

　この報告書の内容は国連平和活動全般を包摂するように多岐にわたる。国連の「平和活動(peace operations)」という名称を用いていることから推察されるように[42]、平和活動の名の下に、紛争予防、平和構築、平和維持というそれ

ぞれの活動を調整し有機的に統合することを目指した内容となっているからである[43]。前述の「平和への課題」もほぼ同様の活動を区分してそれぞれの機能を検討していたが、そこでは国連機関の任務に応じた時系列的なカテゴリーとして認識され、必ずしもその相互関係が明確ではなかったのに対して、「ブラヒミ・レポート」の場合にはこれらの活動を時間軸によって仕分けすることを避け、お互いの活動が密接不可分で実施されることが強調されるとともに、様々な行為体がそれぞれの活動に参加しうることを示唆している[44]。従って、自らの撤収プロセスには関与しなかった伝統的PKOと異なり、最近の事例では平和維持もまたその「出口戦略」という観点からは平和構築と切り離すことはできず、平和構築もまたPKOの存在を前提とすることになるのである[45]。

　平和維持に関連してとりわけ重要なのは、強力な(robust)任務が国連PKOに求められていることであろう。そこには、冷戦後10年の経験を踏まえて、単なる緩衝材としての伝統的PKOを通じて武力衝突の終了という消極的平和を確保することから、多角的な機能を有するPKOと平和構築作業を通じて人権の保護・促進、法の支配などにより達成されるべき積極的平和を求める傾向へと移行する流れが反映している。パネルは、「平和への課題：補遺」で打ち出された伝統的PKOへの回帰路線を継承し、同意、公平、自衛という活動原則の堅持を謳いながらも、他方で、PKOの自衛能力の向上と強力な交戦規則(Rules of Engagement)の採用を促している。そして、国連憲章上の諸原則のほか、自らの任務の目的に従うことこそがPKOによっての公平性(impartiality)であるとして、あらゆる場合においてすべての当事者を平等に待遇する中立性(neutrality)とは一線を画し、和平合意の違反者に対しては武力行使を含めた断固たる措置をとることを示唆するとともに、そうした目的のために十分な装備も施されるべきであると指摘している[46]。

　こうした国連PKOの積極的な関与の要請には当時の状況が色濃く映し出されていた感があることは否めない。ルワンダとスレブレニツァで生じた悲劇の一因が国連の不作為ないし消極的姿勢にあったことを認めた報告書が公表されたことも、教訓として、停戦合意違反等に対する国連PKOの積極的関与を求める内容に傾斜する契機となったと考えられるからである[47]。しかし、安保理が「崩壊国家」の再建に活動範囲を拡大させるにつれ、平和維持もまた国家機能の構築や調整に深く浸透する平和構築作業と不可分となること

はこの「ブラヒミ・レポート」でも確認されていたのであり、それがPKOそのものの任務内容にも影響を及ぼす以上、任務遂行のために実力行使を含む実効的達成の手段の充実が主張されるのは理論的にも実践的にも不可避であった。こうした「強力な」アプローチの採用に対しては批判的な見解もあったが[48]、現実には武力行使の可能性の拡大を招き、ひいては「ブラヒミ・レポート」でも言及されなかった憲章第7章に基づく行動とPKOとの結合現象が再び見られることになる[49]。

(2) 90年代末からの国連平和維持活動の実践

　この「ブラヒミ・レポート」公表時と相前後しての国連PKOは、そのほとんどが憲章第7章に基づく行動を認めた安保理決議に依拠して活動を行ってきた。90年代前半に批判されたPKOと憲章第7章との結合が20世紀末から再び登場することになったのである。そこには、国家再建事業のための包括的な権限を与えられた領域統治機構の出現と、「強力な手段」として憲章第7章に基づく行動を許可されたいわゆる「強化された」PKOの登場という二つの大きな展開が見られるが、前者の暫定統治機構が憲章第7章に基づく行動と密接な関係を示していることからわかるように[50]、両者は互いに排他的な関係にあるものではない。

　確かに、国連による暫定的な領域統治の構想やその実施はこれまでになかったわけではないものの[51]、PKOを中心として国家機構や政府機能を一時的に代替し、和平プロセスと平行してその再建に取り組む活動が大規模に行われたことは前例になかったことである。ただし、こうした本格的な国家再建事業を行ったのはUNTAETやUNMIKだけだったとしても、長期にわたる内戦により国土や国民が疲弊し、かたちばかりの政府は存在するものの国家機関や制度が機能不全に陥っている状況にある国家はきわめて多いことから、そのような地域に派遣されたPKOは、人道的活動支援のほか、治安維持とその要員訓練、統治制度の再構築を視野に入れた選挙実施支援など、程度の差こそあれ、国家再建事業に関与せざるをえないのが現実であった。後に説明する「強化された」PKOはいずれもそうした側面を有するのである。

　国連がこうした平和構築活動や国家再建事業に乗り出すことについては、他の国連内外の関係機関との調整や連携を強固なものとするためにもその中心的な機関の設置が求められた。これは、「より安全な世界：われわれが共有

する責任——脅威、挑戦および変化に関する事務総長ハイレベル・パネル報告書(通称「ハイレベル・パネル報告書」)」(2004年)[52]、「より大きな自由を求めて」と題する国連事務総長報告書(2005年)[53]でも議論された後、最終的にはミレニアム・サミットの「成果文書」(2005年)[54]での決定による国連平和構築委員会(UN Peacebuilding Commission)の設置につながることになる。この平和構築委員会は総会と安保理のそれぞれの決議により設置されるという特殊な来歴を有するが[55]、それは、国連の機構改革の一側面を示すとともに、平和構築における安保理の役割の重要性を認めたことを意味するものであった。同委員会の任務は政策決定ではなく、これら総会や安保理、その他既存の機関に対する助言を与える機関として位置づけられており、それ自体は画期的なことではない。むしろその意義は、平和維持活動との連動性や連続性を有する平和構築活動に対しても、国際の平和と安全に対する主要な責任を有するという理由で、安保理が大きな影響力を与えることが正式に認められたということであろう[56]。「脅威」に対処しこれを除去する実働的な役割を本来担い、その限りで時限的な活動を主とするはずの安保理が平和構築委員会を通じて平和構築の分野については恒常的に関与しうることも可能となったからである。「平和」概念の拡大・深化とそれに対応する安保理の活動範囲の多角化は、こうして機構改革の枠組みのなかで制度化されることになった。

　こうした平和構築と密接な関係を有する平和維持の活動については、武装解除などのようなより「強力な」任務が付与され、それを実効的に実施する手段—主に憲章第7章に基づき許可された武力行使—を携えた「強化された」PKOの出現が注目されることは既に述べたとおりである。この「強化された」PKOの特徴は以下のようにとらえられる。第1に、紛争当事者間の和平合意や停戦合意でPKOの導入が図られる際に、その後の和平交渉の内容やスケジュールも当該合意で規定されることで和平プロセスにおけるPKOの位置づけが相対的に明確化されているということがある。たとえば、紛争が終焉しつつある中で社会の安定を確保するためには紛争に従事していた戦闘員の処遇が最も重要な課題の一つとなるが、そのためには、これら戦闘員を武装解除し、指揮命令系統から離脱させて動員解除を行い、非戦闘員として社会に復帰して再統合されるプログラム(DDR)の実施が必須となり、こうしたプログラムをタイムテーブルどおりに実施するための支援を行うことなどがPKOに求められることになる。このようなPKOの任務や活動スケジュールが紛争

当事者間の合意で明示されることで、PKOの任務が事態の推移とともになし崩し的に拡大することを回避するとともに、PKOの任務と展開状況を紛争当事者が同意し、これを遵守することになる実体的基盤を提供することを目指すのである。第2に、事前の合意で紛争当事者が憲章第7章に基づく武力行使を許可されたPKOの現地展開に同意するという点も重要である。PKOと憲章第7章の結合は実践面では自衛を超える武力行使を可能とし、これ自体は紛争当事者の意思とは無関係に法的根拠をPKOに付与することになるが、他方で、そうした自衛を超える武力行使を許可されたPKOの展開が和平合意等で規定されることになれば、そのようなPKOの能力を紛争当事者が事前に一般的に承認するということを意味するからである。この一般的承認は、後述するように、「強化された」PKOにおける活動原則の適用を考える際にきわめて重要である。その他、和平合意や停戦合意違反の検証が当該合意の中で制度化され、武力行使の判断に恣意性を持ち込ませないような工夫がなされ、現場において多国籍軍や地域的機関の軍と密接な協力関係が構築されることなども、「強化された」PKOの特徴である[57]。

　この「強化された」PKOの実践的特徴は、90年代前半において批判に晒されたPKOの平和強制との結合現象についての教訓を生かしたものであった。和平合意を通じて紛争当事者のPKOに対する同意を確保しながら、任務遂行に際しては厳格な態度をもってこれに臨むという活動の性質がそこに表れている。「強化された」PKOは、「平和」ないし「平和に対する脅威」概念の拡大と深化を経て、それに伴い国連平和維持機能の新たな展開が模索されたことから、国連PKOもまたそうした平和維持機能の枠内で他の活動との有機的な連関をあらためて再構築した成果であった。この有機的な連関がお互いに不可分の関係を生み出したという意味では、「ブラヒミ・レポート」で主張された平和活動におけるPKOの位置づけの試みが「強化された」PKOの実行を通じて実践で生かされたということがいえよう。しかし、PKOが憲章第7章と結合する必要性自体は「ブラヒミ・レポート」では明言されていなかった。実践で先行し、90年代前半には失敗に終わったこのPKOと憲章第7章の結合は、なお理論的な説明を必要としていたのである。そしてこの活動を国連自身はどのように評価していたのであろうか。

2 国連による多機能型平和維持活動の評価と課題

(1) 平和維持活動の中核的な任務と安保理の影響

　国連PKO局は、2008年3月、過去60年のPKOの活動を振り返り、現代の国連PKOの性質、射程範囲、そして中核となる任務を定義することにより今後の活動の指針とすることを目的として、「国連平和維持活動：原則と指針」(通称「キャップストーン・ドクトリン」)という文書を公表した[58]。その内容は、政策立案に携わる国連PKO局と、現地で実際にPKOを実施する現地支援局とが協力して作成したもので、その内容はPKOの現地派遣決定のための評価や派遣・活動計画の策定、展開初動の方法、活動の管理・運営、活動に対する支援のあり方、そして撤収のタイミングなどに及ぶが、ここでは「キャップストーン・ドクトリン」が想定する国連PKOの役割とそれに対する安保理の影響を特に確認しておくことにしたい。

　この文書では、国連その他のアクターが国際の平和と安全を維持するために行う活動として、紛争予防(conflict prevention)、平和創造(peacemaking)、平和維持(peacekeeping)、平和強制(peace enforcement)、平和構築(peacebuilding)の五つの活動が取り上げられている。この中で平和維持については、この間のPKOの発展において、国家間紛争での停戦監視や兵力引き離しから、持続可能な平和の創設に寄与する様々な要素を持ち合わせた複合的なモデルへと展開していると指摘し、国連PKOは原則として停戦合意や和平合意の履行を支援するために展開されるものだが、他方で、外交的手段による紛争の解決という平和創造に向けて積極的な役割を演じることもあれば、持続可能な平和に必要な諸条件を作り出す平和構築活動の初期段階にも関与しうるとして、隣接する活動との密接な関連性を強調している。しかし「キャップストーン・ドクトリン」は同時に、自己や任務の防衛を目的として、安保理の許可の下、戦術レベルでの武力行使も可能であると述べ、これを「強化された(robust)」平和維持と呼ぶとともに、その特徴を領域当局および／または主要な紛争当事者の同意を得て戦術レベルでの武力行使を行う点で、憲章第2条4項で禁止されているような戦略的国際的レベルでの武力行使を行う平和強制とは異なるとも指摘する[59]。この文書でも自覚されているように、両者の区別は必ずしも常に明確なわけではないが、平和維持と平和強制の区別を理論的に維持していることは留意しておいてよいであろう。むしろ問題は、後述するよう

に、そうした武力行使の強化がPKOの活動原則にいかなる影響を及ぼしうるかということである。

またPKOの具体的な任務内容について「キャップストーン・ドクトリン」は、伝統的PKOが担ってきた停戦監視を中心とした役割から、冷戦後は「多角的な」役割を有するPKOが登場し、包括的和平合意の実施を支援するために軍事・警察・民生の各部門を含めた混成部隊として内戦直後の非常に危険な状況で展開することが増えてきたと分析する。そして多機能化したPKOの活動は持続可能な平和に移行できるよう国家を支援することを目的とし、その機能の中核は、a)法の支配と人権を尊重しながら安定した環境をつくり国家の治安能力を強化させること、b)対話と和解を促進させ、正統で実効的な統治制度の確立を支援することにより政治プロセスを円滑に進めること、c)国連やその他の機関の要員すべてがその活動を遂行できるような枠組みを提供することにあるということ、をそれぞれあらためて確認した。多角的なPKOは、紛争後の治安と秩序の空白を埋めるべく展開し、和平プロセスの保証と、人道および開発関係の関連要員による安全な環境の下での活動の確保において不可欠な役割を演じている。それとともに最近の紛争では、一般の市民が難民や避難民として内戦で被害の甘受を余儀なくされていることから、多くのPKOは、こうした「物理的脅威の急迫した脅威の下にある文民を保護」[60]することも安保理により任務の一つとして与えられているのが現状であるという。こうしたPKOの任務の展開には、地域紛争に対する安保理の姿勢が変化し、その封じ込めと平和的解決の促進に向けて積極的に取り組もうとする動きが背景にあることが指摘されている[61]。

このように多機能型の国連PKOの性格付けは、安保理が当該PKOに付与する任務の拡大と連動していると理解されているが、他方で「キャップストーン・ドクトリン」は、安保理の分野横断的なテーマ別決議の採択にも注目し、国連PKOへのその適用も重視している。これは、先に述べたように、最近の安保理が決議実施の実働機関としてだけ機能するのではなく、安全保障上の環境整備を考慮して規範的な作業を行っていることに対して、現場にあたる国連PKOもこれに応じることが必要と考えられていることの証左である。具体的には、「女性、平和と安全」、「児童と武力紛争」、「武力紛争時における文民の保護」といったテーマに関する安保理決議がそれぞれ掲げられており、これらが国連PKOの活動の基礎を構成し、その制約要因になることも示唆して

いる[62]。

　従って、安保理の任務権限の拡大は、機能面では国連PKOそのものが貢献する平和の維持・回復のための任務の伸張に通じているとともに、規範面では主として人権・人道規範の遵守という法の支配の下に国連PKOの行動を制約する結果をもたらしていることがこの「キャップストーン・ドクトリン」での記述から読み取ることができるのである。

(2) 憲章第7章との新たな関係と活動原則の再構成の必要性

　「キャップストーン・ドクトリン」ではまた、当事者の同意（同意原則）、公平性（公平原則）、自衛および任務遂行のための妨害排除以外の目的の武力行使の禁止（自衛原則）という三つの伝統的な活動原則が、引き続き今日のPKOにも適用されるという。

　たとえば同意原則について、主要な紛争当事者の同意はPKOに対して任務遂行に必要な行動の自由を付与するためのものであり、それがなければPKO自身が紛争当事者となり、平和維持の役割から離れて強制行動へと変質してしまうことになると指摘しており、この点では伝統的PKOでの同意原則に対する考えと変わりがない。しかし注目されるのは、PKOへの展開に対する紛争当事者の同意が必ずしも地方の現場における関係者の同意を保証することを意味しないと認識されている点である[63]。とりわけ最近の紛争では当事者が組織内部で分裂していたり、末端まで指示が及ぶような指揮命令系統が不十分であったりすることから、こうした認識は内戦を主たる対象とする最近のPKOの展開の現実の一面を表しているといえよう。同意原則には、別稿で指摘したように、理論的には、PKOの展開という領域的性格の活動に対して付与される同意と、PKOの任務内容に着目してその機能に対して認められる同意の側面があり、現実の任務遂行の観点からは後者の側面もきわめて重要となる。任務を実効的に実施する手段がそこでは求められるが、紛争当事者による全般的な同意のみで任務の実効的実施に十分かどうかが問題となるからである[64]。

　このことを物語るかのように、いわゆる自衛原則では武力行使の強化とともに、紛争当事者の同意も強調されている。「キャップストーン・ドクトリン」では、政治プロセスの妨害の抑止、急迫した物理的攻撃の脅威の下にある文民の保護、さらに法と秩序を維持する国内当局の支援を目的として必要なあ

らゆる措置を使用することが許可された「強化された」PKOは、治安状況の改善と長期的な平和構築への環境整備に貢献していると肯定的に評価がなされた上で、安保理の許可と紛争当事者の同意を得て戦術的なレベルで武力行使を行うものと規定し、紛争当事者の同意を要せず戦略的または国際的なレベルで武力行使を行う平和強制とは異なるものと位置づけられている[65]。紛争当事者の指揮命令系統の末端における現場での合意実施について武力行使が行われる場合でも、これを平和強制とはみなさず、あくまで平和維持の文脈での活動とするのであり、主要な紛争当事者と紛争現場の関係者とを区別した先の同意原則の意義がこれと対応することになる。

ただし、「キャップストーン・ドクトリン」では憲章第7章に基づく活動が平和強制とみなされ、「強化された」PKOは安保理の許可を得た活動と認識されているが、これは現状を正しく理解したものとはいえない。「強化された」PKOでの安保理の許可は、実行上、そのほとんどにおいて憲章第7章に基づく措置の許可を意味しているのであり、平和強制＝憲章第7章と「強化された」PKO＝安保理の許可という図式での対比は不正確だからである[66]。この点に関する現実の実行から抽出される特徴で強調されるべきは、むしろ、憲章第7章に基づく措置としての武力行使が限定された目的達成のため戦術的レベルで可能となるように紛争当事者がその措置の実施にあらかじめ一般的に同意しているという事実である。こうした武力行使の可能性に対する紛争当事者の事前の同意こそが、憲章第7章に基づく行動が認められた「強化された」PKOを平和維持の範疇にとどまらせておくことを可能とする概念装置の役割を果たすことになるからである[67]。和平プロセス全体を視野に入れて戦略的レベルでこのような憲章第7章下での武力行使可能性への同意が事前に与えられていれば、和平合意を現実に実施する現場の戦術的レベルにおいて小規模な武力衝突があったとしても、それに武力で対処することは依然として平和維持の一環としてとらえられるのである。

そして、こうしたPKOの任務の実効的実施を可能とするような活動原則の再規定は公平原則の場合にも妥当する。「キャップストーン・ドクトリン」によれば、PKOはいずれかの紛争当事者に有利・不利になるように任務を実施してはならず、こうした公平性は主要当事者の同意と協力を確保するために重要であるとされていることから、従来の公平原則との連続性は確認できる。しかし他方でこの「ドクトリン」は、この公平性は中立性や不作為性と混同さ

れてはならないのであって、その任務遂行に際しては中立であるべきではないと強調する[68]。すなわち、紛争当事者を等しく遇するということは、和平プロセスの実施に明確に反するような紛争当事者の行動に直面した場合に、その不作為を正当化する口実とはなりえず、和平合意違反に対してはこれを決して容認すべきではないという。伝統的な公平原則が消極的な政治的不介入を意味する中立性を中心に構成されていたのに対して、ここでは和平合意の遵守を基準とした任務実施における紛争当事者の平等待遇という公平性に力点があることがはっきり見て取ることができるのである[69]。

従って、以上の概観からすると、「キャップストーン・ドクトリン」では国連PKOが憲章第7章に基づく行動が認められているという現実を直視してこれを「強化された」PKOとみなしている点では積極的に評価することができる。しかし、他方で、それが従来の活動原則にどのような影響を及ぼし、これをいかに実践的に適用するかについてはまだ不明確なところがあるといわなければならない。公平原則についてはその性格規定を比較的明瞭に行っているが、その他の原則も含めて、平和構築や平和創造活動との連携の上で行われる「強化された」PKOへの適用とその実践上の困難についてはなお実行の集積を待たなければならないであろうし、憲章第7章に基づく行動の援用を契機として[70]、これら原則がどのような関係に再構成されるか、その相互作用についても理論的に検討を深めていく必要がある[71]。

IV おわりに

これまでみてきたように、冷戦後の国連PKOの任務の拡大・多角化は、安保理が地域紛争の解決に積極的に取り組み始めたことと連動している。安保理のそうした積極的姿勢は「平和」あるいは「平和に対する脅威」の解釈を通じて具体化されてきたのであり、その背景には冷戦後に国際社会全体が法の支配や人権保護といった観念を共有するようになったことがある。このことは、PKOの役割の拡大・多角化、そして紛争の政治的解決への関与の深化をもたらしたが、他方において、PKOの活動そのものに対しても規律要因としての意義を有していることに注目する必要がある。それは、安保理の機能の拡大と多様化に対する法的統制の必要性とパラレルとなっているといってもいいであろう。

IV おわりに

　国連の一機関であるPKOは国連憲章を中心とした規則に従った活動を行わなければならないし、軍事活動に携わる限りは、場合によっては国際人道法など一般国際法上の規則の遵守も求められることはこれまでも指摘されてきた[72]。しかしそればかりでなく、とりわけ冷戦後は、平和維持が平和構築と不可分な関係におかれるような活動を担うことが多くなったことで、そうした平和構築事業を通じてPKOが人権保護や人道的活動支援の充実、法の支配の徹底に寄与することが要請される一方、PKOの活動自体も人権規範の遵守に気をつけて取り組まなければならない状況が増えてきたのである。PKO部隊による展開地域住民に対する性的虐待の問題のほか[73]、特に領域統治とのかかわりで住民の権利・人権侵害問題[74]が新たに登場してきたのはその例であろう。

　国連PKOがこうした一般国際法規則を遵守しなければならないのは、当然のことながら、それ自体も国際平面で活動する行為体の一つであり、国際法規則の適用対象となるからであるが、こうした国際法規則を遵守しなければ国連PKO自身の正統性を否定することにつながりかねず、結果として、関係当事者の同意に基づき現地で活動することも不可能になる危険があるという側面も見逃してはならない。こうした国連PKOの活動そのものに対する国際法規則の適用と規律がPKOに対する内的制約の論理として機能し、また逆に、その遵守がPKOの活動の正統性を強化して当該活動の実効性を確保することにつながるのである。そして、そのように国連PKOに認められた正統性が、国際社会の集合的意思の代表性とともに、紛争当事者に対する当該PKOの影響力を作り出していることは言うまでもない[75]。

　こうした多角化し深化した任務を担う「強化された」PKOが実効性を有するために、任務遂行手段の強化が図られたことはすでにみたとおりであるが、その他にも、任務内容の明確性、任務遂行能力の向上、迅速な対応を可能とする待機制度の必要性など様々な方策がこれからの国連PKOの課題として指摘されてきた[76]。なかでも、最近特に注目されるのは、憲章第7章に基づく行動を許可された多国籍軍と地域的機関、なかでも西アフリカ諸国経済共同体(ECOWAS)や欧州連合(EU)、あるいはアフリカ連合(AU)による軍事活動とPKOとの関係である。シエラレオネ、リベリア、コンゴ民主共和国、ソマリア、スーダン等での国連と地域的機関の連携関係をみれば明らかなように[77]、限られた資源や公共財をいかに効率よく迅速に利用して平和維持や平

和構築といった事業に投入するかという視点からは、国連PKOとこれら地域的機関の間の協力関係についてこれを推進していくことは不可避であろう[78]。それは国連平和活動における国連以外の行為体の参加の位置づけという実践的機能的な側面のみならず、活動範囲を拡大させてきた国連そして安保理と、紛争に関係する各地域的機関との関係をあらためて整理・検討しなおす必要性を投影しているともいえる[79]。これもまた、冷戦後の安保理の機能拡大により引き起こされた国連PKOの課題を示しているのである。

【注】

1 なお、UNEF設置される前の国連PKOとしては、国連インド・パキスタン軍事監視団 (UNMOGIP) と国連停戦監視機関 (UNTSO) がある。UNEFの実行とともに、その設立・活動に関する詳細な研究報告書としてハマーショルド国連事務総長により1958年10月に公表された「UNEFの設置および活動に基づく経験の研究摘要」もPKOの活動原則の明確化に大きく貢献した。UNEFとこの「研究摘要」について、香西茂『国連の平和維持活動』(有斐閣、1991年) 68-85頁参照。

2 拙稿「国連平和維持活動の今日的展開と原則の動揺」『国際法外交雑誌』第94巻5・6合併号 (1996年) 93-94頁。

3 石本泰雄「国連憲章千姿万態」『国際法外交雑誌』第94巻5・6合併号 (1996年) 29-30頁。国連PKOの法的根拠の大捜索の例として、see, A.Orakhelashvili, "The Legal Basis of the United Nations Peace-Keeping Operations", *Va.J.Intl L.*, vol.43 (2003), pp.485-524.

4 UNEF以降1980年代までの間に安保理が設置した国連PKOは、レバノン国連監視団 (UNOGIL)、コンゴ国連軍 (ONUC)、イエメン国連監視団 (UNYOM)、国連キプロス平和維持軍 (UNFICYP)、国連インド・パキスタン監視団 (UNIPOM)、第2次国連緊急軍 (UNEF II)、国連兵力引離し軍 (UNDOF)、国連レバノン暫定軍 (UNIFIL)、国連イラン・イラク軍事監視団 (UNIMOG)、国連アンゴラ検証団 (UNAVEM)、国連ナミビア独立以降支援グループ (UNTAG)、国連中米監視団 (ONUCA) であり、これに対して総会が設置したPKOは西イリアン国連保安隊 (UNSF) のみである。

5 冷戦後の憲章第7章に基づく措置に関する包括的研究については、さしあたり、see, D.Sarooshi, *The United Nations and the Development of Collective Security. The Delegation by the UN Security Council of its Chapter VII Powers* (O.U.P., 1999); E.de Wet, *The Chapter VII Power of the United Nations Security Council* (Hart Publishing, 2004); N.Thomé, *Les pouvoirs du Conseil de sécurité au regard de la pratique récente du Chapitre VII de la Charte des Nations Unies* (Press Universitaires d'Aix-Marseille, 2006).

6 1948年以降、国連PKOは全部で63の事例に及ぶが、1990年以降に設置されたものは2008年8月現在でそのうち44に上る。http://www.un.org/Depts/dpko/dpko/pastops.shtml (last visited on 5 September, 2008)

7 *An Agenda for Peace. Preventive Diplomacy, Peacemaking and Peace-keeping. Report of the Secretary-General pursuant to the Statement adopted by the Summit Meeting of the Security Council on 31 January 1992.* U.N.Doc.A/47/277-S/24111.

注 *121*

8 Supplement to An Agenda for Peace. Position Paper of the Secretary-General on the Occasion of the Fiftieth Anniversary of the United Nations. U.N.Doc.A/50/60-S/1995/1.
9 Report of the Panel on the United Nations Peace Operations. U.N.Doc.A/55/305-S/2000/809.
10 United Nations. Department of Peacekeeping Operations. Department of Field Support, *United Nation Peacekeeping Operations. Principles and Guidelines*. http://pbpu.unlb.org/pbps/Library/Capstone_Doctrine_ENG.pdf(last visited on August 30, 2008).
11 K. Manusama, *The United Nations Security Council in the Post-Cold War Era. Applying the Principle of Legality*(Martinus Nijhoff Publishers, 2006), pp.1-3.
12 Note by the President of the Security Council, U.N.Doc.S/23500.
13 J.-M.Sorel, "L'élargissement de la notion menace contre la paix", *dans* S.F.D.I.(éd.), *Colloque de Rennes. Le Chapitre VII de la Charte des Nations Unies*(Editions A.Pedone, 1995), pp.3-57; I.Österdahl, *Threat to the Peace. The Interpretation by the Security Council of Article of the UN Charter*(Iustus Förlag, 1998); A.Schäfer, *Der Begriff der "Bedrohung des Friedens" in Artikel 39 der Charta der Vereinten Nationen. Die Praxis des Sicherheitsrates*(Peter Lang, 2005).
14 拙稿「国連憲章第三九条の機能と安全保障理事会の役割—「平和に対する脅威」概念の拡大とその影響—」山手治之・香西茂編集代表『21世紀国際社会における人権と平和：国際法の新しい発展をめざして 下巻 現代国際法における人権と平和の保障』(東信堂、2003年)246-247頁参照。
15 佐藤哲夫「国際連合憲章第七章に基づく安全保障理事会の活動の正当性」『法学研究(一橋大学研究年報)』第34号(2000年)214-216頁。
16 香西茂「国際連合の紛争処理機能の動向」『国際問題』第390号(1992年)6-10頁。
17 拙稿「国連平和維持活動の今日的展開と原則の動揺」95-96頁。
18 香西茂「国連と世界平和の維持—五〇年の変遷と課題」『国際問題』第428号(1995年)28頁。
19 R.Khan, "United Nations Peace-keeping in Internal Conflicts", *Max Planck UNYB*, vol.4(2000), pp.543-581.
20 コンゴ内戦とONUCの活動に関する全般的な考察について、see, G.Abi-Saab, *The United Nations Operations in the Congo 1960-1964*(O.U.P., 1978).
21 I.Pogany, "The Evolution of United Nations Peacekeeping Operations", *B.Y.I.L.*, vol.LVII (1986), pp.359-363.
22 W.J.Durch, "UN Temporary Executive Authority", *in idem*(ed.), *The Evolution of UN Peacekeeping. Case Studies and Comparative Analysis*(St.Martin's Press, 1993), pp.285-298.
23 *An Agenda for Peace*, paras.20, 44, 66-68.
24 D.Malone, *Decision-Making in the UN Security Council: The Case of Haiti, 1990-97*(O.U.P., 1998), p.9.
25 その意味でUNOSOM IIは国連で初めての「平和強制(peace enforcement)」活動が実現したとも評されている。J.-M.Sorel, "La Somalie et les Nations Unies", *A.F.D.I.*, tome XXXVIII (1992), p.84; R.Ramlogan, "Towards a New Vision of World Security: The United Nations Security Council and the Lessons of Somalia", *Hous.J.I.L.*, vol.16(1993), p.251; M.Bettati, "L'usage de la force par l'ONU", *Pouvoirs*, no.109(2004), p.113.
26 M.Berdal, "Bosnia", *in* D.M.Malone(ed.), *The UN Security Council. From the Cold War to the 21st Century*(Lynne Rienner Publishers, 2004), pp.459-463. *Voir aussi*, E.Lagrange, *Les opérations de maintien de la paix et le Chapitre VII de la Charte des Nations Unies*(Montchrestien, 1999), pp.110-122.
27 R.Houzel, *Rwanda*(*1993-1997*). *MINUAR I, Opération Turquoise, MINUAR II* (Montchrestien,

1997), pp.78-82.
28 たとえばUNOSOM IIの問題点に関する議論について、松田竹男「ソマリアの教訓」桐山孝信・杉島正秋・船尾章子編『石本泰雄先生古希記念論文集 転換期国際法の構造と機能』(国際書院、2000年) 423-457頁参照。
29 D.A.Leurdijk, "Is Collective Security through the UN still Feasible?" *The Finnish Y.I.L.*, vol.IX (1998), p.49.
30 K.E.Fox, "Beyond Self-Defense: United Nations Peacekeeping Operations & the Use of Force", *Denv.J.Int'l & Pol'y*, vol.27 (1999), p.254.
31 拙稿「国連平和維持活動における自衛原則の再検討―国連保護軍（UNPROFOR）の武力行使容認決議を手がかりとして―」『国際協力論集』（神戸大学）第3巻2号（1995年）64-73頁参照。
32 D.Brown, "The Role of the United Nations in Peacekeeping and Truce-Monitoring: What are the Applicable Norms", *R.B.D.I.*, tome 27 (1994), pp.590-591; T.Findlay, *Cambodia–The Legacy and Lessons of UNTAC* (O.U.P., 1995), p.134.
33 M.Berdal, "The Security Council and Peacekeeping", in V.Lowe, A.Roberts, J.Welsh & D.Zaum (eds.), *The United Nations Security Council and War. The Evolution of Thought and Practice since 1945* (O.U.P., 2008), p.203.
34 P.F.Diehl, *International Reacekeeping* (The Johns Hopkins U.P., 1993), pp.77-79.
35 90年代前半における国連PKOの活動原則の適用状況については、拙稿「国連平和維持活動の今日的展開と原則の動揺」97-106頁参照。
36 *Supplement to An Agenda for Peace*, paras.33-46.
37 IFORやSFORの活動も含めたデイトン合意以後のボスニア・ヘルツェゴヴィナの状況の考察について、see, E.Cousens & D.Harland, "Post-Dayton Bosnia and Herzegovina", in W.J.Durch (ed.), *Twenty-First-Century Peace Operations* (United States Institute of Peace, 2006), pp.49-140.
38 人道目的や治安目的での多国籍軍型軍事活動については、90年代前半にもソマリアやルワンダ、ハイチなどでも確認できるが、その後、90年代後半にはアルバニア、中央アフリカ共和国、コソヴォ、シエラレオネ、東ティモールなどでも多国籍軍や地域的機関軍がそうした任務を担って展開する自衛が見受けられるようになっていく。拙稿「アルバニア多国籍保護軍について」『国際協力論集』（神戸大学）第8巻1号（2000年）104-105頁参照。なお、こうした多国籍軍型軍事活動の機能やその法的根拠等については、山下光「国連平和維持活動と「多国籍軍」―SHIRBRIGの経験とその意味合い―」『防衛研究所紀要』第10巻2号（2007年）1-26頁、山本慎一「国連安保理による「授権」行為の憲章上の位置づけに関する一考察―多機能化する多国籍軍型軍事活動を例として―」『外務省調査月報』2007年度／No.2、31-52頁参照。
39 浅田正彦「国連安保理の司法的・立法的機能とその正当性」『国際問題』第570号（2008年）18-23頁参照。
40 安保理の「規範的」活動に関する包括的研究については、voir, C.Denis, *Le pouvoir normative du Conseil de sécurité des Nations Unies: Portée et limites* (Editions Bruylant, 2004).
41 H.Yamashita, "Reading "Threat to International Peace and Security," 1946-2005", *Diplomacy and Statecraft*, vol.18 (2007), pp.564-566.
42 このため、PKOという伝統的な表現が捨て去られ、その中味が大きく変質したことを表すものという評価（R.Ben Achour, "Des opérations de mantien de la paix aux opérations d'imposition et de consolidation de la paix", dans SFDI (éd.), *Les métamorphoses de la sécurité collective. Droit, pratique et enjeux stratégiques* (Edition A.Pedone, 2005), p.130.) もあれば、軍

事力が強化されたPKOの武力行使の合法性・違法性の区別を故意に不明確にしているという批判(A.Peyró Llopis, "Le système de sécurité collective entre anarchie et fiction: Observations sur la pratique récente", *dans Droit du pouvoir, Pouvoir du droit. Mélanges offerts à Jean Salmon* (Bruylant, 2007), pp.1405-1406.)もある。

43　*Report of the Panel on United Nations Peace Operations*, paras.10-14, 29-55.
44　この点も含めて、「ブラヒミ・レポート」における平和構築活動の位置づけについては、篠田英朗『平和構築と法の支配 国際平和活動の理論的・機能的分析』(創文社、2003年) 12-16頁参照。
45　*Report of the Panel on United Nations Peace Operations*, para.28. 平和維持とその出口戦略としての平和構築は統合的に理解されなければならないという点については、その後、国連事務総長や安保理も同様の見解を示している。U.N.Doc.S/2001/394; U.N.Doc.S/2001/905. この点については、拙稿「国連平和維持活動(PKO)における部隊提供国の役割―国連エチオピア・エリトリアミッションへのオランダ参加問題を手がかりに―」『外務省調査月報』2002年度／No.3、66-70頁参照。
46　*Report of the Panel on United Nations Peace Operations*, paras.48-51.
47　ルワンダでのジェノサイドの発生と国連の不作為、スレブレニツァの悲劇に際しての国連保護軍の問題に関する詳細な報告書については、*see, Report of the Independent Inquiry into the Actions of the United Nations during the 1994 Genocide in Rwanda*, U.N.Doc. S/1999/1257, Enclosure. *The Fall of Srebrenica*, U.N.Doc.A/54/549.
48　C.Gray, "Peacekeeping After the *Brahimi Report*: Is There a Crisis of Credibility for the UN ?" *Journal of Conflict and Security Law*, vol.6(2001), p.270.
49　「ブラヒミ・レポート」では憲章非第7章の活動のみを対象としたこともあり、憲章第7章と結合したPKOをどのように位置づけるかについては必ずしも明確ではない。*See*, N.D.White, "Commentary on the Report of the Panel on United Nations Peace Operations(the Brahimi Report)", *Journal of Conflict and Security Law*, vol.6(2001), p.135.
50　拙稿「国連憲章第七章に基づく暫定統治機構の展開―UNTAES・UNMIK・UNTAET―」『神戸法学雑誌』第50巻2号(2000年)81-148頁。
51　冷戦期には西イリアンに展開したUNTEAも国連PKOによる領域統治の一例である。その他、国連による領域管理の検討について、植木俊哉「国連による領域管理機能とその現代的展開」『法学教室』第161号(1994年)16-21頁、山田哲也「国際機構による領域管理と法」『国際法外交雑誌』第104巻1号(2005年)49-73頁、参照。
52　*A More Secure World: Our Shared Responsibility. Report of the Secretary-General's High-level Panel on Threats, Challenges and Change*. U.N.Doc.A/59/565.
53　*In Larger Freedom: Towards Development, Security and Human Rights for All. Report of the Secretary-General*, U.N.Doc.A/59/2005.
54　*2005 World Summit Outcome*. U.N.Doc.A/RES/60/1, paras.97-105.
55　U.N.Doc.A/RES/60/180; U.N.Doc.S/RES/1645(2005).
56　国連平和構築委員会の設置とその機能・意義については、篠田英朗「国連平和構築委員会の設立―新しい国際社会象をめぐる葛藤―」『国際法外交雑誌』第105巻4号(2007年) 68-93頁参照。具体的な活動とその検討については、山内麻里「国連における平和構築支援の潮流―平和構築委員会の課題と展望」日本国際連合学会編『国連研究第8号 平和構築と国連』(国際書院、2007年)115-143頁参照。
57　こうした「強化された」PKOの例として、国連シエラレオネミッション(UNAMSIL)、国連東ティモール暫定統治機構(UNTAET)、国連コンゴ民主共和国ミッション(MONUC)、国連東ティモール支援ミッション(UNMISET)、国連リベリアミッション(UNMIL)、国

連コートジボワール活動(UNOCI)、国連ハイチ安定化ミッション(MINUSTAH)、国連ブルンジ活動(ONUB)、国連スーダンミッション(UNMIS)、国連・アフリカ連合ダルフール合同ミッション(UNAMID)、国連中央アフリカ・チャドミッション(MINURCAT)がある。拙稿「国連平和維持活動(PKO)の新たな展開と日本」『国際法外交雑誌』第105巻2号(2006年)19-20頁参照。

58 United Nations. Department of Peacekeeping Operations. Department of Field Support, *United Nation Peacekeeping Operations. Principles and Guidelines*. http://pbpu.unlb.org/pbps/Library/Capstone_Doctrine_ENG.pdf(last visited on August 30, 2008).
59 *Ibid.*, pp.18-19.
60 この定式が使用されている例として、MONUC、UNOCI、ONUB、UNMISなどがある。拙稿「スーダン南北和平と国連平和維持活動—国連スーダンミッション(UNMIS)の意義—」『法学論叢』第162巻1〜6号(2008年)190-191頁参照。
61 *United Nations Peacekeeping Operations. Principles and Guidelines*, pp.21-24.
62 *Ibid.*, p.16. もちろんこうした決議には法的拘束力はないものの、安保理の政策の表明として、法の生成や実効的実施のための環境を整備する役割は果たしうる。*See*, M.C.Woods, "Comment" *in* R.Wolfrum & V.Röben(eds.), *Developments of International Law in Treaty Making*(Springer, 2005), pp.233-234.
63 *United Nations Peacekeeping Operations. Principles and Guidelines*, pp.31-32.
64 拙稿「国連平和維持活動における同意原則の機能—ポスト冷戦期の事例を中心に—」安藤仁介・中村道・位田隆一編『21世紀の国際機構:課題と展望』(東信堂、2004年)237-278頁参照。
65 *United Nations Peacekeeping Operations. Principles and Guidelines*, pp.34-35. なお、キャップストーン・ドクトリン草案段階での自衛原則にかかる記述に対する批判として、*see*, C.Gray, *International Law and the Use of Force. Third Edition*(O.U.P., 2008), pp.324-325.
66 この点はすでに「ハイレベル・パネル報告書」でも指摘されていた。*A More Secure World: Our Shared Responsibility*, paras.211-213.
67 拙稿「国連平和維持活動と自衛原則—ポスト冷戦期の事例を中心に—」浅田正彦編『安藤仁介先生古稀記念 二一世紀国際法の課題』(有信堂高文社、2006年)364-365頁参照。
68 *United Nations Peacekeeping Operations. Principles and Guidelines*, p.33.
69 拙稿「国連平和維持活動と公平原則—ポスト冷戦期の事例を中心に—」『神戸法学雑誌』第54巻4号(2005年)299-303頁参照。
70 ただし、現実の実行では、憲章第7章に基づく行動が国連PKOに認められるかどうかは多分に政治的な配慮に規定されているところも大きい。たとえば最近では、憲章第7章に基づく行動は許可されていないものの、「強力な」任務を付与されることになった例として国連レバノン暫定軍(UNIFIL)がある。N.Ronzitti, "The 2006 Conflict in Lebanon and International Law", *The Italian Y.I.L.*, vol.XVI(2006), p.16. 2006年に、レバノン南部で活動するヒズボラを掃討するためにイスラエルが国境を超えて戦闘を開始しその軍事作戦は約1カ月にわたったが(こうしたイスラエルの行動が自衛権として正当化できるかどうかについては議論の余地がある。*Voir*, B.Aurescu, "Le conflit libanais de 2006. Une analyse juridique à la lumière de tendances contemporaines en matière de recours à la force", *A.F.D.I.*, tome LII(2006), pp.137-159; F.Dubuisson, "La guerre du Liban de l'été 2006 et le droit de la légitime defense", *R.B.D.I.*, tome XXXIX(2006), pp.529-564; E.Cannizzaro, "Entites non-étatiques et régime international de l'emploi de la force. Une étude sur le cas de la réaction israélienne au Liban", *R.G.D.I.P.*, tome 111(2007), pp.333-354.)、その戦闘終了直前に採択された安保理決議1701では同地に1973年から展開していたUNIFILの強化が認められた。同

決議はレバノンへの武器禁輸を規定する一方、UNIFILに対して停戦監視のほか、レバノン軍駐留支援や人道的活動支援を任務とすることが求められるとともに、展開地域が敵対活動に利用されないよう確保するために必要なあらゆる行動を許可したが、ここでは「平和に対する脅威」は認定されてはいるものの、憲章第7章に基づく行動への言及はない。米国とイスラエルは憲章第7章に基づく強力な国際軍の展開を望んだとされるのに対して (H.Nasu, "The Responsibility to React? Lessons from the Security Council's Response to the Southern Lebanon Crisis of 2006", *International Peacekeeping*, vol.14(2007), p.347.)、現実には、これに反対するレバノン政府との間で、すでに展開するUNIFILの強化により妥協が図られたと考えられている。K.P.Coleman, *International Organisations and Peace Enforcement. The Politics of International Legitimacy* (Cambridge U.P., 2007), pp.314-316.

71 そうした作業の例として、see, N.Tsagourias, "Consent, Neutrality/Impartiality and the Use of Force in Peacekeeping: Their Constitutional Dimension", *Journal of Conflict & Security Law*, vol.11(2006), pp.465-482.

72 たとえば国連平和維持軍に対する国際人道法の適用問題については、森田章夫「国連部隊の活動に対する武力紛争法適用問題－法的現状と課題」村瀬信也・真山全編『武力紛争の国際法』(東信堂、2004年) 188-212頁参照。

73 See, A.J.Miller, "Legal Aspects of Stopping Sexual Exploitation and Abuse in U.N. Peacekeeping Operations", *Cornell I.L.J.*, vol.39(2006), pp.71-96; A.Shotton, "A Strategy to Address Sexual Exploitation and Abuse by United Nations Peacekeeping Personnel", *Cornell I.L.J.*, vol.39(2006), pp.97-107.

74 その包括的研究として、see, N.D.White & D.Klaasen(eds.), *The UN, Human Rights and Post-Conflict Situations* (Manchester U.P., 2005).

75 *United Nations Peacekeeping Operations. Principles and Guidelines*, p.24.

76 たとえばPKOの待機制度の強化や、緊急展開能力の拡充強化については、「ブラヒミ・レポート」のほか、「ハイレベル・パネル報告書」、「成果文書」でも指摘されていた。*Report of the Panel on the United Nations Peace Operations*, paras.86-91; *A More Secure World: Our Shared Responsibility*, paras.216-219; *2005 World Summit Outcome*, para.92.

77 一例として、最近ではスーダン・ダルフール地域におけるAUスーダンミッション (AMIS)、およびその実質的な後継機関に当たるAU＝国連ダルフールハイブリッド活動 (UNAMID) の展開がある。U.N.Doc.S/RES/1769(2007). See also, A.Abass, "The United Nations, the African Union and the Darfur Crisis: Of Apology and Utopia", *N.I.L.R.*, vol.LIV (2007), pp.415-440.

78 See, *In Larger Freedom: Towards Development, Security and Human Rights for All*, para.215; *2005 World Summit Outcome*, para.93.

79 国連と地域的機関の関係に関する考察として、中村道「国際連合と地域的機構－冷戦後の新たな関係－」安藤・中村・位田編『21世紀の国際機構：課題と展望』43-97頁参照。

第6章 安全保障理事会による刑事裁判所の設置

洪　恵子

Ⅰ　はじめに
Ⅱ　国際刑事法の発展に関する総会と安保理の役割
Ⅲ　安保理決議に基づく裁判所の設立
　1　安保理の補助機関としての刑事裁判所
　2　国際刑事裁判所(International Criminal Court)への付託
　3　暫定統治機構における裁判所(ハイブリッド裁判所)
Ⅳ　関係国との合意に基づく刑事裁判所の設置
　1　シエラ・レオーネ特別裁判所
　2　レバノン特別裁判所
Ⅴ　おわりに

Ⅰ　はじめに

　国連の安全保障理事会(安保理)は国際の平和と安全の維持のために、国連憲章第39条に基づいて、平和に対する脅威、平和の破壊、侵略行為の存在を認定し、それに相応して、第41条に基づく非軍事的強制措置、第42条に基づく軍事的強制措置をとる機関である。したがって立法機能、準立法機能、さらに司法機能が本来の機能ではないことは明らかである。しかし、近年、テロ容疑者を特定の名宛人として制裁を課した決議1267、テロ資金規制に関して関連条約の内容を安保理決議という形で義務づけた決議1373、非国家主体が大量破壊兵器を入手することを阻むための決議1540の採択によって、安保理のいわゆる立法機能・司法機能に関する議論が提起されている[1]。この

議論における立法機能や司法機能の定義は論者によって若干の違いがあるが、総じて次のように理解されうる。すなわち「立法機能」とは「将来における不特定の事態に対する一般的・抽象的な行為規範の設定」[2]であり、司法機能とは「特定の具体的な事態に対して現行国際法を適用することによって、終局的な性格を有する法的拘束力ある決定を行うこと」[3]をいう。このような定義で最近の安保理の機能変化をとらえるとすれば、なおそれに該当するのは上述の諸決議のみと考えられる。しかし、それ以外の諸決議についても、従来の安保理の機能の理解からすれば、即座には安保理の任務であるとは考えにくい活動を行うようになっていることは事実である。安保理による刑事裁判所の設置もそうした活動の一つである。

さて、本章の目的は90年代以降の安保理の刑事裁判所の設置の個々の特徴を検討することによって、刑事裁判所設置に関する安保理の権能とその問題点を明らかにすることである。なお、安保理の立法機能については、設置された刑事裁判所の判例に関して、たとえばユーゴ国際裁判所（International Criminal Tribunal for the former Yugoslavia, ICTY）やルワンダ国際裁判所（International Criminal Tribunal for Rwanda, ICTR）が慣習国際法の名の下に適用している法が伝統的な慣習法の要件に適合しているか、これらの裁判所は実質的に立法を行っているのではないかという問題が指摘できるが、これらの問題は裁判所自身に関する問題点であり、裁判所を設置した安保理の行為とは別個に考えるべきと思われるので、本章ではこうした国際刑事法の実体法の問題は検討しない[4]。

以下、IIではまず国連憲章の枠組みと、安保理の新たな活動を確認したのち、IIIでは安保理の強制措置として設置された裁判所を検討する。その後IVでは関係当事国との合意に基づいて設置された裁判所について検討する。最後にVで、安保理による刑事裁判所の設置の法的課題について考察する。

II 国際刑事法の発展に関する総会と安保理の役割

本章は、国連の主要機関である安保理の刑事裁判所設置をめぐる問題を検討することを目的とするが、まず初めに確認しておくべきことは、本来、国連憲章においては、国際法を発展させることは、総会（とその関連機関）の任務として考えられていたということである（第13条1項a）。これを基盤として、

総会は、国連創設直後から個人の国際法上の刑事責任に関する法の発展に貢献して来た。例えば、1948年には集団殺害犯罪(ジェノサイド)条約が総会において採択されたが、この集団殺害犯罪条約では、平時に行われるか戦時に行われるかを問わず、集団殺害犯罪が国際法上の犯罪であり、個人の責任が問われることを初めて条約で規定した(第1条)。また総会は、第二次世界大戦後に行われた国際軍事裁判所(ニュルンベルグ国際軍事裁判所、極東国際軍事裁判所)に関連して、ニュルンベルグ裁判所憲章とその判決で認められた国際法の諸原則を全会一致で支持し、1947年には国際法委員会(ILC)に対して、その定式化を命じている。ILCにおいては、その後、人類の平和と安全に対して罪の法典化や国際刑事裁判所(Intrnational Criminal Court, ICC)規程の草案作りなども行われ、後者を基礎として国際刑事裁判所規程(ローマ規程)が作成された。刑事裁判所といっても、常設的なそれは、安保理でなく総会の枠組みで検討されてきたのである。また総会とILCの国際刑事裁判所設立のための一連の努力においては、国際刑事裁判所は国連とは別に設立されるものとして(補助機関としてではなく)、構想されてきたことに注意しなければならない[5]。

　このような総会中心に進められてきた国際刑事法の国連における発展の態様は、90年代以降、安保理に関してあらたな展開を見せている[6]。すなわちいわゆるad hoc刑事裁判所の設置という活動である。90年代以降の華々しいとさえ言える安保理の刑事裁判所設置の先駆けとなったのが、1993年に設立されたユーゴ国際裁判所(ICTY)である。安保理は旧ユーゴスラヴィア社会主義連邦共和国の領域内で行われた非人道的な行為に関して、その継続は国際の平和と安全に対する脅威であると認定した上で、1993年、責任ある個人を処罰するための国際的刑事裁判所の設置を国連憲章第7章に基づいて決定した(決議827)。これに引き続いて翌年の1994年にはルワンダについて、集団殺害犯罪やその他の組織的で広範囲且つ重大な国際人道法の違反が行われているという報告があることに重大な懸念を表明して、この状態が国際の平和と安全に対する脅威であると認定した上で、責任のある個人を処罰するための国際裁判所を設立することを憲章第7章に基づいて決定した(決議955)。ルワンダ国際裁判所(ICTR)である。これらICTY, ICTRは、憲章第41条の強制措置として、安保理の補助機関(第29条)として設置された。

　その後も安保理は国際刑事裁判権の設置に関与し続けている。例えば、紛

争後、導入された暫定統治機構の一環として設置された裁判所である東ティモール裁判所(デリ特別裁判所)とコソボ裁判所は、暫定統治機構の設立自体が憲章第7章に基づいており、その枠組みの中で国内法上・国際法上の犯罪を処罰する裁判所の設置が決められている。さらに関係国との合意を基にして、安保理は刑事裁判所の設置を決めている(シエラ・レオーネ特別裁判所、レバノン特別裁判所)[7]。これに対して、総会が刑事裁判所の設置に主要な役割を果たしたのは、カンボジアに関してだけである(カンボジア特別法廷、Extraordinary Chambers in the Courts of Cambodia)。

III 安保理決議に基づく裁判所の設立

1 安保理の補助機関としての刑事裁判所

IIでみたとおり、国連憲章では法の発展は本来総会の任務であるとされ、安保理の任務として個人の刑事責任の追及に関する法や制度の発展の促進というものは想定されていなかった。しかし、今日、安保理が個人を処罰するための刑事裁判所を設置することが国際法上違法だという見解はほとんど見受けられない。むしろ安保理の正当な任務であるとの判断さえなされている。例えば国際司法裁判所は、コンゴの外務大臣に対するベルギーの逮捕状が問題となった事件において、結論としてベルギーによる他国の現職の外務大臣に対する逮捕状の発行は特権免除に違反するとしたが、その一方で、現職又は元外務大臣に対しても、(他国の国内裁判所ではなく)一定の国際刑事裁判所による刑事訴追が可能であるとし、その例として国際刑事裁判所(ICC)と並んで、安保理が設置したICTYやICTRをあげたのである[8]。このことはつまり、国際司法裁判所がICTYやICTRの合法性に疑いを持っていないことを示している。しかし国連憲章には明文で刑事裁判所の設置が安保理の権限として規定されているわけでなく、安保理による刑事裁判所の設置が当初から一貫して合法であると受け入れられていたわけではない。

ところで個人を国際的な刑事裁判所で処罰するという実行は、周知の通り、第二次世界大戦後の国際軍事裁判所でも行われた。これらと比較して、ICTYとICTRの画期的である点は、国連の安全保障理事会の決議によって裁判所の設立が決定されたことであるが、さらに国際的刑事裁判所の法的発展という観点から見る場合に重要な点は、裁判所の設置の合法性という問題が

裁判所において審理の対象となったことにある。国際軍事裁判所では被告人も、被告人の国籍国もそのような権利を持たず、むしろそれは禁止されていた(ニュルンベルグ憲章第3条)ことを考えると、ICTYの合法性に関して正面から司法判断が行われた重要性は大きい[9]。

さて安保理が刑事裁判所を設置したことの合法性について、Tadic事件において、ICTYは管轄権に関する第一審も上訴審も結論として、安保理が憲章第7章に基づいて国内裁判所に優位する国際的刑事裁判所を設置することが違法と言うことはできない、つまり裁判所の設置は国連憲章における安保理の裁量内にあるとして合法性を認定した[10]。すなわち、ICTYは安保理の補助機関(憲章第29条)である、安保理は憲章第39条に基づいて平和に対する脅威、平和の破壊、侵略行為を認定する権限を持つが、旧ユーゴスラビアの事態は平和に対する脅威に該当する、第39条の認定を経て、それに対応する措置を安保理は決定することが出来るが、裁判所の設立は憲章第41条の「武力の使用を含まない措置」を構成し、司法的権限の不適切な移譲や不正使用には当たらない、裁判所の設立は安保理の手段の選択の裁量内である、という[11]。

同様の判断はICTRでも下されている。すなわち安保理は平和に対する脅威の認定に関して広範な裁量をもっている、また旧ユーゴスラビアとは異なり、ルワンダでの事態は明らかに内戦ではあるが、大量な難民の流出などによって周辺国に影響を与えているとして、安保理の介入を肯定した[12]。

確かにこの判断には学説に強い批判が存在した。とりわけなぜ安保理決議を根拠としなければならなかったのかについて、裁判所は十分に説得的な答えを与えていないというのである[13]。実際にICTYの設立過程を振り返れば、条約に基づく裁判所の設置の可能性も模索されていた[14]。しかし、この点に関して、ICTYの設立を提案した事務総長報告では、安保理決議に基づく設置であれば、(a)条約締結に伴う時間がかからないこと、さらに(b)条約形式であれば、関係当事国の批准を得られないかもしれないという危惧を回避できることを理由として、安保理決議に基づく設立を提案した[15]。

このように安保理のICTYやICTRの設置は、安保理が平和に対する脅威に該当する事態に対してどのような強制措置を執るかについて大幅な裁量を与えられていることに合法性の根拠が見出されているが、ただしTadic事件の上訴審も、安保理自体が裁判所の機能を果たすことができるとまでは認めて

いない。ICTYとICTRは、安保理が憲章上有している権能を果たすための補助機関ではなく（安保理の権限を委譲したのではなくて）、あくまでも国際の平和と安全の維持という目的のための設置として刑事裁判所を設立したという構成をとっている[16]。この判断を基盤として、その後、安保理は以下に見るとおり、いくつかの刑事裁判所の設置を行っている。そのような実行の蓄積を経て、国際司法裁判所の逮捕状事件に表れているとおり、今日、裁判所の設置については、もはや安保理の行為の合法性は問題とされなくなっているが[17]、この点については最後にあらためて考察する。

2 国際刑事裁判所（International Criminal Court）への付託

　安保理は、ICTYとICTRを設置して以降は、第7章に基づく強制措置として、その補助機関としての刑事裁判所を設置してはいない。しかしこの安保理の憲章第7章に基づく権能は、まったく別の手続きで、すなわち国際刑事裁判所（ICC）の設立条約であるローマ規程第13条に基づく付託という形で存在している。

　ローマ規程第13条は「裁判所は、次の場合において、この規定に基づき、第5条に規定する犯罪について管轄権を行使することができる。(a)締約国が次条の規定に従い、これらの犯罪の一又は二以上が行われたと考えられる事態を検察官に付託する場合　(b)国際連合憲章第7章の規定に基づいて行動する安全保障理事会がこれらの犯罪の一又は二以上が行われたと考えられる事態を検察官に付託する場合　(c)検察官が第15条の規定に従いこれらの犯罪に関する捜査に着手した場合」と定めている。実際に、この手続きを使って安保理はスーダンにおける深刻な人道危機の事態をICCに付託したのである。

　スーダンではおよそ2002年の夏からスーダン政府と二つの反乱団体、すなわちスーダン解放軍（Sudanese Liberation Army, SLA）と正義と平等運動（Justice and Equality Movement, JEM）との間で内戦が激化した。安保理は2004年9月に憲章第7章に基づいてダルフール地域で起こっている国際人道法と国際人権法の違反に関する調査委員会を設置した（決議1564）。その報告書[18]を受け、2005年3月31日、安保理はスーダンの事態は国際の平和と安全に対する脅威であると認定した上で、憲章第7章に基づいて、2002年7月1日以降のダルフールの事態を国際刑事裁判所の検察官に付託することを決定し、スー

ダン政府を含め、関係当事者の協力を義務づけた(決議1593)。その後、検察官は捜査を開始し、2007年2月28日にはアフマド・ムハマド・ハルン(Ahmad Muhammad Harun)とアリ・ムハマド・アリ・アブド・ラーマン(アリ・クシャイブ) (Ali Muhammad Ali Abd-AL-Rahman(Ali Kushayb))が2003年から2004年にダルフール地方で人道に対する犯罪と戦争犯罪を行ったと信じるに足る合理的な根拠があるとし、ローマ規程第58条7項に基づいて予審裁判部に対して召喚状を発するように要請した。さらに2008年7月14日、検察官は予審裁判部に対して、スーダンの大統領ハッサン・アフマド・アル・バシール(Omar Hassan Ahmad AL Bashir)に対する集団殺害犯罪、人道に対する犯罪及び戦争犯罪に関する逮捕状を請求した。

　もとよりスーダンはICCの締約国ではないので、ローマ規程上の義務を負っていない。しかしICCの管轄権は安保理の憲章第7章に基づく付託であるので、スーダンは締約国であるかどうかにかかわりなくICCに協力する義務を負うことになった。しかし、スーダン政府はダルフールの事態については自らが捜査を行っており、ICCの介入は不当であると強く反発している[19]。

　安保理のスーダンの事態のICCへの付託については、次の三つの問題を考える必要があると思われる。すなわち、第一は、このこと、つまりローマ規程において安保理が事態を付託できると認められていることの意味である。安保理は事態を付託して、それに関する裁判の遂行を求めることが出来るばかりではなく、同じくローマ規程において手続きの停止も求めることが出来る(第16条)[20]。ところでICCと国連は組織としては独立している。安保理の補助機関として設置されたICTYやICTRとはこの点では根本的に異なっている。ICCの独立性こそまさにICCが求められた理由でもある。しかし安保理の権能という観点から見れば、ローマ規程第13条(b)は、安保理が刑事裁判権を設定する権限があることをローマ規程自身が確認している規定であると解釈されている[21]。

　しかしそのことに関連して、第二の問題がある。それはICCと安保理の構成国の違いである。スーダンの事態を付託した決議1593は、アルジェリア、ブラジル、中国、米国が棄権して採択されている。棄権したとはいえ、スーダンに関する刑事裁判がICCで行われるべきとする決定に安保理の常任理事国は反対しなかったと考えられるが、その常任理事国のうち、ロシア・中国・米国はICCの締約国ではない。さらに決議1593では第7項で「この事件の

捜査についての費用はICCと自発的に寄付するものだけで賄うこと」を認識（recognize）している。他方で、ローマ規程では第115条で、安保理の付託については国連も費用を負担することが想定されている（第115条(b)）。このような決議1593とローマ規程との抵触は、単に実際上の問題であるばかりではなく、先に上げたとおり安保理の三つのメンバーがICCの締約国でないことを考えれば、裁判所とその安保理との関係に大きな影響を与える問題であると指摘されている[22]。

　第三の問題として、刑事裁判と和平プロセスとの並行をいかに調和させるかという問題がある。正義か平和かという問題は戦争犯罪の処罰に関しては常に問題となってきたが、スーダンについても、内戦の解決のために、交渉や和平協定の締結も進められてきており、実際、安保理がこのような平和プロセスにも大きな影響を与えてきた。ところが、ICCの検察官が特に現職の国家元首である大統領に関する逮捕状の請求を行ったことによって、現実に早急な答えを求められる重大な問題となった。このことの解決の難しさは、逮捕状の請求からおよそ一カ月後の2008年7月31日、安保理がスーダンに展開する平和維持活動（UNAMID）の任期延長を決定する際に採択した決議1828に表れている。この決議では、その前文において、一方で国際人権法と国際人道法の違反を非難し、犯罪を行ったものを裁判にかける必要を強調し、この点に関するスーダン政府の義務を主張しながらも、他方でICCの検察官の行動に批判的なアフリカ連合のコミュニケに言及し、その平和と安全理事会（Peace and Security Council）のメンバーの懸念に言及している[23]。

3　暫定統治機構における裁判所（ハイブリッド裁判所）

　安保理が国連憲章第7章に基づく決議を根拠として直接に設置した裁判所はICTYとICTRのみであるが、安保理は、長い紛争の後で国家機能が疲弊している地域に、国連憲章第7章に基づいて暫定統治機構を設定し、その中で刑事裁判を促した場合がある。いわゆるハイブリッド裁判所である。

　まず第一は、コソボにおける裁判所である。1999年6月10日、安保理はユーゴスラビアのコソボ自治州における紛争に関連して、コソボ地域の事態が国際の平和と安全に対する脅威を構成すると認定し、憲章第7章に基づいてコソボに暫定的な行政を提供するための文民の介在を設立することを決定

した(決議1244)。コソボ国連暫定統治機構(United Nations Interim Administration Mission in Kosovo, UNMIK)の展開である。この暫定統治機構の支援を受けて、コソボで行われた国際人道法違反を審理・処罰するための裁判が行われることになった。第二は、東ティモールにおける裁判所である。東ティモール独立に際しての混乱への対応として、1999年10月25日、安保理は東ティモールの事態は平和と安全に対する脅威を構成すると認定し、憲章第7章に基づいて、立法と司法の運営を含む行政的権限を行使する権限を与えられた暫定統治機構(United Nations Transitional Administration in East Timor, UNTAET、現在はUnited Nations Mission of Support in East Timor, UNMISET、へ引き継がれている)の設置を決めた(決議1272)。この状況のもとで、UNTAETの支援を受けた裁判所(デリ特別裁判所)が設置された。この裁判所は1999年1月1日から1999年10月25日までに東ティモールで行われた、集団殺害犯罪、戦争犯罪、人道に対する罪および拷問について審理・処罰することを目的とした。

　この二つの裁判所は、その事項的管轄権の対象に国内法の違反だけでなく国際人道法違反を含むこと、さらに外国人のスタッフを擁していることなどから、広義の国際裁判所であるといえるが、その特徴は国連の設置した暫定統治機構の一環である点にあり、さらにそのなかでもコソボと東ティモールの暫定統治機構は「裁判所、警察の運営および刑務所のサービスに直接責任があるものとして設定された」[24]ことから、むしろ国内刑事手続であると考える見解もある[25]。

IV　関係国との合意に基づく刑事裁判所の設置

1　シエラ・レオーネ特別裁判所

　先に述べた通り、国連総会はカンボジア政府との合意の上で裁判所の設置を行った(カンボジア特別法廷)[26]。他方で、安保理を主役として関係国と条約を結んで刑事裁判所を設置した初めてのケースはシエラ・レオーネ特別裁判所(Special Court for Sierra Leone, SCSL)である。

　シエラ・レオーネにおける内戦の発生は1991年にさかのぼる。この年にリベリアから革命統一戦線(Revolutionary United Front, RUF)がシエラ・レオーネに進入し、全人民会議(All People's Congress)の一党支配を転覆したのである。その後、いったん停戦したものの、1997年には武装革命理事会(Armed

Forces Revolutionary Council, AFRC) による政府転覆を狙ったクーデターが起こり、1999年にはRUFとAFRCによる首都フリータウンへの軍事行動が行われた。この後、1999年7月にロメ平和協定が結ばれ、いったんは停戦した。ロメ平和協定では内戦における犯罪行為についてアムネスティと国民真実和解委員会による解決が定められたが、その後も犯罪行為は行われ、国民真実和解委員会の活動も開始されることはなかった。こうしたなか、シエラ・レオーネ政府は国連に対して、内戦における犯罪行為を処罰するための特別裁判所の設置を求め、これを受けて2000年8月14日、安保理は決議1315を採択し、事務総長に裁判所の設置のための交渉をシエラ・レオーネ政府と行うように求めたのである。

この決議では裁判所の設置を憲章第7章に基づく決定として行っているのではないが、シエラ・レオーネの状況が依然として地域における国際の平和と安全に対する脅威を構成していることを再確認している。その後、2000年10月4日、事務総長は、裁判所規程を含むシエラ・レオーネと国連との合意(Agreement between the United Nations and the Government of Sierra Leone on the Establishment of a Special Court for Sierra Leone、SCSL協定)案を付属書として、報告書を安保理に提出した。その報告書の中で事務総長は、SCSLの性質を「条約に基づく、独特の混合の管轄権と構成を持った裁判所(a treaty-based sui generis court of mixed jurisdiction and composition)」[27]と説明している。その後、SCSL協定は2002年1月16日に国連とシエラ・レオーネ政府(大統領)によって署名された。SCSL協定は条約であるので、その後、2002年4月25日にシエラ・レオーネの1991年憲法の手続きに従って、議会で批准法(Special Court Agreement, 2002 Ratification Act)が可決され批准された[28]。

事務総長報告書での表現、つまり「条約に基づく、独特な裁判所」というのは、換言すればICTYやICTRと大きく性格が異なるものとして構想されたということである。すなわち、まず、裁判所を設置するための国連とシエラ・レオーネの合意は、国際法上の条約だという点である。そのため法的効力を発生させるためにはシエラ・レオーネの憲法上の手続きにしたがって批准される必要があった。これに対して、安保理の憲章第7章に基づく決議の場合は、その内容を国内法上有効にするために各国の国内法上の規定を介在させるかどうかは別として、国際法上の効力としては採択とともに有効となる。次に、SCSLは、安保理の補助機関ではないし、シエラ・レオーネの国家機関

である裁判所でもなく、それらから独立しているものとして設置されたという点である。そのため行政的、経済的枠組みや職員の採用や統制などについては、新たにルールを定める必要があるとされた[29]。このことは実際には裁判所の運営にかかる費用にも反映され、国連の予算で賄ったICTYやICTRと異なって、SCSLはその費用を「国際社会の自発的な寄付による」(SCSL協定第6条)としている[30]。さらにシエラ・レオーネの関与を強める方法として、裁判官は国際裁判官とシエラ・レオーネ人の裁判官によることも定められている(SCSL裁判所規程2条)。

　SCSLがシエラ・レオーネで行われた非人道的行為への対応として作られていることは、適用法規やその刑事手続きにも反映している。具体的にSCSLの事項的管轄権の対象を見てみると、人道に対する犯罪(裁判所規程2条)、ジュネーヴ第二追加議定書の共通三条の違反(同3条)、国際人道法のその他の重大な違反(同4条)、シエラ・レオーネ法上の犯罪(同5条)である。国際人道法のその他の重大な違反には、多くの子供が戦闘に参加した(させられた)というシエラ・レオーネの内戦の特徴にかんがみて、15歳以下の子供を誘拐して強制的に徴用することを含めている(同4条c)。なお、同じくシエラ・レオーネの内戦の特徴から、集団殺害犯罪は管轄権の対象とはなっていない。

　時間的管轄権については、開始時について議論があった。なぜならば1999年に結ばれたロメ平和協定にアムネスティ条項があったため、この点をどう考えるかについて問題が生じたからである[31]。結局、裁判所の管轄の対象となる犯罪は初めて包括的な和平協定が政府とRUFで結ばれた(アビジャン平和協定)1996年11月30日とし(同1条)、ロメ平和協定で認められていたアムネスティについては、訴追を妨げることはないとの条文が規定された(同10条)。なお裁判所規程が作成された当時、まだ国内で武力紛争が続いていたので、管轄権の終了日は設定されていない。

　人的管轄権は「最も責任のある人々」(Persons "most responsible")を対象としており、さらに重要なのはシエラ・レオーネの内戦の性格を反映して、15-18歳を訴追の対象として排除しないとしていることである(同7条)。

　ところで、先に述べたとおりSCSLはICTYやICTRとは大きく性格が異なる裁判所として構想され、とりわけ設置根拠の違い、つまり第7章に基づく安保理決議ではないことが裁判所の運営に影響を与えるのではないかという問

題が指摘されている。すなわちICTYとICTRは憲章第7章に基づく強制措置として設置されたので、国連加盟国すべてに対して協力するように拘束力を持った命令が下せるし[32]、第三国の国内裁判所に優位することが認められていたのに対して、SCSLはあくまでも条約上、シエラ・レオーネ政府に対して一定の権限と義務を与えているに過ぎない（SCSLはシエラ・レオーネの国内裁判所にのみ優位する（SCSL裁判所規程8条））。しかし他方で、このような違いは実際の裁判所の運営についてはそれほど大きな差を生んでいないとも指摘されている[33]。すなわち容疑者のほとんどはシエラ・レオーネ国内にいるため、第三国に対する義務付けの必要性が低いこと、またICTYやICTRであっても、個人を特定して引渡を確保しようとするならば、設立決議では足りず、別途あらたな第7章に基づく決議が必要とされることを考えれば、両者の相違はそう大きくないと考えるべきだろう。

　最後に設置の合法性の問題であるが、ICTYとICTRの新規性が安保理の決議による設置という点にあったとすれば、SCSLは条約に基づくので合法性がより強く推定されるというべきであろうが、しかし、国連憲章には安保理の権限の中に関係国と条約を結んで刑事裁判所を設置するという権限は書かれていないのだから、ここでも果たして関係国との条約という形で安保理が刑事裁判所を設置できるのか、という推論された権能（implied power）の問題は残る。この点について、SCSL自身は「…条約を締結して刑事裁判所を設置する安保理の権限は、国連の一般的目的を規定した憲章第1条および安保理の特定の権限を規定した第39条と第41条から由来することは確かである。これらの権限は安保理に、決議1315で行ったように、シエラ・レオーネと合意によって特別裁判所を設立することを主導する権限を与えるのに十分に広範である」と判示している[34]。

2　レバノン特別裁判所

　安保理は2007年、あらたに刑事裁判所を設置することを決めた。これまでの刑事裁判所と異なり、対象となる犯罪は武力紛争や内戦中に行われた非人道的行為ではなく、レバノンのラフィーク・ハリリ（Rafiq Hariri）元首相を筆頭とする要人に対するレバノン国内で行われた複数の殺人（テロ行為）である。2005年2月14日ハリリ元首相は他の22名とともにベイルートにおいて爆

破事故で殺害された(この事件の前年に彼はラフード大統領と対立して首相を辞任していた)。これを受けて2005年4月7日、安保理は決議1595を採択し、レバノン当局と協力してテロ行為(terrorist act)のすべての要素を捜査するための国際独立調査委員会(調査委員会)の設置を決めた。この調査委員会は当初、2005年2月14日のハリリ元首相の殺害にいたったテロ爆破(terrorist bombing)の実行者(計画し、指示したものを含む)の捜査を行うという任務を与えられていた。しかし2005年12月12日にジャーナリストのジュブラン・トゥウィニー(Gebran Tueni)が殺害された翌日、13日にレバノン政府は安保理に対して国際的性格を持つ裁判所の設立を要請するとともに、2004年10月1日マルワン・ハマデ(Marwan Hamadeh)大臣殺害未遂に始まる一連の暗殺未遂と暗殺、爆破についても捜査するために、調査委員会の任務を拡大するかまたは別の国際的な調査委員会を設置することを求めたのである[35]。レバノン政府の要請と、調査委員会の報告書の提出を受け、2005年12月15日に安保理は決議1644を採択し、このテロ行為とその影響は国際の平和と安全に対する脅威に該当するとの認定を再確認して、憲章第7章に基づいてシリア政府が調査委員会に対して無条件に協力するように求め、さらに事務総長に対して国際的性格を持つ裁判所について、レバノン政府とともに協議するように要請した。これを受けて事務総長はレバノン政府と交渉し、2006年11月15日、事務総長は裁判所規程(Statute of the Special Tribunal for Lebanon, レバノン特別裁判所規程)案を添付(Attachment)した条約(Agreement between the United Nations and the Lebanese Republic on the Establishment of a Special Tribunal for Lebanon、レバノン特別裁判所協定)案を付属文書(Annex I)とした事務総長報告を提出した[36]。この付属文書であるレバノン特別裁判所協定は2007年1月23日にレバノン政府によって、また2月6日には国連によって署名された。

この設立過程からもわかるとおり、国連は設置する裁判所の性質について、SCSLと同様に、対象とする犯罪が行われた国であるレバノンとの条約に基づく裁判所を構想した。事務総長はレバノン特別裁判所協定案と裁判所規程案を提案した上記の報告書の中で、「特別裁判所の設立の法的基礎は国連とレバノン政府との間の合意であり、…条約に基づく機関として、特別裁判所は国連の補助機関ではなく、またレバノンの裁判制度の一部を構成するものではない」と位置付けた[37]。この点でもSCSLと同様である[38]。ただし、レバノン国内が全体として首尾一貫して国際社会の支援による裁判所の設置を

支持していたわけではなく、実際にレバノン特別裁判所協定を発効させるための批准(議会での承認と大統領による批准、レバノン憲法第52条)は行われなかった。そこで2007年5月30日、安保理は決議1757を採択して、憲章7章に基づいて、レバノン政府が付属文書の19条1項に基づいてその日までに通知をしない限り、レバノン特別裁判所の設立に関する付属文書の規定はその添付も含めて、2007年6月10日に効力を発すると決定した。その後、2007年6月11日、国連事務総長のスポークスマンは、6月10日の時点で、レバノン政府から文書による通知がないので、事務総長は決議1757に基づいてレバノン特別裁判所を設立するためのステップと措置をとることにしたと発表し、この時点で、レバノン特別裁判所協定は発効し、レバノン特別裁判所が設置されたのである。

さて、SCSLがシエラ・レオーネで行われた事態への対応であったのと同様、レバノン特別裁判所の管轄権の対象や構成も、対象とする事態への個別的対応という性格が強く出ている。

まず裁判所規程1条では自らの管轄権(時間的・事項的・人的)を次のように説明している。「特別裁判所は、レバノンの元首相であるラフィーク・ハリリの死亡に至った2005年2月14日の攻撃に責任のある人々に関して管轄権を持つ。もし裁判所が2004年10月1日から2005年12月12日の間または安保理の同意とともに当事者によって決定されたのちの日付の間にレバノンで起こった他の攻撃が、刑事手続きの諸原則に従って関連性を有しており、2005年2月14日の攻撃とその性質と重大性において類似しているならば、そのような攻撃に責任のある人々についても管轄権を有する。この関連性とは以下のものを含むがそれらに限られるものではない。すなわち犯罪の意図(動機)、攻撃の背景にある目的、対象となった被害者の性質、攻撃の態様(modus operendi)と実行者である。」

次に適用法規は、1条に言及される犯罪を処罰するためにレバノンの国内法が適用されることが定められた(裁判所規程2条)。ただしレバノン特別裁判所は裁判所規程の規定に従うので(レバノン特別裁判所協定1条2項)、たとえば刑罰については裁判所規程24条に従うため、レバノンの国内刑事手続きでは認められる死刑は課すことができない。

このようにレバノン特別裁判所は他の安保理が設置した裁判所とは大きく異なり、その事項的管轄権の対象はレバノンの刑事法の通常犯罪に限られ、国際法上の犯罪は含まれていないのである。なお、裁判所規程の作成過程で、

レバノンでおきた14の攻撃は一見したところ、国際的刑事裁判所の判例によって発展した「人道に対する犯罪」の定義に該当するのではと考えられたが、しかし人道に対する犯罪を裁判所の管轄権の対象とすることには、安保理の一部のメンバーによって表明された見解を考慮すると、これを含むための十分な証拠がないとして退けられた[39]。

さらにカンボジア特別法廷やSCSLとの相違点として、(a)裁判所が設立される場所と(b)財源の確保の仕方があげられている。(a)SCSLやカンボジア特別法廷は、犯罪が行われた自国内での設置が決められたが[40]、レバノン特別裁判所協定では、裁判所の設置場所はレバノンの外であるべきことが定められた(ただしどこかは協定案では未決定、8条[41])。(b)裁判所の運営にかかる費用については、カンボジア特別裁判所もSCSLも自発的な寄付によることとされているが[42]、レバノン特別裁判所については、41パーセントを自発的な寄付によって、49パーセントをレバノン政府によって賄われることが定められた(レバノン特別裁判所協定5条1項)。

さらに重要な問題として、レバノン特別裁判所については、管轄権のみならず、設置の方法も極めて特異であることが指摘できる。先の設置過程でもみたとおり、条約案として提案されたレバノン特別裁判所協定の発効が安保理の第7章に基づく決議によって行われたからである。この安保理の行為は法的にどのように評価できるだろうか。これは安保理がその決議によって、条約の効力を一方的に発生させた(レバノンの国内手続である批准を安保理決議が補填した)と考えることができるだろうか。

ところで国際法上、条約とは「国の間において文書の形式により締結され、国際法によって規律される国際的な合意」(ウィーン条約法条約第2条(a))である。国際機関である国連も条約を締結する権能が認められている。ただし条約の締結には当事者の意思が不可欠であり、条約が成立するためには、一連の国際法・国内法上の要式行為を経なければならない[43]。これに対して、第7章に基づく安保理決議は強制措置であり、向けられる国家の同意は不要である。そうだとすれば、安保理決議によって、つまり安保理という一方の当事者の意思のみで条約を締結することはできないと言わなければならない。確かに当事国の合意によらなくても、条約を終了することは一定の場合認められており、実際に安保理は、以前にも南アフリカの人種隔離政策を非難して委任統治協定を一方的に終了させたことがあるが[44]、条約の成立は一方的

な意思のみで有効とすることはできない。さらに国家と国際機関との間の条約関係について規定した国際機関条約法条約は未発効であるものの、国家間関係でも同様に強制（coercion）による条約の締結が禁止されている（第51条）ことからも、安保理が一方的に条約を発効させたと考えることは法的には困難であるといえよう。

したがって、むしろこの安保理の決議はレバノン特別裁判所協定と裁判所規程を決議の本文と統合させて拘束力を発生させたと見る見解が有力である。安保理決議1757はその本文で「レバノン特別裁判所の設立に関するその添付も含めた付属文書の規定は、レバノン政府が付属文書の第19条(1)に基づく通知を、その前日までに提示しない限り、2007年6月10日に発効する」（1項(a)）とし、「その添付を含めた付属文書（Annex）の規定」という言葉遣いからも、換言すれば協定（Agreement）という言葉を使わないことからも、安保理が目指したのは、あくまでも協定案と裁判所規程の内容の拘束力の発生であると考えることができよう[45]。

以上のように考えると、レバノン特別裁判所は厳密にはSCSLと同様の法的基盤すなわち条約によって設置されたのではないというべきであり、むしろICTYやICTRのように強制措置による設置に近い。ただしレバノンをめぐる情勢は依然として流動的であり、今後、レバノン国内で正式な批准の手続きが行われれば、「その添付を含めた付属文書」は条約として効力を持つことになる。なお、国連は現在、実際の裁判所の設立に向けて、レバノン政府と協議を続けており、オランダに設立することが決められたほか、裁判官・検察官の選出も進められている[46]。

V　おわりに

はじめに確認したとおり、今日議論されている安保理の機能変化は、単に冷戦後、国連の安保理が活動を活発化させたというよりも限定した中身を持つ変化に関する議論である。つまり安保理が決議1267、1373や1540で行ったことは、将来にわたる一般的・抽象的な行為規範の設定であり、個人に対して終局的な法的決定を行うことであると理解されている。他方で、本章で検討してきたとおり、安保理の刑事裁判所の設置は、安保理が国際の平和と安全に対する脅威であると認定した事態を背景としており、それに対処する過

程で、刑事裁判所の設置が選択されたといえる。その結果、設立された刑事裁判所はそれぞれ個別の特徴をもっているのである。したがって、安保理の新しい機能変化を前述の厳密な定義で捉えるとすれば、それぞれ特定の事態に対する措置の一環として行われてきたICTYを嚆矢とする安保理の一連の刑事裁判所の設立は、現在議論の的となっている新しい安保理の機能には該当しないと言うべきかも知れない[47]。

　しかしだからといって、安保理による刑事裁判所の設置に法的問題がないわけではない。本章で紹介した個々の裁判所の特徴から生じる個別の法的問題点（例えばSCSLで未成年者に刑事責任を認めた点など）はもとより、そもそも安保理による刑事裁判所の設置という行為に関連する法的問題はまだ残っていると思われる。ただしこれは「安保理が刑事裁判所を設置するのは憲章違反である」ということを再度議論すべきということを主張するのではない。本章でも検討したとおり、安保理の設置の権限の合法性は当初は多くの批判があったものの、今日においては広く受け入れられている。確かに損害賠償事件や特定経費事件の国際司法裁判所による勧告的意見を経て、推論された権能の法理は、憲章に明文で規定されていない活動であっても、国連の目的に適えば正当な活動として認められることの法的基盤を提供した。安保理は国際の平和と安全に対する主要な責任を果たすための措置として刑事裁判所の設置を位置づけてきたのであるから、この点については違法性を指摘することは難しい。しかし、合法性の問題はそこでは終わらない。換言すれば、安保理の刑事裁判所の設立が国連の目的と原則に関連性を持っていること、とりわけ国際の平和と安全の維持という目的に適うのだという積極的な証明はなお必要とされるだろう[48]。またこのことは逆に、国際の平和と安全の維持のために必要であれば、純然たる国内法上の犯罪を処罰するための刑事裁判所を設置する権能が安保理にはあるということであり、これは国際刑事法においてながらく国際的刑事裁判所の概念が個人の国際法上の刑事責任と結び付けて考えられたことを考えると、今後その理論的な整理を必要とするだろう。

　さらに残る法的問題として、安保理が提供すべき法的基盤の範囲の問題がある。そもそもICTYが設置された際に、条約によらずに憲章第七章に基づく決議に依拠することになった理由の一つに、条約では関係国の批准が必ずしも得られないことがあったように、犯罪が行われた国が訴追の意思を欠く

場合、安保理決議は刑事裁判所を現実に設置するために重要な役割を果たすことができることは事実である。このことはレバノン特別裁判所設置の際にも再び明らかとなった。しかし、刑事裁判の遂行は、容疑者の特定から証拠の収集、被告人の身柄の確保、公判の開廷さらには刑罰の執行など一連のプロセスを必要とする。そうだとすれば、犯行地など管轄権を持つ関係国が安保理によって設置された刑事裁判所に批判的な場合は、裁判所の個々の行為を支えるために再び強制力が必要となる。しかしそれは裁判所の設置以上に、国際の平和と安全に関する安保理の責任からは直接に導くことが難しい。確かに、現在、安保理が一定の事態に関して、個人を処罰するための刑事裁判所を設置することを阻む法的規則はないというべきである[49]。しかし安保理によって設置された刑事裁判所が実際に刑事裁判を遂行し、そのことで設置の目的を果たすことができるためには、「安保理が憲章に基づいて刑事裁判所を設置するのは合法である」という以上の法的基盤が必要とされていると思われるのである。

【注】

1 問題提起について村瀬信也「国連安保理の機能変化」『国際問題』570号(2008)1-4頁。Stefan Talmon, "The Security Council as World Legislature", 99 *AJIL*(2005), pp.175-193.
2 村瀬信也、前掲論文、1頁。Ian Johnsonは決議1373・決議1540と決議1267の違いを、前者は一般国際法の立法が問題となっていたのに対して、後者はDue Processなしに個人に対して刑罰を科する点にあるとする。Ian Johnstone, 'Legislation and Adjudication in the UN Security Council: Bringing Down the Deliberative Deficit', 102 *AJIL*(2008), p.294
3 浅田正彦「国連安保理の司法的・立法的機能とその正当性」『国際問題』570号(2008)、5頁。
4 正当性の観点からICTY/ICTRの実体法を批判する見解として、例えば浅田、前掲論文、10-11頁。
5 William A.Schabas, *The UN International Criminal Tribunals*, (Cambridge University Press, 2006), p.3
6 Antohny Aust, 'The Security Council and International Criminal Law', 13 *Netherlands Yearbook of International Law*(2002), pp.23-46.
7 これ以外にも、2004年に発表された国連事務総長報告("The rule of law and transitional justice in conflict and post-conflict societies")によれば、ICTYの終了に伴って設置が求められたボスニア・ヘルツェゴビナの国家裁判所における特別法廷としての混合裁判所や国連とグアテマラの合意によって設立されるグアテマラの違法団体と秘密安全組織の捜査のための委員会(詳細については議論中)も国連の関与によって設置される刑事管轄権に含められている。S/2004/616, para.38.
8 International Court of Justice, Arrest Warrant of 11 April 2000, Democratic Republic of the Congo v. Belgium, Judgment, 14 February 2002, para.61.

9 むろん国際軍事裁判所について設立の合法性がまったく問題にならなかったわけではないが、それは事後法の適用などという観点から検討されたのであり、正面から争われたのではなかった。Schabas, Ibid., p.50.
10 ただし第一審と上訴審の結論に至る道筋は違う。管轄権に関する第一審はそもそも裁判所が安保理の行動について司法審査する権限を否定した上での結論であったのに対して、その上訴審はその権限(Kompetenz-Kompetenz)を肯定した上で判断を行った。ICTY、Tadic事件(第一審(Dusko Tadic, Case No.IT-94-I-T, Aug. 10, 1995)、Tadic上訴審(Dusko Tadic, Case No.IT-94-1-AR72, Oct. 2, 1995)。
11 Dusko Tadic, Case No.IT-94-1-AR72, Oct. 2, 1995, paras.30-39.
12 Kanyabashi (ICTR-96-15-T), Decision on Jurisdiction, 18 June 1997, paras. 27-28.
13 岡田泉「旧ユーゴ国際裁判所の設置関する一考察」国際法学会編『紛争の解決(日本と国際法の100年)』(三省堂、2001年)、189-214頁。
14 拙稿、「国際司法協力としての『引渡』の法的性質―surrender概念の整備に向けて―(二・完)」上智法学論集第42巻第3・4号合併号(1999)、354-355頁。
15 S/ 25704, paras.28-29.
16 Dusko Tadic, Case No.IT-94-1-AR72, Oct. 2, 1995, para.38., Danesh Sarooshi, 'The Legal Framework Governing United Nations Subsidiary Organs', 67 *BYBIL*, (1996), pp.429, 453-455.
17 Richard Goldstone, 'International Criminal Courts and Ad hoc Tribunals', T.G. Weiss/S. Daws (eds.), *The Oxford Handbook on the United Nations*, (Oxford University Press, 2007), p.465.
18 S/2005/60.
19 ローマ規程では「補完性の原則」を規定しており、事件に関して管轄権をもつ国が捜査をしている場合はICCは事件を受理できない。しかし、ICCは受理許容性の問題に関して、コンゴ民主共和国に関するデイロ(Dyilo)事件において、国内で刑事手続きが取られていることが当然にICCの受理許容性を否定するのではなく、「国内手続きは人物と行為の双方において、裁判所(ICC)の審理の対象となっている事件を含まなければならない」と判示した。検察官は召喚状の請求の際にこの考え方をスーダンの事態についても踏襲している。ICCにおける受理許容性について、拙稿、「国際刑事裁判所における管轄権の構造」村瀬信也・洪恵子共編『国際刑事裁判所―最も重大な国際犯罪を裁く』東信堂(2008)、48-58頁、Sharon A. Williams/William A. Schabas, 'Article 13 Exercise of jurisdiction', Otto Triffterer (ed.), Commentary on the Rome Statute of the International Criminal Court-Observers' Notes, Article by Article-, Second Edition, (C.H. Beck/Nomos, 2008), p.574.
20 例えば、平和維持活動の要員に関して捜査・訴追の延期を求めた安保理決議1422が2002年に採択されている。
21 Schabas, Ibid., p.53
22 W. Michael Reisman, 'On Paying the Piper: Financial Responsibility for Security Council Referrals to the International Criminal Court', 99 *AJIL* (2005), pp.616-618.
23 賛成14カ国、棄権1(米国)によって採択された。
24 S/2004/616, para.11.
25 Schabas, Ibid., p.5.
26 1970年代のいわゆるクメール・ルージュ時代に行われた国民の大量殺戮については、その当時は国連はなんらの措置もとることが出来なかった。カンボジア特別法廷の実際の設立までにもカンボジア政府と国連との間に交渉の危機も伝えられたが、2001年にカンボジアにおいて、1975年4月17日から1979年1月6日までの間にカンボジア国内法と国際人道法の違反に最も責任がある者を処罰するための法律が制定された。これを受けて2003年には裁判所に関して、国連とカンボジア政府との合意が結ばれている。設立過

146 第6章 安全保障理事会による刑事裁判所の設置

程について古谷修一「カンボジア特別裁判部の意義と問題―国際刑事司法における普遍性と個別性」『国際法外交雑誌』第102巻4号 (2003)、46-72頁。このようにカンボジア特別法廷は総会の主導で設置されたが、実現までの過程では安保理決議による臨時法廷として設立されるべきことも提案はされていた (Report of the Group of Experts for Cambodia established pursuant to General Assembly Resolution 52/135 (2003), para 8.)。

27 S/2000/915, para.9.
28 なおこの法律はその後2002年11月8日に一部修正されている。<http://www.sc-sl.org/Documents/SCSL-ratificationamendmentact.pdf>
29 S/2000/915, para.9.
30 ただし同じ6条で、「自発的な寄付が十分でない場合は、事務総長と安保理が財政を賄うためのほかの手段を模索する」とも規定している。
31 Antonio Cassese, 'The Special Court and International Law: The Decision Concerning the Lomé Agreement Amnesty', 2 *Journal of International Criminal Justice* (2004), pp.1130-1140.
32 裁判所の設置自体の合法性の問題とは別個に設置された裁判所の権限の問題が生じるのである。Danesh Sarooshi, 'The Powers of the United Nations International Criminal Tribunals', *Max Planck Yearbook of United Nations Law* (1998), pp.142-167.
33 Michael P. Scharf, 'The Special Court for Sierra Leone', ASIL Insights, October 2000, Schabas, Ibid., p.58.
34 Taylor (SCSL-04-15-AR72 (E)), Decision on the Invalidity of the Agreement Between the United Nations and the Government of Sierra Leone on the Establishment of the Special Court, 24 May 2004, para.6.
35 S/2006/893, para.15
36 S/2006/893
37 Ibid., para.6.
38 ただし、ほかの裁判所とはいくつかの相違点があることも明確にしている。その第一は、刑事手続きはコモン・ローではなく、より大陸法的要素を取り入れること、第二に、すでに設置されている国際独立調査委員会 (調査委員会) の捜査プロセスが、初期の検察局の中心となることである。換言すれば裁判所が設立される前に調査委員会によって収集された証拠の受理許容性を認める必要があるということである。Ibid., paras.9, 34-36. なお2007年11月14日、カナダのダニエル・ベレマー (Daniel Bellemare) は調査委員会の新委員長に就任した同じ日、事務総長によってレバノン特別裁判所の検察官に任命された。S/2007/669.
39 S/20006/893, para.25.
40 SCSLはシエラ・レオーネ特別裁判所協定9条でシエラ・レオーネ国内に設立されることが定められた。ただし、元リベリアの国家元首であるCharles Taylorの裁判は安全の確保の観点から、オランダのICCの施設を借りて行われている。
41 2007年12月21日オランダは国連と本部協定を結び、レバノン特別裁判所はオランダに設置されることが決められた。
42 カンボジア特別法廷は費用は寄付 (カンボジア設置法) と国連の支援 (国連とカンボジアの裁判所設立に関する協定第17条) によって賄われるとされている。SCSLについては前述137頁。
43 山本草二、『国際法【新版】』 (有斐閣、1994年)、593頁。
44 山本草二、前掲書、152頁。
45 Bardo Fassbender, 'Reflections on the International Legality of the Special Tribunal for Lebanon', 5 *Journal of International Criminal Justice* (2007), pp.1095-1101.

46 レバノン特別裁判所ウェッブサイト<http://www.un.org/apps/news/infocus/lebanon/tribunal/index.shtml>
47 浅田正彦「安保理決議1540と国際立法―大量破壊兵器テロの新しい脅威をめぐって」『国際問題』(2005)、52頁。
48 Schabas, Ibid., pp.67-73.
49 Schabas, Ibid., p.53.

第7章 安保理決議と日本法
―― 国際平和活動の文脈で

村瀬　信也

I　はじめに
II　憲法9条と国際平和活動
　1　「武力の行使」と「武器の使用」
　2　多様な「国連軍」とわが国の参加
　3　「一体化」論の矛盾
III　国際平和活動における武器使用の根拠と範囲
　1　PKO5原則
　2　国際任務における武器使用の根拠と範囲
　　(1)　自己防護
　　(2)　武器等の防護
　　(3)　任務遂行のための武器使用
IV　立法論的考察 ―― 結びに代えて

I　はじめに

　本書の「はしがき」および各章で概観してきたような安保理の機能変化を、わが国は、如何に受け止め、その国際平和活動(ここでは、国連平和維持活動から国連安保理授権型多国籍軍、その他国連以外の地域的組織等からの要請に基づく活動までも広く含む概念として用いる)を如何に進めていくべきか、これが喫緊の重要課題である。日本は1992年に国際平和協力法(PKO法)を制定して、それ以来、世界各地の紛争地域に要員を派遣して一定の成果を挙げてきた。しかし、わが国の国内法制は、PKO法をはじめ個別の特措法を含めて、国連安保

理の機能変化を真正面から受け止めていくには、依然として極めて不充分であると言わなければならない。そのため、わが国のPKOに対する貢献も、その人的規模において、第81位にとどまっている。

　日本の国際貢献のそうした消極性は、いかなる理由によるのであろうか。最も大きな理由は、PKO活動と憲法9条との調整の問題である。歴代政府（内閣法制局）の憲法解釈の下で、国連のPKO活動であっても、わが国の意思で受け容れられたものである以上「わが国の行為」であり、またそれが「国際紛争解決の手段」であることに変わりないから、PKO部隊による武器の使用は、憲法9条の禁止する「武力の行使」に該当する恐れがあるとされてきたためである。しかし果たして憲法9条の規定は、そのような形で日本のPKO活動を制約するものであろうか。

　本章では、まず、憲法9条と国際平和活動との関係について、従来の政府による国会答弁等を参照しながらこれを再検討するとともに、憲法解釈の問題点を摘出する。次に現行国内法制の関連規定を俎上に乗せて、国連安保理に主導される国際平和活動を推進していく上での具体的な運用上の課題を明らかにしたい。最後に、以上を踏まえて、安保理の機能変化を日本として受け止めていくためには、どのような国内法制の整備が求められるかという問題について、立法論的な考察を行っておきたいと考える。

II　憲法9条と国際平和活動

1　「武力の行使」と「武器の使用」

　第2次大戦後、世界各地で武力紛争が絶えなかったが、多くの日本国民は、長い間、自国さえ平和であればよいと考え、他国の紛争に「巻き込まれないように」と、そればかり心配してきた。しかしそうした「一国平和主義」では、実は自国の安全すら維持できなくなっていることを、9.11の同時多発テロ事件（2001年）は如実に示したと言えよう。そればかりか、日本は国際社会においてすでに相当の国力を備えた国となっており、国際的な平和維持のための活動を積極的に推進していく責務から逃れることは許されないのである。日本国憲法前文が「われらは、いずれの国家も、自国のことのみに専念して他国を無視してはならない」としていることを、私たちは今一度銘記しておくべきである。

日本がより積極的な国際任務を果たしていくためには、まず、国際平和活動と憲法9条との関係を、どのように捉えるべきかが改めて問い直されなければならない。問題の焦点は、国際平和活動の場合であっても、そこで武器が使用されればそれは憲法9条が禁止する「武力の行使」に当るということになるのか、それとも国際平和活動は憲法9条の規律の範囲外であって国際任務における「武器の使用」は「武力の行使」には該当しないと考えるか、という点である。

　そうした観点から、憲法9条の解釈について、いかに考えるべきであろうか。憲法9条1項が禁止しているのは、第1にまず「戦争」であるが、ここでいう古典的・テクニカルな意味の(法上の)「戦争」は、すでに1928年の不戦条約で禁止され、国連憲章も「戦争」概念を止揚・抹殺していることは周知の通りである。9条は、いわば確認的に、こうした「戦争」に訴えることを禁止しているのである。国連安保理によって執られる強制措置が、このような「戦争」でないことは言うまでもない。

　憲法9条1項におけるもう一つの禁止の対象は、「武力の行使」(および「武力による威嚇」)である。この「武力の行使」の概念は、明らかに国連憲章2条4項を下敷きとしている(同2条4項が武力行使を「一般的に」禁止しているわけではなく、様々な例外や適用除外を内包することについては、別稿[1]で論じたとおりである)。しかるにここで確認しておかなければならないのは、次の2点である。第1に、「武力の行使」(use of force)の概念は、「個別国家による」軍事活動を前提としていることである(個別国家が集団的自衛権の下で共同して行う軍事活動を含む)。「武力の行使」を禁止した国連憲章2条4項の主語は「加盟国」である。同様に憲法9条1項の主語は文意上「日本国(民)」である。また第2に、9条1項においては「武力の行使」が「国際紛争を解決する手段としては」これを慎むという限定が加えられていることである。重要なことは、憲法9条1項における「国際紛争」が、文脈上、「日本が当事国となっている国際紛争」を意味していることである。すなわち、憲法9条1項で日本が放棄したのは、個別国家としての武力の行使であり、かつ、日本が紛争の当事国となっている国際紛争を解決するためにそのような武力の行使に訴えることである。たとえば、日本はロシアや韓国との間に領土紛争を抱えているが、日本は自国が紛争当事国となっているそのような紛争を解決するために武力に訴えることは決してないということである[2]。

このように、憲法9条で規定しているのは、「日本が当事者となっている」国際紛争を解決する手段という意味であり、日本が当事者となっていない国際紛争、すなわち「第三国間の国際紛争」の解決努力に日本が参加することを禁じる趣旨では毛頭なく[3]、かつ、上記憲法前文等の趣旨からは、むしろわが国として積極的にコミットすることが求められている分野である。したがって、国連の集団安全保障体制のもとで執られる措置に、日本が参加することは、憲法9条の範囲外の問題と考えなければならない。

　しかるに、わが国政府は、集団安全保障やPKO活動についても、そこで軍事力が用いられるならば、それは憲法9条が禁止する「武力の行使」となり、認められないという立場をとってきた。その理由として挙げられるのが次の点である。すなわち、(1)国連の活動と言っても、わが国の意思により受け容れたものである以上、「わが国の行為」であることには変わりないこと、また、(2)それが「国際紛争を解決する手段」であることには変わりないことから、憲法9条によって禁止されている「武力の行使」にあたる行為については、わが国としてこれを行うことは許されない、との立場を表明してきた。内閣法制局の典型的な国会答弁を引用しておくと、次の通りである。

　「国際法上、集団的安全保障と申しますのは、これは国連憲章上の措置でございまして、武力の行使を一般的に禁止する一方、紛争を平和的に解決すべきことを定めまして、これに反して、平和に対する脅威とか平和の破壊あるいは侵略行為が発生したような場合、国際社会が一致協力してこの行為を行った者に対し適切な措置をとることにより平和を回復しようという概念でございます。それで、我が国は、憲法の平和主義、国際協調主義の理念を踏まえまして国連に加盟し、国連憲章にはこのような集団的安全保障の枠組み、あるいは実態上確立されてまいりましたPKOの活動が行われているところでございます。したがいまして、我が国としまして、最高法規であります憲法に反しない範囲で、憲法98条2項に従いまして国連憲章上の責任を果たしていくということになりますが、その場合、もとより集団的安全保障あるいはPKOにかかわりますいろいろな行動のうち、憲法9条によって禁じられている武力の行使または武力による威嚇に当たる行為につきましては、我が国としてこれを行うことが許されないというふうに考えているわけでございます。……我

が国の憲法9条は、国際紛争を解決する手段としての戦争あるいは武力による威嚇、武力の行使を我が国の行為として行うことを禁じているものでございます。それで、国連の決議に従って我が国が武力の行使を行う場合でありましても、我が国の行為であることには変わりありませんので、このような行為は憲法9条において禁じられるというふうに考えているわけでございます。それから、集団的安全保障措置に関しましても、これは国際紛争を解決する手段であることには変わりないのでございますから、このような措置のうち、武力の行使等に当たる行為につきましては、我が国としてこれを行うことが許されないというふうに考えているわけでございます」【平成10年5月14日衆議院安保委員会・秋山法制局第一部長、傍点筆者】

しかし、このような捉え方は、理論的にも実際的にも妥当性を欠くものと言わなければならない。なぜなら、まず(1)については、わが国が受け容れるのは、国連等の「決議」ないし「要請」によるものであり、そのことを無視して、これを「わが国の行為には変わりない」と短絡するのは誤りである。同様に、作戦上の指揮権が、国連側にあるか部隊派遣国側にあるかについても、その組織ないし任務の国際的性格を変えるものではない。また、(2)については、前述の通り、憲法9条で規定しているのは、「日本が当事者となっている」国際紛争を解決する手段という意味であり、日本が当事者となっていない国際紛争、すなわち「第三国間の国際紛争」の解決努力に日本が参加することを禁じる趣旨では毛頭ないからである。

国連の集団安全保障の下でとられる軍事的措置は、「強制行動」(enforcement actions)と呼ばれるように、国際公益を実現するための措置であって、その性格は本質的に国際的な法執行・警察活動としての「武器の使用」である[4]。個別国家が自国利益の追求のために、かつ自国が当事者となっている国際紛争解決のために行う「武力の行使」とは全く異質な行動である。本章の文脈において、「武力の行使」(use of force)と「武器の使用」(use of weapons)との区別は、本質的に重要な意味を持つ。後者が国連憲章2条4項の例外であること、そして憲法9条の範囲外であることは明らかである[5]。

2 多様な「国連軍」とわが国の参加

　もっとも、現実の国連軍等の存在と機能については、国際法の観点からも、個別・具体的な検討が必要である。国連の決議や要請があり、国際任務に属する活動であるからと言って、自動的にそうした活動にわが国がコミットすべきものということにはならない。それについては、別途、政策的な観点から慎重な考慮が必要である。

　まず、国連憲章第7章(とくに43条以下安保理と加盟国との特別協定に基く国連軍の創設など)が本来予定した形で機能し、かつ、安保理の「決定」による軍事的措置がすべての加盟国に対して拘束的に実施されるのであれば、それはわが国にとっても法的な義務であり、選択の余地はない。しかしそうした措置は実現していないし、今後もそうした見通しはない。

　そのため安保理は、本来の43条の国連軍に代わる措置として、「第7章の下に安保理によってauthorize(授権、許可、容認)された」強制措置の仕組み(多国籍軍など)を、その実践過程において整備してきた[6]。この安保理授権型多国籍軍は、憲章第7章の手続に従い、平和の破壊の認定(39条)および経済制裁(41条)という段階を経て授権・容認される軍隊であるから、各国軍隊を集団的自衛権の基礎の下で束ねた連合軍とは異なり、あくまでも「国連の」軍隊としての性格をもつものである[7]。

　こうした安保理授権型(容認型)の多国籍軍に関しては、国連憲章上、もとより違法ではありえないとしても、完全な合法性を獲得しているかどうかは未確定な部分が残されている。いわばそのグレーエリアにおいて「対抗性」を付与されるとしても法的な不安定性が払拭されていないという点は、押さえておかなければならないであろう。これら多国籍軍の法的評価については、今後の実行の積み重ねを見て行く必要がある。将来、わが国がこうした軍隊の本体部分に参加するとしても、国連法上、それが確実な法的基盤を獲得しているということが前提になるはずである。また憲法との関係においても、それが国連の集団安全保障の下での強制措置であって、個別国家としての武力行使ではなく、したがって憲法9条の枠外であることを、明確に確認する必要があるだけでなく[8]、こうした活動に参加するためには、具体的な法律が制定されなければならない(とくに派遣部隊の武器使用の権限と範囲を整備する必要がある)し、個々のケースについて、参加すべきか否かは、政策的・

戦略的観点から慎重な判断が求められることは言うまでもない。

　もっとも、多機能型PKOや国連容認型多国籍軍の場合も、平和破壊国等に対する大規模戦闘行為を担う部分と、治安維持・警察的活動に従事する部分とが分かれる形で機能分担がなされることは多く、後者の活動に日本が参加・協力していくことは充分に可能である。

　次に、憲章第6章（紛争の平和的処理）と第7章との中間段階に位置付けられる国連平和維持活動（PKO, peace-keeping operations）へのわが国の参加については、これをどのように考えるべきか。PKOの役割が、半世紀以上の歴史の中で、高く評価されていることは周知の通りである[9]。これら従来型のPKO国連軍（関係国の「同意」を基礎とする）については、当初は「憲章適合性」に疑念が投げかけられることもあった（ソ連、フランスなど）が、国際司法裁判所の勧告的意見[10]においても（国連に付与されている「黙示的権限」の法理により）「合憲性」が承認されており、長年の国連慣行として（「後からの実行」の解釈法理）すでに法的にも定着しているといえよう。もっとも、裁判所はその合憲性の承認に当たって、PKO国連軍（エジプトに派遣された国連緊急軍およびコンゴ国連軍）が「憲章第7章の強制行動ではない」という点を強調していたが、最近では、憲章第7章に言及する大規模・多機能型PKO国連軍の活動についても、すでに多数の先例があり、確実な法的基盤を獲得しつつあると見てよい。もとより、第7章該当部分の活動にわが国が参加・協力するか否かは、個別の状況に照らして、慎重に検討する必要があろう。

　いずれにせよ、わが国が国連安保理の決議に基づく国際任務に参加するか否かについて、議論の余地があることは確かである。しかし、それは憲法9条の問題ではなく、あくまでも政策上の判断に関わる問題である。

　わが国の安全保障論議における国際法と国内法との乖離は救いがたいほどに大きく、憲法9条に対する過大評価と国際貢献についての過小評価が、日本の国際平和活動への参加を極めて消極的なものにしている。本来は政策的な選択の問題であるはずのことが、憲法上の判断を要する問題であるかのように「格上げ」され、その結果、国際的に見ると到底通用しない硬直した議論が繰り返されてきたのである。

　冷戦終結と同時に、国連安保理は、俄然、積極的な機能を果たすようになった。1990－91年の第一次湾岸戦争における多国籍軍の容認は、安保理の歴史において画期となる事件であった。同時にそれは、わが国にとっても、国際

社会の平和と安全の維持について、より積極的な貢献が求められているということを認識させることになった。後方支援や人道復興支援ではあっても、世界各地の紛争地域において一定の軍事力を伴った人的支援が求められ、それ以前のように金銭面での貢献だけでは済まされなくなった。そしてそのことは、日本がその国際貢献の要請に対して、従来のように、憲法を含めた国内事情を理由に逃避することがもはや許されなくなったということをも意味したのである。

　集団安全保障系列の国際任務は憲法9条の範囲外の問題であるとの認識が共有できるならば、わが国はそうした活動に積極的に参加することが可能となる。もとより、その限度や歯止めをどのように設定するかは、政策的に慎重な考慮が必要であるが、少なくとも、これまでのように、憲法の禁止する武力の行使に当たるおそれがあるという理由でわが国の参加形態を後方支援や人道支援等に限定する必要はなくなり、政策的観点からみて、もし日本がそれに参加すべきと考えるならば、国際平和活動の中核的部分を担うことも可能となろう。もとより、日本には未だそのような実力が備わっていない、あるいは政策的に適当ではないと判断されるのであれば、参加を辞退すればよい。

　ともかく、国際平和活動が憲法で禁止・制限されるものではないということであれば、武器使用の範囲も隊員の自己防護に限定することなく「任務」との関係で決めることが可能となり、その任務が各国部隊のチームワークで成り立っている以上、他国部隊への「駆け付け警護」などは当然の任務と考えられよう。「国または国に準ずる者」や「武力行使一体化論」など、後述するような不可解な議論に無駄な時間とエネルギーを浪費する必要もなくなるのである。

3　「一体化」論の矛盾

　しかるに、わが国政府は、国際平和活動の場合と個別国家の武力行使の場合とを混同し、国際任務の場合にも憲法9条との抵触がありうるとの考え方から離脱できないできた。そのため、自衛隊の海外任務が憲法9条の禁止する「武力の行使」に該当するおそれがある場合には、そうした国際平和活動には参加できないとの立場をとってきたのである。こうして、いわゆる「国連

軍」(安保理により第7章の下でauthorizeされた多国籍軍等を含む)への「参加」は「自衛のための必要最小限度の範囲を超えるものであって、憲法上許されないと考えている」とされるのである。

もっとも、政府は「国連軍」等司令官の「指揮下」に入らずに「協力」することは、「国連軍」等の武力行使と「一体化しない限りで、憲法上許容されるという立場をとってきた。こうしてわが国は、「参加」に至らない「協力」という形で、国際平和活動の中心的部分にはコミットすることなく、その周辺的任務のみを漸進的・対処療法的に(incremental)に、担うようになってきたのである[11]。この場合、政府は「他国の武力行使と一体化しない限りで」という条件を付すことで、憲法との抵触を回避されうると説明してきた[12]。

いわゆる「武力行使一体化論」は、当初は日米安保条約の文脈で持ち出された議論であるが、同盟関係とは一体化を目的とするものである以上、安保体制を維持しつつ一体化論に固執することは論理矛盾であるという見方が強い[13]。国際的平和活動の文脈では、この「武力行使一体化」論は、平成2年以降、「国連平和協力法案」(廃案)の審議の過程で「移植」されたのであるが、この文脈での一体化の議論は、一層ナンセンスである。先に述べたように、国連の集団安全保障等の下に行われる強制行動その他の軍事活動は、個別国家が行う「武力行使」ではなく(したがって、憲法9条の枠外で捉えるべきもので)、武力行使との「一体化」を論じる意味がそもそもないのである[14]。

しかも、PKO国連軍などは国連の統一的コマンドの下でその任務を遂行することが不可欠であるから、各国部隊がそれぞれの事情に応じて特別のあるいは例外的な取り扱いを受けることがあるにせよ、「一体化」された軍隊として行動することは、むしろ基本的な要請でさえある。国連授権型多国籍軍に参加・協力する場合も概ね同様である[15]。こうして、国際平和活動の文脈における「一体化論」は、問題設定そのものがムートであって議論する実益がないと言うほかない。

国際平和活動等におけるわが国の貢献について、これへの参加・協力を拒否するか、後方支援に止めるか、あるいは全面支援を行うかは、憲法解釈上の問題ではなく、あくまでも政策的判断に委ねられるべき問題である(もとより、安保理の「決定」で行われる場合は、国連加盟国は「義務」としてこれに従うことになる[憲章25条]ので事情が異なるが、そうした状況は稀である)。船舶検査を「非混交」(日本が担当する水域を画定して他国部隊と交わらないで行う形態)で行う

かどうかなども、本来は、国連と自衛隊の専門家の間で検討し、個別の事案に即して、最も実効的と考えられる方法に従うべき、という類の事柄である。わが国が、より積極的な国際貢献を行おうと考えるならば、何よりもこの無意味な「一体化論」から脱却して、国際社会において必要とされる「任務」を真正面から見直すことが求められよう。

III 国際平和活動における武器使用の根拠と範囲

1 PKO参加5原則

　国連の集団安全保障の下で執られる措置は、本来、憲法9条の枠外であるにもかかわらず、政府はこれを認めてこなかった。そのため、国際平和協力法（PKO法、平成4年）でも、自衛隊がPKOに参加する場合の「5原則」を規定して、その条件に合致する場合にのみ、国際平和活動に協力することとした。すなわち、(1)紛争当事者間での停戦の合意、(2)PKO受入れについての紛争当事者の同意、(3)何れの紛争当事者に対しても不偏的な立場を堅持、(4)これらの原則の何れかが満たされなくなった場合は中断・撤収、(5)武器の使用は自己または他の隊員（その後、平成13年に「自己の管理の下にある者」が追加されて、基地に逃げ込んできた人々も含めることが出来るようになった）の防護のために必要最小限で容認、の5原則である。

　ここでまず問題となるのが、派遣部隊に対する「指揮権」の所在である。この指揮権は通常、① 作戦指揮統制（operational command and control）と、② 人事・懲戒等に関する人的管理（disciplinary command）に分かれる。後者②が派遣国に留保されていることは、国連の慣行、PKOに関する「モデル協定」[16]や「一般ガイドライン」[17]等からも明らかである。問題は前者①の作戦指揮統制権が、国連側にあるか、派遣国側にあるかという点である。この問題は、国際法では、主に「国連軍」等の軍事的活動に対する武力紛争法適用の観点から議論されてきた[18]が、わが国では、前記の通り、日本の派遣部隊が国連による指揮の下に入ることが憲法に抵触するおそれがあるとして、議論されてきたのである。

　その結果、現行国際平和協力法（PKO法）では、わが国は、実施要領の作成にあたり国連（事務総長）のコマンド すなわち「指図」（さしず）に適合するよう行うとし（8条②）、一般的「指揮」権はあくまでも日本政府が保持することとした[19]。とくに、派遣自衛隊員による武器使用については、あくまでも24条

の自己防護の枠内でしか実施できないこととし(下記「武器使用」の項参照)、これを国連の「指図」の範囲外とする[20]とともに、任務の中断・撤収に関する判断ついても日本の指揮権の下で行うこととしたのである[21]。

　指揮権の配分の問題は、PKO国連軍の具体的実施に関して最も適当と考えられる方式に基づき国連側と派遣国側で協議して決めればよいことであり、実際にも、両者の関係には様々なヴァリエーションがある。しかし、それがいかなる形をとろうと、この軍隊が国際的任務を果たすために国連の決議や要請を根拠に設置・派遣されているものであること、つまりその国際的性格は変わらないということこそ、重要なポイントである。

2　国際任務における武器使用の根拠と範囲

(1)　自己防護

　上記のように、国連等の要請に基づいて行われる国際平和活動等は、集団的安全保障の系譜に属する活動であり、そこでの「武器の使用」は、憲法9条が禁止している個別国家による「武力の行使」とは全く異なるものである。憲法9条は、日本が個別国家として自国が当事国となっている国際紛争を解決するために武力を行使することを禁じているのであり、第三国間における国際紛争の解決のために日本が協力支援することは禁止されているどころか、憲法前文の趣旨からも、むしろ積極的に行うべき活動と言わなければならない。

　それにもかかわらず、政府はこれまで、国際任務であっても、その武器の使用が憲法に触れるおそれがあるとして、武器使用の範囲を自然権的な自己防護に限定してきた。そのため、たとえば、近接して駐屯している他国部隊が攻撃されているような状況でも、わが国自衛隊の部隊が「駆け付けて」警護することも出来ないとされてきたのである。しかし、本来、国際平和活動等は統一的な指揮の下に各国部隊がチームとして活動することが期待されているのであるから、上記のような制限は、わが国による貢献の可能性を大きく損なうものとなっている。

　いわゆる「駆け付け警護」の問題は、わが国による国際平和活動の限界を示す象徴的な事例である。国際平和活動における警護等の問題について、政府は従来、概ね下記のように説明してきた。すなわち、①PKO法24条の下で

の武器使用は自衛隊員の自己保存のための自然権的権利に基く。② わが国自衛隊員に危険がない場合の他国部隊の駆け付け警護は、攻撃主体が「国又は国に準ずる者」であるときは、憲法9条の禁じる「武力の行使」に当たるおそれがあるので、出来ない（「国に準ずる者」の概念については国会審議でも不明確なままである。交戦団体・叛乱団体・民族解放団体など、国際法上一定の地位が確定している団体の場合と国際テロリスト集団など国際法的性格が未だ確定していない団体の場合の区別など、必要な基準が全く示されていない）。③ 攻撃者が単なる犯罪集団などの場合は、憲法上、駆け付け警護のための武器使用が許容される余地がある[22]、というものである。その後の24条1項の改正で、武器使用の範囲は「自己又は自己とともに現場に所在する他の隊員若しくはその職務を行うに伴い自己の管理下に入った者」の防護に若干拡大されたが、「自己保存のための自然的権利」という考え方そのものには基本的に変更がない。

　もっとも、政府は「自然権的権利に当たらない場合の武器使用が『武力の行使』に当たるか否かについては、必ずしもそうではないとも考えられる」として、将来に含みを持たせている[23]。ここでいう「自然権的権利に当たらない場合」というのは、国際平和活動の「任務遂行」ということになろう。そうした方向を示唆した答弁として、積極的に評価されるべきであろう。

（2）　武器等の防護

　なおここで、自衛隊法95条「武器等の防護」をめぐる問題にも触れておかなければならない。平成4年のPKO法制定の際には、自衛隊法95条は適用除外されていたが、平成13年の改正で、この適用除外規定は削除された（周辺事態法、テロ特措法、イラク特措法でも95条の適用除外はない）。同条に規定する「武器使用」とは、自衛隊の武器を破壊・奪取しようとする行為から当該武器等を防護するために、他に手段がない場合、警察比例の原則の下に、合理的・最小限度で、認められている。政府は当初から同条に規定する「武器の使用」が、憲法9条の禁止する「武力の行使」には当たらないということを強調してきた[24]。

　もっとも、95条の適用には次のような問題点が指摘される。すなわち、第1に、同条の下では、自衛官は自ら危険な状況の中に入ってはならず、そうした場合にはまず「退避」することが前提とされていること、第2に、防護対象の武器が破壊された場合や、攻撃の後に相手が逃走した場合などには追い

かけてはならず、95条はもはや適用できなくなること、である。さらに第3に、当該武器等が置かれている場所から離れている他国部隊の警護などのために95条を適用することはできないこと、などである。

　このこと以上に、95条が、PKO法24条と並んで、武器使用の「根拠法」とされていることには、違和感を禁じえない。わが国の自衛隊が国連平和維持部隊として外国に受け容れられてその同意の下に駐屯している限り、この規定が当該外国において域外適用・執行されることはもとより問題ないが、その任務遂行のために自衛隊の武器がその国に存在するということは、何らかの「根拠法」に基づいて行われているはずである。これに対して95条は、単なる「実施法」としての下位規範（目的を果たすための手段の一つ）に過ぎない。しかるに政府の説明では目的（根拠法）と手段（実施法）が倒錯し、当該外国にある武器等を防護するために武器の使用が許容されると言うに等しい。実際にも95条の下で武器使用を任されているのは、現場で武器等の警護（「部隊の防護」ではない）に当たる自衛官[25]であって、根拠法の適用について判断すべき立場にある内閣総理大臣や防衛大臣等ではない。

(3) 任務遂行のための武器使用

　本来、PKO部隊の武器使用権限は、それが担う「国際任務」そのものに基礎付けられなければならない。自衛隊員個人の「自己保存・自然権的権利」（個人の正当防衛権、自衛隊員に限らず、誰でも持っている権利に過ぎない）だけで位置付ける積極的意味は見出し難い。国連も、PKO部隊の「標準行動規範」（Standard Operating Procedure）において、武器使用の範囲を、要員の自己防護（わが国国会審議における俗称「Aタイプ」）のほか、PKO任務遂行に対する妨害の排除（公務執行妨害排除、いわゆる「Bタイプ」）のための武器使用を、位置付けてきたことは周知の通りである[26]。その後の実践過程で、国連ではこの両者を広義の「自衛」として捉え、ほぼ同一のものとして扱ってきていることを指摘しておきたい。

　PKO部隊の任務の主要な内容は、従来型のPKOの場合であっても、兵力引き離しなど「国又は国に準ずる者（叛乱団体・交戦団体・民族解放団体など？）」に対する強制措置を含むことが、むしろ多くの場合、前提とされる。最近の国連平和維持活動は、従来型のPKOに比して、その任務が多様化し、第7章の執行活動を含むようなものが多くなってきている。自衛隊の武器使用の範囲

が、隊員の自己防護にとどまる限り、そうした活動に参加することは不可能ということになる[27]。

　しかし、先に述べたとおり、国際任務遂行における「武器の使用」は、個別国家として行う「武力の行使」ではなく、憲法9条の範囲外の問題である。したがって、PKO活動の中核部分に参加するか否かについて、憲法上の制約はない、と言わなければならない。そうした活動に参加するためには、もとより法律による根拠付けが必要であるが、日本が担うべき国際貢献のために平和維持の中心的役割に参加するかどうかは、（もとより国民的コンセンサスを基に慎重に検討する必要があるが）、優れて「政策レベル」の問題である。

　以上見てきたように、わが国は国際平和活動の実施に当って、憲法9条との抵触を生じないという説明をしなければならなかったため、極めて不自然な形でしかこれを進められなかったのである。しかし、先にも述べたとおり、本来、自衛隊が行う国際任務は、憲法9条の枠外の活動として捉えられるべきであり、そのことを公に確認することこそ、何よりも重要と考えられる。その上で、派遣される自衛隊員が現場で迷うことのないように、明確な権限・行動基準を設定しておく必要がある。

Ⅳ　立法論的考察——結びに代えて

　わが国が参加する国際平和活動のあり方を考察する場合、上記のように、国連の集団安全保障に基づく措置については、これを憲法9条から截然と切り離すという考え方が理論的には正しい方向であると思われる。そこで行われる軍事的措置が、法執行＝警察活動としての「武器の使用」であり、国連憲章2条4項（＝憲法9条）の禁止する「武力の行使」でないことは、重ねて確認しておきたい。

　一方、国連の集団安全保障は、冷戦終結後、その機能を回復し、安保理による多国籍軍の容認やPKO活動の多機能化・大規模化という大変容を遂げてきており、そうした方向性は定着してきているものと認められる。国際関係における根本的変化を踏まえて、今や、従来の政府の立場についても修正・変更が必要になってきているものと考えられるのである。さらにまた、国際テロリズムや大量破壊兵器の拡散など、新たな脅威に対して、国際社会全体として立ち向かうべき分野が飛躍的に拡大していることも、念頭に置かなけ

IV　立法論的考察　*163*

ればならない。

　そうした背景の中で、国連安保理の役割は、大きく変容している。安保理は本来、「平和に対する脅威、平和の破壊、侵略行為」（憲章39条）という国家間の軍事衝突を回避・抑圧する機関として設定され、その措置の対象はあくまでも「国家」であった。しかし、今日では、安保理の機能は、国家に対する措置と並んで、テロ集団や海賊など非国家行為主体に向けられるようになってきたのである。国連加盟国は、そのような安保理の決議を受け止めて対応することが求められる。それは従来のような国家に対する軍事的強制措置ではなく、非国家行為主体に対する法執行活動としての性質をもつ措置である。

　わが国としても、こうした安保理の機能変化を主体的に受け止め、その活動に積極的に参加して行くことが求められているように思われる。そのような観点から、わが国は国際的な共同行動としての域外法執行活動への参加を積極的に考えるべきである。9.11事件について国連安保理1368号決議（1373号決議も同様）は、前文で個別的・集団的自衛権を確認しているが、本文第3項および4項では、法執行活動について諸国が協力することを要請している。アフガニスタンにおける軍事行動についてはこれを国際法上の自衛権行使と捉えることには当初から無理があり[28]、むしろ、同国が「破綻国家」[29]であったことを前提として、参加国が協働して行っている域外法執行活動として理解すべきものと考えられる[30]。とくにタリバーン政府が崩壊し2001年12月22日のカルザイ暫定政権が樹立された後は、同政権の要請により治安回復のための掃討作戦が展開されているのであるから、その軍事行動は領域国の同意のもとに行われている法執行活動以外の何ものでもない。

　わが国の国会では2007年および2008年に、テロ特措法終了後のインド洋における給油活動再開に関する新法（補給支援特措法）の審議が行われてきた。しかし与野党共に上記の点に関する理解に大きな混乱がみられ、議論は噛み合っていない。本件について確認しておくべきことは、次の3点である。第1に、インド洋において国際テロリストおよび関連物資の海上移動を阻止・抑止するために船舶検査等の活動を行うことは、前記1368号安保理決議（とくに3，4項）および累次の安保理決議の下で各国に要請されているところであり、その要請に応じてわが国の海上自衛隊がそれらの活動に従事している外国艦船に補給支援を行うことは、国際法上も憲法上も、もとより何ら問題はなく[31]、安保理決議1776号（2007年）前文で海上阻止活動に「謝意」が述べられたことも、

この活動が国連の枠組みで行われていることを示す。第2に、この海上阻止活動の補給支援が、他国の「武力の行使」に「一体化」するとして集団的自衛権の行使に繋がり、憲法9条違反のおそれがあるとの批判があるが、安保理の授権の下で行われる活動について集団的自衛権や憲法9条が問題となることはそもそもありえない。仮に安保理の授権があったことを認めない立場であったとしても、旗国の同意を得て行われている海上阻止活動としての船舶検査が「武力の行使」に当るとは考えられないし、まして給油という補給支援活動がそれに該当するということはありえない。第3に、わが国は、この海上阻止活動ではなく、むしろ国連アフガニスタン治安支援部隊(ISAF)に参加すべきだという意見もある(民主党・小沢一郎代表など)が、先に述べたように、派遣部隊の武器使用の根拠と範囲が変更されない限り、派遣の可能性はあり得ない。

また、海賊行為の抑止について、安保理は決議1816号(2008年6月2日)を採択し、「憲章第7章の下に行動して」、ソマリア沖で頻発している海賊行為等に対し、同国政府と協力して同国領海を含む海域において、これを抑圧するための措置をとることを決議した。わが国としては、こうした活動に積極的に協力していくべきであろう。従来、マラッカ海峡で多く見られた海賊は関係各国の共同措置が功を奏してかなり減少しているが、最近はインド洋に場所を移しているとも見られる。アラブ産油国からの石油に依存しているわが国としては、当然のことながら、この海域の安全に無関心ではいられないからである。

最後に「一般法(恒久法)」制定の必要性に触れておきたい。わが国では、前記PKO法のほかは、個別の「措置法」によって国際平和活動に参加してきた。しかし、そうした対応では十分に実効的な協力が出来ない。したがって、現行PKO法に規定されている活動内容に加えて、人道復興支援活動の新たな内容、警護活動、安全確保活動、船舶検査活動(同意のない場合を含む)などを付加し、国連決議または国際機関等の要請がある場合、迅速に対応できるよう、一般法を制定することが急務であると思われる。ここでは、自民党国防部会防衛政策検討小委員会が2006年8月30日に公表した「国際平和協力法案」に触れておきたい。

本試案について、積極的に評価しうる点は、第1に、活動範囲を広げ、かつ恒久化しようとしていること、第2に、派遣部隊の武器使用権限を、隊員

の自己防護に限定するのではなく、「任務遂行のための」権限として付与していること、である。しかし他方、この試案でも、第1に、「国際紛争を解決する手段としての武力による威嚇又は武力の行使に当たるものであってはならない」(法案2条4項)として、憲法9条との抵触という意識から離脱できないでいること、その結果、第2に、活動の範囲を「非戦闘地域」[32]に限定していること(2条5項)などは、上述の通り、やはり問題と思われる点ではある。

　わが国は、この15年間、世界各地で国際平和活動に対する協力の経験を積んできており、今日、国際社会から一層の国際貢献が求められている。そうした状況の中で、日本が国連の集団保障体制に消極的な態度をとり続けている限り、わが国は「国際社会における名誉ある地位」を確保することはできないと思われる。

【注】

1　村瀬信也「武力不行使に関する国連憲章と一般国際法との適用関係—NATOのユーゴ空爆をめぐる議論を手掛かりとして」『国際立法—国際法の法源論』(東信堂 2002年)519－552頁。

2　なお、9条2項は「前項の目的を達するため」に、戦力の不保持と交戦権の不承認を定めているものである。すなわち、9条1項で禁止された「戦争」と日本が当事国となっている国際紛争を解決する手段としての「武力の行使」を行うために、日本は「陸海空軍その他の戦力」はこれを保持しないということである。したがって、それ以外の目的のため、すなわち自衛権行使のため、および、国際平和活動等のために、軍事力を保持することは認められているものと考えられる。また2項後段の「交戦権」とは、「戦争」を遂行する過程で交戦国に認められる戦争法上(交戦法規上)の権利であるが、第1項で日本は「戦争」を放棄したのであるから、交戦国の権利を主張する可能性はなく、これも確認的に「これを認めない」と規定したに過ぎないと解されよう。もとより、日本はすでに、1949年ジュネーヴ諸条約および1977年追加議定書の締約国であるから、当事国としての権利を行使し義務を遵守する立場に立つことはいうまでもない。したがって、日本の自衛隊が国際平和活動に派遣されて武器使用を行う場合も、国際人道法を尊重すべきことは明らかである。もとよりそうしたことは、日本が戦争法上の「交戦権」を放棄したことと矛盾するものでは毛頭ない。

3　「『国際紛争を解決する手段』としての戦争ないし武力行使は、国際紛争の当事国として行使する手段と解されている」ことについて、高野雄一「憲法第九条—国際法的にみた戦争放棄条項」『集団安保と自衛権』(東信堂 1999年)288－289頁(原載『日本国憲法体系』(宮沢俊義先生還暦記念)第2巻 総論II 有斐閣 1965年 134－135頁)。なお、「『国際紛争を解決する手段』としての戦争もしくは武力行使とは、国際紛争の当事国として行使する手段と解されるので、紛争当事国間の違法な侵略行為に際し、非当事国や国連などが、公の立場から、その防止鎮圧、紛争処理のために行う制裁戦争や制裁措置はそれにあたらないとされる。これが通説である」(引用は省略。もとより、有力な反対説もある)という。高見勝利「憲法9条【戦争の放棄、戦力及び交戦権の否認】」芦部信喜監修『注釈憲法』(1)有

斐閣 2000 年、400 頁。
4 こうした捉え方は、ケルゼンの 1948 年の論文以来、世界の国際法学者の常識である。
See H. Kelsen, "Collective Security and Collective Self-Defense under the Charter of the United Nations", *American Journal of International Law*, vol.42, 1948, pp.783-796; J.A. Frowein & N.Krisch, "Introduction to Chapter VII", Bruno Simma, ed., *The Charter of the United Nations: A Commentary*, 2nd ed., Oxford, 2002, vol.I,(The Police Function of the Security Council), p.705,(Law Enforcement), p.707; see also, B. Conforti, *The Law and Practice of the United Nations*, 2nd.ed., 2000; V. Gowlland-Debbas, "Security Council Enforcement Action and Issues of State Responsibility", *International and Comparative Law Quarterly*, vol.43, 1994, pp.55-98; F.L.Kirgis, "The Security Council's First Fifty Years", *American Journal of International Law*, vol.89, 1995, pp.506-539.

　高野雄一教授は、集団的安全保障の下に国連安保理が行う軍事的措置の法的性格は、個別的安全保障（＝自衛権）のそれとは全く性質を異にするものであり、「（国際の平和と安全の維持のための）警察的な強制措置」ないし「国際警察行為」であると指摘する（高野雄一『国際法概論・全訂新版・下』328－33頁。これは同教授が『国際安全保障』（日本評論新社 1953 年・法学理論篇 23）以来、とくに強調してきた点である。

　オランダのソーンズ教授も、憲章第 7 章の下でとられる強制措置は、憲章 2 条 4 項の意味での「武力の行使」ではなく、仮にそれが軍艦による措置であったとしても、「警察力」(police force)の行使に類似するものと捉えるべきものと述べる。A.H.A. Soons, "Enforcing the Economic Embargo at Sea", in Vera Gowlland-Debbas, ed., *United Nations Sanctions and International Law*, Kluwer Law International, 2001, pp.321.

5 このことを表に纏めれば次のようになる。

区　分	適用法規	目　的	軍事活動の性質	日本国憲法
国際平和活動等	国連憲章 7 章、憲章慣行等	集団安全保障、平和維持（国際公益）	国際任務における「武器の使用」	憲法 9 条の範囲外
個別国家による軍事活動	国連憲章 2 条 4 項	自国の国際紛争の解決（自国利益）	他国に対する「武力」の行使」	憲法 9 条で禁止

6 村瀬信也「国際組織の一方的措置と対抗力 ― 国連憲章第七章の下における軍事的措置の容認をめぐって」『国際立法 ― 国際法の法源論』（東信堂 2002 年）490－518 頁参照。

7 後述のように「国連軍」の作戦指揮系統が国連側にあるか派遣国側にあるかが問題となるが、集団安全保障系列の強制措置か個別国家レベルの武力行使かの区別は、作戦指揮系統の所在によって分かれるのではなく、それが国連の（あるいはその他の地域的な団体の）「許可・委任・容認・要請」等によるものであるか否かで判断されるべき問題である。ちなみに、1991 年の湾岸戦争時に組織された多国籍軍は、安保理決議 678 号（1990 年）により第 7 章の下で「授権・容認」(authorize)された軍隊であり、同決議は、安保理が「憲章第 7 章の下で行動して」採択した 660 号決議（「平和の破壊」の認定、即時撤退要求）→ 661 号決議（経済制裁）→ 665 号決議（経済制裁の厳格な履行を確保するための執行措置）など第 7 章の手続を経過した後の到達点であって、その意味で多国籍軍は、「国連の」軍隊として捉えられるべきであり、単に各国軍隊を集団的自衛権を基礎に束ねた連合軍ではない。たしかに統一司令部も設置されず、国連旗の使用にさえ言及されなかったとはいえ、この多国籍軍はやはり国連の集団安全保障の系列で捉えるべきものである。他方でしかし、この国連軍は、憲章 42 条（軍事的措置に関する一般的条項）と 43 条（兵力提供に関する加盟国と安保理との特別協定）以下とを「切断」して、実施方法、兵力の分担・使用計画、戦略的指導、指揮命令系統、履行権限・責任体制等につき充分な法的保障もないま

ま実行に移されており、そのため、未だ法的不安定性を免れず、完全に「合法性」を獲得しているわけではない(実際にも、ソマリアや旧ユーゴのケースでは失敗に終わっている)。もとより、安保理の決議によって「容認」されたものである以上、「違法な」措置ではない。筆者はこれを「国際組織による一方的措置」として捉え、「対抗性」(合法性と違法性との間のグレーエリア)による性格規定をしている(『前掲書』508－511頁参照)。

8　この点で、ドイツ連邦共和国憲法は示唆的である。その24条2項は「連邦は、平和を維持するために、…… 集団的安全保障制度に加入することができる。連邦はその際、ヨーロッパおよび世界諸国民間に、平和な永続的秩序をもたらし、かつ保障するところの主権制限に同意する」と規定している。旧ユーゴおよびソマリアにおける「安保理で容認された」国連軍へのドイツの参加について、同国憲法裁判所は、24条2項の下で、集団的安全保障制度の決定により容認された平和維持活動にドイツの軍隊が用いられうることは明白であると述べた(BVerfGE 90, 286,349 seqq (1994).; Jochen A. Frowein, "Implementation of Security Council Resolutions Taken under Chapter VII in Germany", in Vera Gowlland-Debbas, ed., *United Nations Sanctions and International Law*, Kluwer Law International, 2001, pp.253-265; Georg Nolte, "Germany: ensuring legitimacy for the use of military forces by requiring constitutional accountability", in Charlotte Ku and Harold K. Jacobson, ed., *Democratic Accountability and the Use of Force in International Law*, Cambridge University Press, 2003, pp.231-253.

9　香西茂『国連の平和維持活動』(有斐閣 1991年)参照。酒井啓亘「国連平和維持活動における同意原則の機能」安藤仁介・他編『21世紀の国際機構―課題と展望』(東信堂 2004年) 237－278頁。

10　国連経費事件勧告的意見 *ICJ Reports 1962*, pp.151f.

11　平成2年10月26日の政府見解は次のように述べる。「1 いわゆる『国連軍』に対する関与のあり方としては、『参加』と『協力』とが考えられる。2 昭和55年10月28日付政府答弁書にいう『参加』とは、当該『国連軍』の司令官の指揮下に入り、その一員として行動することを意味し、平和協力隊が当該『国連軍』に参加することは、当該『国連軍』の目的・任務が武力行使を伴うものであれば、自衛隊が当該『国連軍』に参加する場合と同様、自衛のための必要最小限度の範囲を超えるものであって、憲法上許されないと考えている。3 これに対し、『協力』とは、『国連軍』に対する右の『参加』を含む広い意味での関与形態を表すものであり、当該『国連軍』の組織の外にあって行う『参加』に至らない各種の支援をも含むと解される。4 右の『参加』に至らない『協力』については、当該『国連軍』の目的・任務が武力行使を伴うものであっても、それがすべて許されないわけではなく、当該『国連軍』の武力行使と一体となるようなものは憲法上許されないが、当該『国連軍』の武力行使と一体とならないものは憲法上許されると解される」(平成2年10月26日衆議院国連平和協力特別委員会・中山外務大臣)。

12　「当該『国連軍』の目的・任務が武力行使を伴うものであっても、それがすべて許されないわけではなく、当該『国連軍』の武力行使と一体となるようなものは憲法上許されないが、当該『国連軍』の武力行使と一体とならないようなものは憲法上許されると解される」【平成2年10月26日衆議院国連特別委員会・中山太郎外務大臣発表政府見解第4項】。

13　詳しくは、村瀬信也「安全保障に関する国際法と日本法―集団的自衛権及び国際平和活動の文脈で(上)」ジュリスト1349号、2008年、92頁以下、106頁参照。

14　浦田一郎教授は「一体化論は、武力行使目的の活動のなかから、外国の武力行使と一体化しないとされる個別協力行為を、明確に合憲化する論理である」とする(浦田一郎「政府の集団的安全保障論―武力行使との一体化論を中心に」『変動期における法と国際関係』(一橋大学法学部創立五十周年記念、有斐閣 2001年)147頁)。この見解は、集団的安

全保障の文脈でありながら個別国家の「武力行使」と同一の次元で捉えている点、および政府の「一体化」論を、さしたる論証もなく、武力行使の積極的許容(合憲化)のための論理であると短絡している点で、解釈論としては二重に問題が指摘されよう。

15 一体論論の下で、国連授権型多国籍軍の統合司令部の指揮下に入ることさえ、憲法違反になりうるとする極論が行われていることは、わが国の国際貢献の在り方に対する国際社会の評価を考える上で、極めて深刻な問題である。「『イラク主権回復後の自衛隊の人道復興支援活動等について』(平成16年6月18日閣議了解)でお示ししたとおり、平成16年6月30日以降、自衛隊は、国際連合安全保障理事会決議第1546号において言及される多国籍軍の中で、統合された司令部の下にあって活動することになるが、当該司令部との間で連絡・調整を行うものの、当該司令部の指揮下に入るわけではなく、引き続き、我が国の主体的な判断の下に、我が国の指揮に従い、イラクにおける人道復興支援活動及び安全確保活動の実施に関する特別措置法(平成15年法律第137号)及び同法第4条に規定する基本計画に基づき活動を実施するものである」【平成16年6月22日衆議院議員委員長妻昭君提出自衛隊の多国籍軍参加に関する質問書に対する答弁書】。

日本の自衛隊が多国籍軍の一員として活動する場合も、「その中には、司令官の指揮に従って行動する態様もあれば、またそこから、そういうことではなくて、主体的な判断を許されて行動するというものも両方含む」わけで、後者の場合には、平成2年10月26日の中山答弁(注9参照)に照らしても、一体化の問題を生じないとしている【平成19年2月14日衆議院予算委員会・宮崎法制局長官】。

16 Report of the Secretary-General, "Model agreement between the United Nations and Member States contributing personnel and equipment to the United Nations peace-keeping operations", A/46/185, 23 May 1991. このモデル協定によると、派遣部隊は国連のコマンドの下に置かれ、国連はその配置、組織、行動、指示に完全な権限を有すること、平和維持部隊は国際的性格を有し、隊員は国連以外からの指令を受けてはならないこと、また派遣国は、事務総長に充分な事前の通報無しに自国部隊を撤収してはならないこと、などが規定されている。もっとも、実際には、国連と派遣国との間では、それぞれの特別事情を考慮して、様々な協定や交換公文などにより、一般的な型に従わない場合が多いという。See, Michael Bothe, "Peace-keeping", in Bruno Simma, ed., *The Charter of the United Nations: A Commentary*, 2nd ed., Oxford, 2002, vol.I, pp.690-691.

17 国連の「PKO一般ガイドライン」(1995年11月)などの関連文書では、PKO隊員による「武力行使」(use of force)や「自衛」(self-defense)の語が用いられており、正確ではない(これらの文書は国連PKO局で起草されたもので、国連法務部で作成されたものではない)が、そこで言及されている「武力行使」とは正確には「武器の使用」の意であり、「自衛」というのは隊員個人ないし同僚等の「正当防衛」の意であり、国家が有する自衛権でないことは言うまでもない。上記文書では、そのような武器の使用について、PKO隊員が、自己のみならず、同僚、その管理の下にある人々のほか、部隊の駐屯地、車列等にも及ぶとしている。See, "General Guidelines for Peace-Keeping Operations", United Nations Department of Peace-Keeping Operations, Nov. 1995, paras.33-35.

18 真山全「国連の軍事的活動に対する武力紛争法の適用―武力紛争の事実主義的認識とその限界」安藤・他編『二一世紀の国際機構 課題と展望』(香西茂先生古希記念、東信堂、2004年)307-335頁参照。

19 「国連のいわゆる『コマンド』と法案8条2項の『指図』との関係」に関する政府見解では、次のように述べられている。「1. 派遣国により提供される要員は、国連平和維持活動に派遣される間も、派遣国の公務員としてこれを行うが、この間国連の『コマンド』の下に置かれる。ここで言う国連の『コマンド』とは、国連事務局が、国連平和維持活動に要員

注　169

を提供している諸国と国連との間の最近の取極を踏まえて1991年5月に作成・公表した『国際連合と国際連合加盟国との間のモデル協定案』第7項及び第8項にも反映されているとおり、派遣された要員や部隊の配置等に関する権限であり、懲戒処分等の身分に関する権限は、引き続き派遣国が有する。2. 法案8条2項にいう国連の『指図』は、前記1. にいう国連の『コマンド』を意味している。(以下略) 3. 我が国から派遣された要員は、本部長が作成する実施要領に従い国際平和協力業務を行うこととなるが、実施要領は、『平和維持隊への参加に当たっての基本方針』(いわゆる『五原則』)を盛り込んだ法案の枠内で国連の『指図』に適合するように作成されることになっている(法案8条2項)ので、我が国から派遣される要員は、そのような実施要領に従い、いわゆる『五原則』と合致した形で国連の『コマンド』の下に置かれることとなる。」【平成3年11月27日衆議院国連平和協力特別委員会】。

20　「武器等の使用に関する限り、この法案におきましては第24条できちんと規定しております。まさに、『自己又は』『他の隊員の生命又は身体を防衛するため』、あくまでその24条の枠の中でしか行動できないということになります。」【平成3年11月27日衆議院国連平和協力特別委員会・野村一成内閣審議官】。

　「一番問題は憲法との関係での武器の使用の問題でございまして、例えば隣の部隊に水を供給しろというような指図がございましたならば、それは憲法との関係で問題がないわけでございますから、そういう状況のもとであれば水の供給をする、こういうことになろうかと思います。」【平成3年11月27日衆議院国連平和協力特別委員会・丹波實外務省国連局長】。

21　派遣部隊の撤退については、わが国の国際平和活動の「安全弁」として、これを明記しておくことは必要であろう。もとより国連平和維持活動への参加・協力は義務ではなく、任意で自発的に行うものであるから、中断・撤収は法的には問題ない。これまでも、財政的理由や本国の治安悪化等の事情を理由として撤収を決めた先例がないわけではなかった。もっとも、状況によっては任務放棄と受け取られて国際的な非難を招くことにもなりかねない。一旦部隊派遣にコミットした以上、派遣国の事情だけで撤退を決定することが実際上可能かどうかは、状況次第で問題となろう。

　1994年のルワンダ平和維持部隊の撤退は、この点で大きな教訓を残した。ルワンダでは1993年8月にツチ族反政府勢力との和平協定が締結され、その停戦監視のため「国連ルワンダ支援団」が派遣され、2500人の各国兵士が駐屯していた。しかし、94年初頭、ルワンダ首相府の警備に当たっていたベルギー隊員10名がツチ族武装勢力に惨殺されたことをきっかけに、フランス・ベルギー等の平和維持部隊が引き揚げ、残りはチュニジアとガーナの隊員数百人のみとなった。その空白をぬうようにハビャリマナ大統領専用機襲撃事件が起き、それがあの大虐殺の発端となったのである。もっともこの場合、非難さるべきは、派遣国ではなく、国連安保理、国連本部(当時のアナンPKO局長)、および(ソマリア平和執行部隊の失敗で消極的になった)米国その他の主要国ではある。

22　「お尋ねのように、自衛隊の部隊の所在地からかなり離れた場所に所在します他国部隊なり隊員さんのもとに駆け付けて武器使用をするという場合は、我が国の自衛官自身の生命又は身体の危険が存在しない場合の武器使用だという前提だというお尋ねだと思います。… 現行いわゆるPKO法の24条に定めます武器使用といいますのは、… そこの要件に当たります武器使用であれば、それはいわば自己保存のための自然権的権利というべきものであるので、仮にその攻撃者が国又は国に準ずる組織だという場合でありましても、それを含めて、そのような要件に該当する武器使用であれば憲法9条の禁ずる武力の行使には当たらないと解しているわけでございますけれども、今お尋ねのような場面でございますと、我が国自衛官の生命、身体の危険は取りあえずないという前提で

ございますので、このような場合に駆け付けて武器を使用するということは、言わば自己保存のための自然権的権利というべきものだという説明はできないわけでございます。… その駆け付けて応援しようとした対象の事態、あるいは今お尋ねの攻撃をしているその主体というものが国又は国に準じる者である場合もあり得るわけでございまして、そうでありますと、… それは国際紛争を解決する手段としての武力の行使ということになるわけでございまして、そうでありますと、憲法9条の禁じます武力の行使に当たるおそれがあるというふうに考えてきたわけでございます。したがって、これを逆に申しますと、… 例えば相手方が単なる犯罪集団であることがはっきりしている場合など、これに対する武器使用が国際紛争を解決する手段としての武力の行使に当たるおそれがないんだという状況を前提にすることができるという場合がありますれば、それは別途そういう立法措置を取るべきだということは別にいたしまして、憲法上はそのような武器使用が許容される余地がないとは言えないというふうに、抽象的にはかように考えておるわけでございます」【平成15年5月15日参議院外交防衛委員会・宮崎法制局第一部長】。

23　「それ(自然権的権利)以外のものは全くないのかどうかといいますと、そこはそう頭から断言してはおりませんけれども、なかなかそういったものについて今すぐ、その想定ができるかというか、こういうものならいいというふうなことを申し上げるのは難しいということでございます。… これまでこういうものは武力の行使という範疇から外して類型的に考えてよいというふうに考えてきたものが累次できてきているわけでございます。そういうものはもうないのかというご質問であれば、そこは今すぐそんなものがあるというふうに、これなら大丈夫というものを想定、頭の中でできておりませんけれども、そうかといって、それとある意味で並ぶような必要性と理屈が付けばそれは将来そういうものが考えられないわけではないだろうと」【平成18年10月26日参議院外交防衛委員会・宮崎法制局長官】。

24　「武器の使用と武力の行使の関係に関する政府見解」平成3年9月27日【平成3年9月27日衆議院国連平和協力特別委員会】。
　「自衛隊法95条に規定する武器の使用は、自衛隊の武器という我が国の防衛力を構成する重要な物理的手段を破壊、奪取しようとする行為からこれらを防護するための極めて受動的かつ限定的な必要最小限度の行為でありまして、それが我が国領域外で行われたとしても、憲法9条で禁止された武力の行使には当たりません。したがって、自衛隊法95条に基づく武器使用を国際平和協力業務に従事する自衛官に適用したとしても、憲法上の武力の行使には当たらないものと考えております。」【平成13年11月8日参議院外交防衛委員会・林梓国際平和協力本部事務局長、同趣旨・阪田雅裕法制局第一部長】。

25　(後方地域支援の際の武器の携行について)「自衛隊95条の武器等防護でありますが、これは法律上は、武器等防護のために一定の武器の使用が認められております。そして、実際にどういう形で行うかということにつきましては、これは武器等の警護の任務を付与された自衛官に与えられた権限でありますから、その必要な場合に武器等の警護の任務をつける判断は、それはいたします。その場合には、95条で警護の任務を持つわけでありますから、それに必要な武器の携行をするということでございます」【平成11年4月23日衆議院日米防衛協力指針特別委員会・柳沢協二防衛庁運用局長】。

26　このAタイプ・Bタイプという類型もわが国特有の用語法であり、国際的には通用しないが、その出自は、1964年の国連キプロス平和維持隊の任務に関する事務総長覚書(Doc. S/5653, 11 April 1964)のようである。そこでは「任務遂行を阻止しようとする企てに対して」の武器使用が、部隊司令官の指揮命令の下に、認められている(18/b項)。政府答弁では、このBタイプの武器使用は憲法上問題がありうるとされてきた【平成3年9月30日衆議院国連平和協力特別委員会・工藤敦法制局長官、丹波實外務省国連局長】が、本文でも

述べたとおり、このBタイプについても憲法上許容されているということを確認する必要がある。
27　仮に日本の自衛隊の任務が、イラク特措法の下で行われた人道復興支援等にとどまるものであったにしても、その装備は予想されるいかなる危険な事態にも対応できるよう、充分に強力なものでなければならない。2003年から2006年にかけてイラク・サマワに派遣された日本の自衛隊部隊が1発の銃弾を発射することもなく成功裏に任務を終えることができたのは、やはり派遣部隊自身がそれなりに強力だったことによるものと思われる。日本が国際平和活動に参加協力する場合には、予測を超える危険にも対応できるよう充分な実力を備えた部隊に必要な権限を付与して派遣することが何よりも肝要である。
28　国際法上・国連憲章上の自衛権は「国家間」に適用される制度であり、「国家以外の主体から」受けた攻撃に対して「国家以外の主体に対して」反撃する権利ではない。アフガニスタン＝タリバーン政府に対する自衛権行使は、同国から米国に対して武力攻撃があったわけではないから正当化できない。タリバーン政府には、アルカイダを匿った国際法上の責任はあるが、言うまでもなく、国家責任を負うからと言って同国に対して自衛権が行使できるということにはならない。米英両国、NATO諸国が自衛権行使として安保理に報告しているから、あるいは、アフガニスタンにおける戦闘の実態（規模・烈度）からみて自衛権行使と看做さざるを得ないとする見解も、必ずしも説得的ではない。
　安保理決議1368号以降、自衛権は非国家主体への反撃の権利を含むものとなったとの主張があるが、これは自衛権概念の不当な拡張と言わなければならない。同決議はたしかに前文で自衛権を確認しているが、それは国際社会の米国に対する同情と連帯の表明以上のものと捉えるべきではなく、本文（3, 4項）で要請されている法執行活動こそが本決議の中心部分である。また、この文脈で引き合いに出されるのが1837年のキャロライン号事件における自衛権発動要件としてのウェブスター・フォーミュラであるが、これを現代における自衛権の先例と捉えるのは不適切であり、同事件で英国が主張した内容も、今日的意味の自衛権ではなく、域外における法執行活動の正当化であった。村瀬信也「国際法における国家管轄権の域外執行 ― 国際テロリズムへの対応」『上智法学論集』49巻3・4号、2006年、140－141頁参照。
29　「破綻国家」の法的定義は国際刑事裁判所規程17条1項参照。「当該国が真摯に捜査または訴追を行う意図または能力を欠いている場合」。
30　村瀬「前掲論文」（注28）119－160頁；古谷修一「自衛と域外法執行措置」村瀬編『自衛権の現代的展開』（東信堂　2007年）165－200頁参照。
31　「OEF―MIO、不朽の自由作戦、海上阻止行動といわれておりますけれども、… これはいわゆる9.11のテロ攻撃が国連安保理決議1368により国際の平和と安全に対する脅威と認められたことを踏まえまして、さらには累次の安保理決議が国際テロリズムの防止などのために適切な措置をとることを求めているということにかんがみまして、国際法に従って活動を行っていると承知しております。… 基本的には旗国の同意ということを前提として活動を行っているというふうに聞いております」【平成18年12月14日参議院国土交通委員会・小松一郎国際法局長】。
32　なお、一般法案の説明文書等で「非国際武力紛争地域」の語が用いられているが、これはミスリーディングであり避けるべきである。1977年の「非国際武力紛争」に関する第2追加議定書（わが国も2005年に加入）では、その適用範囲として、国家間の武力紛争（国際武力紛争＝第1追加議定書の対象）以外の武力紛争であって、「締約国の領域において、当該締約国の軍隊と反乱軍その他の組織された武装集団との間に生ずるすべてのものに適用する」と定められている（1条1項）が、これはわが国の用語にいう「国に準ずる者」との戦闘を指す（これは一般法ではその適用外とされている）。他方、「この議定書は、暴動、

独立の又は散発的な暴力行為その他これらに類する性質の行為等国内における騒乱及び緊張の事態については、武力紛争に当たらないものとして適用しない」(同2項)と規定し、一般法が対象とする犯罪集団などは適用外としているのである。「非国際武力紛争」といえば誰しもまずは第2追加議定書を想起する。

第8章　国連安保理の機能変化と安保理改革
——日本の安保理常任理事国入り問題

岡野　正敬

I　はじめに
II　安保理の機能変化——どのような分野で安保理の需要が高まっているのか
III　安保理決議の利便性への評価の高まり
IV　安保理の正統性に対する疑念
V　安保理改革の議論の焦点
VI　安保理改革実現の難しさ
VII　日本にとっての安保理改革の課題
VIII　おわりに

I　はじめに

　1945年に国際連合が設立され、安全保障理事会は、「国際連合の迅速且つ有効な行動を確保するために」、「国際の平和及び安全の維持に関する主要な責任」を負うこととなった(国連憲章第24条)。冷戦期間中、拒否権を有する米ソ両国が激しく対立していたという国際政治の構造の下、安保理は本来の役割を十分果たしえない状況が続いたが、冷戦終了後、安保理はその役割を拡大させてきた。その一方で、国連加盟国の数が創設当時の51から192(2008年7月現在)に増え、この60年間で国際社会の戦略的絵姿が大きく変化しているのにもかかわらず、安保理の構成は、1965年に非常任理事国を6から10に増やすという改革がなされただけで現在に至っている。常任理事国のメンバーは、第二次世界大戦の主要戦勝国及びそれらの国が戦後の世界秩序構築の上で無視できないと考えた国であり、その構成は全く変わっていない。

安保理の役割の拡大に伴い、安保理の正統性を疑問視する声も高まってきた。これは、1993年12月に国連総会によるオープンエンドの安保理改革作業部会[1]が設立されて以降、1997年のラザリ提案、2000年のミレニアムサミット宣言、2004年の「国際の平和と安全の維持に対する新しい脅威の分析と国連改革に関する諮問委員会(ハイレベル・パネル)」による報告書の提出、2005年のG4枠組み決議案の提出、ミレニアム宣言の進捗状況を振り返る首脳会合の開催等の一連の流れにつながる。しかし、安保理改革は各国の利害が絡む複雑な連立方程式であり、現在に至るまで実現するに至っていない。

本章では、安保理改革問題、とりわけ日本の安保理常任理事国入り問題を考える上で、最近の安保理の機能変化をどのように捉えるべきであるのかを考察する。安保理改革については、安保理が本来果たすべき機能、役割を提示し、それに対応する改革の具体的構想について議論されることが多いが、本章では、まず、事実の問題として、安保理が具体的にどのような分野でその比較優位を発揮するようになってきているのかを分析し、なぜ国際社会において安保理の役割に対する需要が高まっているのかを議論する。その上で、安保理の機能変化に伴い生じている安保理の正統性に対する疑念の高まりについて考察し、安保理改革の議論の本質及びその難しさを検討した上で、日本にとっての安保理改革の真の課題は何なのかについて議論することとしたい。なお、安保理改革を実現するための具体的戦術－実はこれが最も難しい問題であるが－については、日本政府のこれまでの安保理改革への具体的取り組みについて、まとまった論文等が発表されており[2]、本章では基本的に取り上げない。

II 安保理の機能変化
――どのような分野で安保理の需要が高まっているのか

1 安保理決議の推移を分析する意味

安保理の機能変化については、本書を含め様々な分析がなされているが、ここでは安保理決議の数の推移に注目した分析をする。勿論、安保理決議の数が安保理の機能変化のすべてを物語るものではない。安保理決議の中には、PKO活動、制裁等これまでの決議を単に延長しただけの新たな意義を有しないものも多い。安保理での議論の全てが、安保理決議に結実するわけではなく、安保理の意思が安保理議長声明、プレス声明という形で表明されること

もある。単に加盟国や事務総長代表等の報告を聴取するだけの安保理会合も多い。また、安保理で議論されたとしても、拒否権が行使されることで安保理決議に結実しなかった案件もある。更には、常任理事国（国連では通常「P5」と呼ばれる）が拒否権を有するがゆえに、議論はされたものの決議案が投票に付されなかった事例もあれば[3]、そもそも安保理での議論が忌避された事例もある。このような事例についても、安保理は消極的な意味で機能を果たしていると言える。

しかし、安保理決議は安保理が意思を表明する最も基本的な手段である。その内容如何では、安保理の決定となり、「国際連合加盟国は、安全保障理事会の決定をこの憲章に従って受諾し且つ履行することに同意する」（憲章第25条）、即ち、全ての加盟国は決定の内容を履行するという法的な義務を課されることになる。安保理決議は安保理が有する最も権威のある手段であり、安保理決議の数の推移を分析すれば、安保理の役割の変遷をかなり的確に分析できると言える[4]。

2　1990年以降の安保理決議の大幅な増加

国連創設以降1989年までの安保理決議の数は、年平均で約15件であった。1959年にはラオスに関する決議1件しか採択されなかったということもあった。また、過去の決議のフォローアップにすぎない決議も数多くあった。しかし、1990年に37件と大幅に増加、1993年には93件、その後も50件を下回ることなく、2006年には87件、2007年には56件の安保理決議が採択されている。

このような安保理決議の増加については、冷戦期にそれぞれの陣営内で保たれていた国際政治秩序が崩壊し、民族、宗教、資源をめぐる対立を契機とする地域紛争が増加したことが大きな要因となっている。以前であれば、米ソの対立が安保理の意思決定の阻害要因になっていたが、90年代以降、ロシアが米を中心とする国際政治秩序の構築に反対しなくなり、安保理で拒否権が行使される事例も年間3件以下となった。国際の平和と安全に主要な役割を担う安保理の出番が増えることとなった。

3　安保理決議の対象地域の変化——アフリカの比重の高まり

　安保理決議が取り扱う地域にも大きな変化が見られる。1980年代後半までは、パレスチナ問題やイスラエルと近隣諸国との紛争、イラン・イラク紛争等中東問題を扱う決議が最も多かった。次いで、南アフリカのアパルトヘイト批判、南ローデシア問題、ナミビア等各地に存在していた植民地問題をめぐる決議やキプロス問題についての決議が多く見られた。中東、アフリカ地域は東西対立の舞台であったが、中東問題については紛争を一定以上拡大させないという点で東西陣営の利害が共通したこと、アフリカについては、民族自決の流れにイギリス、フランスも従わざるを得なかったことが、安保理での議論を辛うじて可能にした要因であろう。また、大きな問題として、1979年の在イラン米大使館人質事件、1982年のフォークランド事件をめぐる決議があったが、いずれも常任理事国が紛争の一方当事国であったことに加え、外交使節及び外交官の身体の不可侵の侵害、領域主権の侵害という明白な国際法違反の事例であるとされたため、安保理での議論も比較的順調に進んだ。

　1990年代に入り様相は一転する。旧ユーゴスラビアの崩壊に伴い、90年代前半に旧ユーゴ関連決議が増加し、安保理決議の約3割を占めるに至る[5]。旧ユーゴの崩壊に伴い民族対立が激化し、ロシアの影響力が衰える中で、英仏及び欧州諸国が米を巻き込む形で安保理の権威を使い紛争拡大を防ごうとしたことが背景にあった。また、90年代以降、湾岸戦争及びそれに引き続くイラクをめぐる問題、9・11事件及びそれに続くアフガニスタン問題等、中東

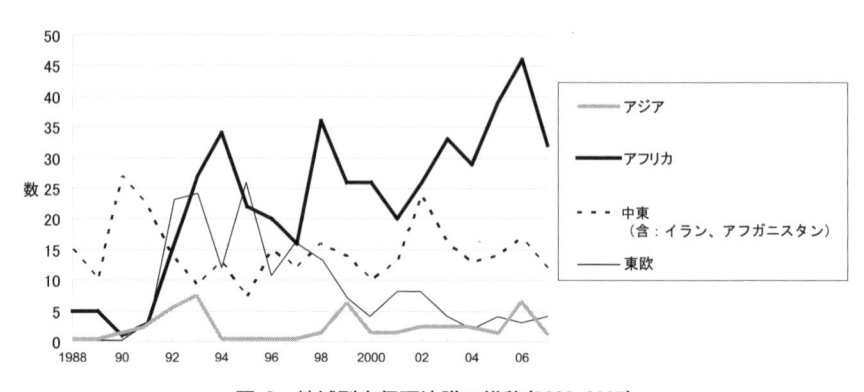

図-1　地域別安保理決議の推移(1988-2007)

地域に関する安保理決議も増加した。

　より注目すべきは、90年代後半からの動向である。1996年以降、アフリカを対象とする安保理決議が最も多くなり、その数は年間20〜40に上った。2006年には46件（同年の安保理決議総数は87件）、2007年には32件（同56件）と、近年、アフリカ関連決議は安保理決議総数の過半数を占めるに至っている。統治能力を欠く国家の出現は、アフリカにおける民族対立、宗教対立、資源紛争を助長している。アフリカ諸国における内戦は、一旦終結していたとしてもその後5年から10年の間に再発することが多い[6]。安保理がアフリカをより頻繁にとりあげるようになった背景には、対処すべき紛争が増えたことに加え、80万人から100万人もの犠牲者が出たといわれるルワンダ紛争に十分対応ができなかったという国際社会としての反省、人道的介入や保護する責任の議論に見られる欧州やカナダにおける人道・人権問題への関心の高まりがある。

4　安保理決議が少ないアジア地域

　国連創設以降、アジアに関する安保理決議が非常に少ないことも注目される。例えば、国連設立以降1970年までの間、アジア関連の安保理決議はインドネシア（独立戦争の過程での諸問題）、インド・パキスタン紛争、朝鮮戦争、台湾、ラオス、カンボジアに関する安保理決議が採択された。70年代に入り、インド・パキスタン紛争、東ティモール問題について各2件ずつ安保理決議が採択されたが、1977年以降1989年まで、新規加盟推奨決議を除けば、特定のアジア諸国を対象とした決議は見られなくなる。90年代に入り、カンボジア、インド、パキスタン、東ティモール、ネパールに関する決議が出てくるが、アフリカ、東欧、中東に比べて依然としてはるかに少ない。

　アジア関連の安保理決議が少ない理由としては、冷戦期には東西陣営が明確に分かれており比較的秩序が保たれていたこと、冷戦終了後も経済発展に恵まれた国が多く、紛争の発生が抑えられたこと、アジア諸国には紛争を安保理に持ち込みたくないという風潮があったこと、1971年には内政不干渉の原則を重視する中華人民共和国が安保理常任理事国となったため、中国周辺の問題が安保理の決議の対象として結実化することはなかったことがあげられる。

この点で注目されるのは、2007年1月12日の安保理会合において、英米が共同提案したミャンマー関連安保理決議案が、中国及びロシアの拒否権により否決されたことである。提案された決議案は、ミャンマー政府に対して少数民族地域における市民への軍事攻撃を中止し、民主主義を復活させるための実質的な政治対話を開始するよう呼びかけるものであり、憲章第7章や「平和に対する脅威」への言及はないものであった[7]。投票前の発言において、中国代表は、「決議案が取り上げようとしている事項は一主権国家の内政事項であり、国際又は地域の平和と安全に脅威を与えるものではない。ミャンマーが一連の深刻な問題を抱えていることは誰も異論を差し挟まないが、多くの問題がその他の国にも存在するのである。安保理がミャンマー問題に関与することは、その任務を越えるのみならず、他の国連機関における議論を妨げるものである。」との発言を行った[8]。1971年に国連での代表権が承認されて以降、中華人民共和国が安保理で拒否権を行使したのはそれまで4回しかなく、1972年の2回を除けば[9]、1997年の国連グアテマラ人権監視団（MINUGUA）への軍事監視員及び医療要員追加派遣を内容とする決議案への拒否権行使、1999年のマケドニア旧ユーゴスラビア共和国への国連予防展開軍のマンデート延長を内容とする決議案への拒否権行使であり、いずれも決議対象国と台湾との関係に不満を持つ中国が決議採択を妨げたものである。これに対し、2007年のミャンマー決議案は、中国が実質的に台湾問題以外の案件で拒否権を行使した初の事例である[10]。

5　国連平和維持活動に関する安保理決議の増加

　冷戦期には、国連平和維持活動の役割は停戦監視が中心であり、しかもその展開は米ソ対立のために限定的なものにとどまっていた。しかし冷戦後、旧ユーゴ、ソマリア、カンボジアをはじめ地域紛争が増え、同時に安保理での二極対立が解消されるにつれ、国連平和維持活動に関する安保理決議も増加し、1992年から96年が最初の大きな山となった。その後、平和強制活動の失敗への反省から、新たに平和維持活動を設立するための決議は減少するが、1999年〜2000年には、東ティモールに関するUNTAET、エチオピア・エリトリア紛争に関するUNMEEを派遣する決議が採択された。2001年以降は、東ティモールのUNMISET及びUNMIT、リベリアのUNMIL、コートジボ

ワールのUNOCI、ハイチのMINUSTAH、ブルンジのONUB、スーダン南部のUNMIS、ダルフールのUNAMID、中央アフリカ及びチャドのMINURCATという国際社会での反響が大きい平和維持活動が設立されるに至っている[11]。国連の平和維持活動が、停戦監視にとどまらず、国民和解、難民支援、武装解除・動員解除・社会復帰、選挙監視及び支援、人権保護、法の支配の復活等の平和構築分野にも及び、その活動は複合的性格を有するようになっている。安保理での議論も、狭義の「国際の平和と安全の維持」にとどまらず、ガバナンス、経済、人権、復興支援、難民対策等多岐にわたる知見が求められるようになっている。

6 個別の事態と離れた形で、特定の事項につき加盟国や個人の行動を規制する一般的な規範形成としての性格を有する決議の出現

　国際の平和と安全の維持の観点から、個別の事態についての認識を示し対応策を提示するのではなく、特定の事項につき将来にわたり加盟国の行動を規制する枠組みを定め、ひいては個人の行動を規制することを加盟国に求めることを内容とする立法的性格を有する安保理決議も出てきている。国際テロリズム抑圧のために加盟国に必要な措置をとるよう義務付ける安保理決議第1373号、大量破壊兵器の拡散防止のために加盟国に必要な措置をとるよう義務付ける安保理決議第1540号はその代表例である。ただし、この二つの決議のように一般的な規範形成としての性格を有する安保理決議で法的拘束力を持つものは、依然として少ない。法的拘束力を有しない加盟国の行動指針を示すものとして近年増加している安保理決議としては、武力紛争下での女性、子供等の社会的弱者の保護に関する決議[12]がある。このような決議をめぐる議論においては、制裁の実施に関する金融や貿易実務の専門的知見、人権人道法に関する知識が必要となっている。

III　安保理決議の利便性への評価の高まり

　これまで安保理決議の増加及びその特徴について検討してきたが、なぜ安保理決議が多く使われるようになってきたのか、なぜ安保理の役割に対する需要が高まってきたのだろうか。その背景には、前述のとおり冷戦構造が崩

壊し、ロシアが米主導の国際政治体制に対して大きな異議を唱えなくなったというそれまで存在していた消極的な要因の除去という側面に加え、様々な問題に効果的に対応する手段として、安保理決議は便利な道具であるとの認識が国際社会において広まったという積極的な側面があることも見逃してはならない。

1　迅速に法的枠組みを構築する手段としての安保理決議

　国連憲章第25条は「国際連合加盟国は、安全保障理事会の決定をこの憲章に従って受諾し且つ履行することに同意する。」と規定しており、安保理決議に安保理の決定が含まれると解釈される場合、国連加盟国は、同条に基づき、この決議に含まれる安保理の決定内容を履行する義務を負うこととなる[13]。国連において作成される多数国間条約は、加盟国から正式派遣される代表が出席する外交会議を開催し条約の文言を交渉するのが通常であり、時間をかけて条約文を交渉し署名する。そして条約を発効させるためには一定数の国の批准が必要であり、交渉開始から条約発効までに多大な時間を要する[14]。しかし、安保理決議を使えば、外交会議を開催することなく安保理理事国15カ国のみで、国連全加盟国を拘束する法規範を迅速に作成することができる。

2　法的曖昧さを残すことで政治的妥協を容易にする安保理決議

　通常、安保理決議が取り扱う事案は純粋な法的問題ではなく政治問題であることが多い。限られた時間の中で、対立する意見を調整し安保理としての認識の統一を図る作業が行われる。その際、安保理では各国の妥協を図る手段として様々な方法がとられる。例えば、ある安保理理事国が特定の主張を取り下げず、コンセンサスの形成を妨げる場合には、その主張の要素を前文で言及することでその国の関心を手当てする[15]。また、安保理理事国は決議採択前後の議場での発言、採択後の記者会見での発言で、必ずしも明確でない決議の記述につき自らの主張に有利な解釈を強調することもある[16]。

　安保理決議に国連憲章第25条にいう決定が含まれるかどうかは、決議の文言、文脈、成立の経緯、決議の際の安保理理事国の認識等に照らして判断さ

れるべきものである[17]。しかし、実際には安保理決議の拘束力の有無が決議文からは明確でない場合もあり、また、通常安保としての統一見解が出されることもない。政治的思惑からあえて明確にされないことも多い。それが安保理におけるコンセンサスの形成を容易にしている。そこでは、通常の法規範作成作業において最も重視されるべき法的明確さの追求とは逆の力学が働く。

3 正統性付与の便利な道具としての安保理決議

　安保理決議で示された認識、措置は、一定の権威を有するものとして尊重されなければならないとの認識が加盟国の間で広く共有されている。そして、安保理決議が国連憲章第25条の決定として法的拘束力を有する場合には、加盟国はその内容に従う法的義務を負う。国連を重視していないと言われるアメリカでさえ、様々な問題で安保理を利用しようとするのは、まさに安保理のお墨付きを得る、すなわち安保理の正統性付与の機能を無視できないためである。

　安保理決議の採択に際しては、全会一致を得るべく粘り強い努力が行われるのが通常であるが、このこと自体、安保理常任理事国が、安保理決議の正統性の維持にいかに強い関心を有しているかを示している。ある安保理理事国が反対をし、国際社会の一般的な支持が欠落しているという印象を与える場合、安保理決議は法規範としてきちんと遵守されないおそれがある[18]。

　2008年6月2日、安保理は、ソマリア沖の海賊・武装強盗行為対策に関する決議第1816号を全会一致で採択した。同決議は、ソマリア暫定連邦政府による安保理への要請に基づき、国連憲章第7章の下、ソマリア暫定連邦政府に協力する各国が、国際法により公海上における海賊に対してとることが許容される行為に合致する方法で、ソマリア領海内で海賊・武装強盗対策のために必要なあらゆる措置を実施することができる旨決定した。決議案作成の過程では、安保理非常任理事国であるインドネシアが、数十年かけて作成した国連海洋法条約の枠組みを、単に短期間の安保理の協議により変更することは受け入れられないとの主張を強硬に展開した。安保理はインドネシアの意向を無視する形で決議を採択することも可能であったが、アメリカ、イギリス、フランス等の共同提案国は、粘り強くインドネシアとの文言交渉を行っ

た。最終的に、インドネシアの立場は軟化し、決議の投票の際、①安保理決議は国連海洋法条約をはじめとする既存の国際法と合致するものでなければならないこと、②安保理決議は微妙なバランスの上で成り立っている海の憲法である国連海洋法条約を修正するものであってはならないこと、③安保理決議で想定される行動は、ソマリア政府の要請に基づきソマリア沖の海賊及び武装強盗という特定の状況に限定したものでなければならないことを指摘した上で、これまでの交渉の結果として決議案の文言はその趣旨に合致する形で修正された旨の発言を行い、決議案を支持した。この結果、全会一致で安保理決議第1816号が採択された[19]。この事例は、安保理が果たす立法機能の拡大に対し加盟国の間で強い警戒感が存在することを示すと共に、利便性に着目して安保理の立法機能を積極的に活用していこうとする国の側でも、安保理決議の正統性付与の機能を如何に重視しているかを示すものと言える。

4 需要の増加に応えるだけの体制や環境の存在

このような安保理への需要の増大に対し、安保理の側でも期待に応える体制が整っていたという点も忘れてはならない。とりわけ、常任理事国であるイギリスとフランスは、多くの安保理決議作成の過程で積極的な役割を果たしてきた。その背景には、両国の外交政策の中における優先度が高いアフリカ地域の問題が増えており、安保理を有効に活用したいという思惑があることに加え、中長期的な国力の相対的低下、欧州統合の深化の中で安保理での存在意義が問われかねない両国が、安保理における自らの有用性を積極的にアピールしようとする思惑もあると思われる。また、ソ連崩壊以降これまでの約20年の期間、とりわけ前半の10年間は、ロシアの国力が低下し外交に十分な政治資産を回すことができない状況であったため、同国の拒否権の影響力が低下し、安保理の機能拡大に良好な環境が整っていたことも指摘できる。

5 利便性の陰り

90年代以降、対イラク軍事行動をはじめとして安保理が機能し得ない状況もあったが、基本的に安保理は順調に機能しその役割を拡大してきた。しかし、最近になり、安保理決議の利便性に陰りが見え始めている。ロシア及び

中国が独自の主張を展開し、安保理において「米英仏」対「露中」という構図が明確になることが増えてきている。コソボ独立のプロセスにおいて、ロシアはこれに強硬に反対する立場を変えなかったため、安保理は有効な意思決定をすることができなかったのは典型例である。2008年7月11日、安保理は、ジンバブエのムガベ政権による国内反対勢力への暴力行為を非難し、同国の情勢が地域における国際の平和と安全に対する脅威を構成するものとして、憲章第7章の下、同国に対する武器禁輸、資産凍結及び渡航禁止措置を内容とする決議案を議論したが、ロシアと中国は、ジンバブエ情勢は国際の平和と安全に対する脅威を構成するものではないジンバブエの国内問題であるとして拒否権を行使した。投票に際し、ロシアの代表は、「最近、安保理に国連憲章上の権限、国際の平和と安全の維持を超えた役割を果たさせようという明らかな企てがある。そのような慣行は正統性を有さず危険である。国連システム全体の再編にもつながりかねない。ロシアはそのような傾向に反対していく。」として、米英仏主導の安保理運営を強く牽制した[20]。安保理でのコンセンサス形成を妨げる動きをすることが、自らの外交利益にどのような影響をもたらすのか、ロシアと中国は慎重に検討していると思われるが、いずれにせよこのような傾向が顕著になるにつれ、安保理の利便性の認識はアメリカをはじめとする多くの国で低下すると思われる。今後も安保理が需要増加に従来どおり応えられる体制を維持できるかどうかは明らかでない。

IV　安保理の正統性に対する疑念

　1990年以降、安保理の機能が拡大した一方で安保理の活動方法への不満が高まり、安保理の正統性に対する疑念も呈せられるようになっている。

1　安保理の構成の問題

　安保理の正統性に対する最大の疑義は、現在の安保理の構成をめぐるものである。戦後60年間の国際社会の変化にもかかわらず、安保理理事国は、非常任理事国を6から10に増やすという改革がなされただけで現在に至っている。常任理事国の構成については一切の変更がなされていない。アジアの常任理事国は中国のみであり、世界第二位の経済大国として国際社会の繁栄に

貢献してきた日本はそれに見合う地位を与えられていない。欧州はイギリス及びフランスという常任理事国2議席に加え、東欧を含めた非常任理事国の3議席も占めるという過剰代表となっている。アフリカ及び中南米には常任理事国の議席が与えられていない。現在の国連の構成は大きな変化を遂げた国際社会の現実を十分反映していないという批判は、国際社会において幅広く共有されている。

2 安保理の活動方法に対する不満

　安保理の構成の正統性に対する疑義は、安保理の活動方法に対する不満という形で具体的に現れる。安保理公式会合は公開ベースのものが殆どであり、また、安保理会合の後に常駐代表の記者発表が行われることから、安保理の議論については一定の透明性が保たれている。しかしながら、安保理で実質的に重要な審議が行われる非公式協議、あるいはその前段階として行われる「非公式・非公式」協議となると、安保理理事国でなければ議論の具体的内容はおろか、一体何が話題になっているのかも把握できない状況に置かれる。このような場合、安保理に議席を有していない国は、お願いベースで安保理理事国から情報を共有してもらわざるをえない。自らの利害にかかわる案件であれば、コアグループを作る等して安保理理事国を巻き込んで議論を動かしていく必要がある。また、法的拘束力がある安保理決議が採択された場合には、採択にいたる議論の内容を承知していないにもかかわらず、その実施を義務付けられることとなる。最近では各国に制裁措置の実施を義務付ける決議が採択されるようになっているが、安保理理事国でない国は安保理決議を国内法制で実施するにあたり、苦労を強いられる。安保理理事国でない国で、制裁対象国や対象者と大きな利害関係を有する国は、特に不満を抱くこととなる。

3 平和維持活動の経費負担への不満

　また、国連の平和維持活動の経費負担のあり方も、現在の安保理の活動方法への不満の一因となっている。国連の平和維持活動は安保理で決定されるのが通常であるが、PKOの数の増加にともない、PKO予算も近年急増してい

る。2001年には30億ドルであった国連PKO予算は、2007年—08年度予算においては67億ドルに膨らんでいる[21]。PKO予算が増大すれば、予め決められた割合に応じて各加盟国は経費を分担する義務を負う(2008年の日本の分担率は全体の約17%。米の約26%に次いで加盟国第2位)が、その際、加盟国がPKOの派遣にかかる審議に参加していたかどうかは一切問題とされない。「代表なくして課税なし」の原則からの逸脱であり、安保理に議席を有していないにもかかわらず多額の経費を負担する国からは、当然に不満が高まる。

4 P5主導の政策調整の強化

　安保理の機能拡大に伴うP5間の政策調整強化の問題もある。近年、国際社会で問題が生じた際、とりあえずP5で集まろうという機会が増えている。P5の内のいくつかの国にとっては疎遠な問題であっても自動的に声がかかる。

　代表例はイランの核問題である。イランが長期間にわたり、ウラン濃縮やプルトニウム分離を含む原子力活動を国際原子力機関(IAEA)に申告することなく実施していたことが明らかになり、2003年にはIAEA理事会において日本、オーストラリア、カナダが共同提案した決議案が採択された。その後、イギリス、フランス、ドイツの三カ国(「EU3」と呼ばれる)が、IAEAの枠内での外交的解決を目指しイラン側と交渉を行った。イランは一時期、対話に前向きな姿勢を見せた時期もあったが、ウラン濃縮活動を再開したため、問題は国連安保理で取り上げられるようになった。2006年には、アメリカがイランの対応次第ではEU3とともに交渉のテーブルにつく用意がある旨提案を行い、その後、EU3とP5が集まった会合、即ち「EU3(英仏独)+3(米中露)会合」が開催されるようになった。イランと政治的・経済的に太いパイプを有している日本がその枠組みに入ることなく中国が入ったのは、中国が安保理常任理事国だからである。果たして「EU3+アルファ」の枠組みに入るのが日本の国益にプラスかどうかは冷静に検討すべき論点であるが、P5各国は常任理事国であるがゆえに、自動的に協議の枠組みの中核メンバーとして扱われる事例が出てきていることに注目する必要がある。

　イランの核問題の場合は、安保理でも議論されている事項であるが、P5による政策調整の枠組は、安保理で直接扱われていない事項にも及ぶように

なっている。P5の外交当局の国際法担当部局の代表からなるP5法律顧問会議などという会合まで行われている。このような動きの背景には、P5で結論が得られたものは国際社会に対して正統性の高いものとしてアピールすることができるという意識が、アメリカ、イギリス、フランスの政策当局者の間に広まっていることがある。国際社会で問題が生じた場合、とりあえずP5で集まり協議を行う、そしてそこで有効な解決策を見出せれば、それを活用する。これはまさに、P5各国の意識のレベルでは、「安保理による正統性付与の機能」が「P5による正統性付与の機能」に進化していることを示すものである。日本はP5の政策調整の深化に警戒すべき立場にあるが、欧州では欧州連合内の政策調整、情報共有が進んでいるためかこの問題に対する警戒感は十分顕在化していないように思われる。

V　安保理改革の議論の焦点

　機能を拡大する反面、正統性の問題を抱え込む安保理をどのように改革すべきなのだろうか。正統性を回復するためには、安保理に現在の国際社会の構造を反映させ、加盟国からの信頼を維持し強化するという意味での「代表性の向上」が必要である。それに加え、改革された安保理が国際社会の直面する問題に迅速かつ的確に対応できるかという「効率性の維持」が議論の焦点となる。

1　安保理の「代表性の向上」

　安保理の「代表性の向上」については、安保理メンバーの拡大という形で様々な案が議論されてきた。(a)常任理事国5(先進国2、アジア、アフリカ、中南米各1)、非常任理事国4(アジア、アフリカ、東欧、中南米各1)を増やして全体を24とする「ラザリ案」、(b)常任理事国6を追加(アフリカ2、アジア2、欧州1、米州1を追加)、非常任理事国3を追加(アジア大洋州3、アフリカ4、欧州2、米州4に改編)するモデルAと、新たに任期4年、再選可能な理事国8(アジア大洋州、アフリカ、欧州、米州各2)を設け、非常任理事国1を追加(アジア大洋州3、アフリカ4、欧州1、米州3に改編)するモデルBを内容とする国連ハイレベル委員会報告書[22]、(c)常任理事国6を追加(アジア2、アフリカ2、ラ米・カリブ1、西欧1)、非常任理事国4(ア

ジア、アフリカ、ラ米・カリブ、東欧各1)を追加するG4枠組決議案等はその例である。どの地域の議席を増やせば安保理の代表性が高まるのか、その中で具体的にどの国を入れるべきなのかについて、客観的な基準は存在しえず、いかなる組み合わせを行ったとしても恣意性は排除されない。すべての加盟国を満足させる枠組みを見つけることは不可能であり、「このメンバーの組み合わせであれば一応代表性は確保されているのではないか。」という程度の認識が共有されることが必要であろう。

このような安保理改革の一連の流れとは別に、安保理改革を通じての「代表性の向上」には限界があり、むしろ国連総会の機能を強化することで国際社会における国連の正統性を回復すべしとの主張もなされている。その中には、世界は国連安保理常任理事国であるわずか5カ国により運営されているが、それは西洋諸国が世界の秩序を非民主主義的な方法で管理しようとする試みであると批判し、総会での意思決定は時間がかかるが国際社会での正統性を具現する最も適当な方法であると指摘するものもある[23]。総会では、G77諸国、非同盟運動(NAM)諸国の影響力が拡大しており、安保理で取り上げられている案件を総会でも取り上げようとする傾向が見られる。

更には、国際政治の構造が大きく変わった今日、時代の要請に応じた役割を果たせなくなっている国連を改革すると同時に、アメリカが日本をはじめとする自由と民主主義を信奉する世界の国を集めた「民主主義の協調(Concert for Democracy)」という新たな機関をつくり、世界の安全保障に寄与すべきであるとの主張も出てきている。米プリンストン大学のジョン・アイケンベリー教授、アンマリー・スローター教授が主導するグループの提言であり、国連改革が実現できない場合、「民主主義の協調」が、加重過半数の投票により武力の行使を含む集団的行動を許可する権限を有する国連を代替するフォーラムとして行動することを提唱している[24]。「民主主義の協調」はまさに米民主党に根強いウィルソニアン思想を受け継ぐものであるが、国連の前身である国際連盟を生み出した考え方が、現在の国連の限界を指摘し、国連を超えた新たな機関の創設を提唱する流れにつながっているのは興味深い。

2 安保理の「効率性の維持」

安保理の「代表性の向上」は、現在の安保理常任理事国の議席を剥奪しない

限り、安保理理事国の総数を増やす方向で実現するしかないが、これは安保理の「効率性の維持」という要請と矛盾する方向に働く。代表性の向上の要請を重視するあまり、構成国を大幅に拡大した場合、「国際の平和と安全の維持」に関し主要な責任を負う機関として必要な行動を迅速にとることが妨げられる可能性が高まる。よって、安保理の効率性を犠牲にしない範囲でどこまで安保理構成国の拡大を図ることができるかが、拒否権付与の問題とともに、安保理改革の議論の大きな論点となってきた。この点、「効率性の維持」を重視し、安保理理事国数の拡大に最も消極的な姿勢を見せていたのはアメリカである。ブッシュ政権は、日本のみを明示的に挙げてその常任理事国入りを明確に支持してきたが[25]、ラザリ提案や国連ハイレベル委員会報告書が提示した安保理理事国数を24に拡大するとの考え方に否定的な姿勢をとってきた。アメリカが最終的にどこまでの拡大を受け入れることができるのかは明らかではなく、また時の政権の外交政策にも左右されるのであろうが、安保理は現在のままでも運営面で苦労しており、拡大は最小限に抑えるべきであるというのが本音であろう[26]。しかし、「効率性の維持」を重視するあまり安保理を現状のままに放置すれば、安保理の行動への国際社会の信任が低下し、結果として安保理を使って自らの外交的利益を実現するという各国の政策は十分機能しなくなる[27]。

　安保理の「効率性の維持」を重視するのであれば、既存の安保理常任理事国の一部を外すことも検討されなければならない。しかし、P5の既得権益を外すことは政治的に困難のみならず、憲章改正という手続面でもハードルが高い。よって、近い将来、そのような要素を含む安保理改革が実現する可能性は皆無に等しいが、この問題意識は国際社会において潜在的には広く共有されていると思われ、欧州議席への統合という形で今後とも議論として出てくるだろう。

3　安保理常任理事国としての特権と責務のバランス
　　　——「公正さ」の問題

　安保理改革の議論は、「代表性の向上」と「効率性の維持」という二つの要素を軸に行われてきているが、それに加え、国連の中では、安保理常任理事国の特権と責務のバランスの問題、即ち「公正さ (fairness)」の問題がある。安保理常任理事国はその拒否権により国際政治の秩序形成に大きな影響力を有し

ている。また、国際社会が直面する主たる問題について常に議論に参加し、国際社会の共通認識形成に自らの主張を反映できる特権を有している。安保理が直面する課題について、このような特権的地位を有する国が相応の責務を果たさなければ、安保理の機能が低下するとともに、国連におけるその国の評価が下がることになる。安保理常任理事国としての責務は様々な形で果たしうる。国連平和維持活動への参加もあれば、任意拠出金の支払いということもあろう。しかし、ニューヨークの国連の現場で重要なことは、個別利益のみならず国際社会全体の利益の観点から幅広く議論に貢献し、問題の解決に向けた知恵を出していくことである。このような貢献こそが、国連の中での得点に着実につながる。この点、将来にわたり安保理常任理事国の地位を確保したいと考えるイギリスとフランスは、自らの個別利益にかかわる案件は勿論、個別利益と迂遠であると思われる案件でも積極的に議論に参画することに努めているように思われる。両国は安保理決議の先例について、これまで蓄積してきた豊富な組織的記憶力を動員して、新たな決議案作成に貢献する。安保理の手続的慣行を駆使して議論を主導する。安保理決議作成を通じて案件の解決に有益な貢献を行おうとするイギリス、フランスの姿勢は、アフリカ等の一部の国から反発を買うこともあるが、常任理事国としての責務に相応しいものとして、「公正さ」の観点からは評価しうるものである。

VI 安保理改革実現の難しさ

これまでの安保理改革の議論においても、「代表性の向上」、「効率性の維持」、「公正さ」という要素は念頭に置かれてきた。それにもかかわらず、安保理改革が実現していないのはなぜなのだろうか。最大の原因は、安保理改革が必要であるという総論において国際社会の幅広い共通認識があるのに対して、各論になると各国の既得権益、個別利益が複雑に絡んでくるからである。そして、安保理改革が多くの国にとって死活的に重要な外交課題になっていないということがある。安保理改革はきわめて複雑な連立方程式である。方程式の解を得るには、各国の複雑な利害関係を調整し、多くの国が相当程度に納得のできる解決策を見出さなければならない。安保理常任理事国入りを目指す国以外に、このような困難な調整に前向きに関与しようとする国は少ない。

1 常任理事国の既得権益

　P5各国は、基本的に現在の常任理事国の地位に満足している。いかなる安保理改革も安保理における自らの地位を低下させるものであってはならないという点で共通認識があると思われる。

　アメリカでは、議会を中心に非効率な組織であるとして国連への厳しい見方が存在する。また、現在の国際政治の枠組において、アメリカはその国力を背景に独自に国際社会の秩序維持という面で中心的役割を果たしており、アメリカの外交政策上、国連は不可欠な存在とは位置づけられていない。しかしながら、いわゆるイラク戦争以降は、正統性付与の機能に着目し、できる限り安保理を利用しようという姿勢が見られる。安保理決議を採択できれば、問題解決のために中国やロシアの協力を得ることができる。仮に、安保理決議採択にこぎつけることができなければ、自国の外交力、軍事力を使い問題解決に当たればよい。予算面でアメリカは通常予算分担率上限22％ルールの適用を受けており、本来払うべきよりも少ない予算、即ちディスカウント料金で現在の国連の活動を利用してきている。アメリカは国連システムの最大の享受者であるとの指摘もなされている[28]。

　イギリス及びフランスは、国際社会における相対的な地位の低下により、欧州の過剰プレゼンスを批判されることを恐れている。また、イタリア等より、欧州統合の深化、欧州連合の共通外交安全保障政策の実施に伴い、英仏の常任理事国を欧州議席に統一するのが合理的ではないかとの議論が出てきていることに神経質になっている。戦後、欧州統合プロセスでドイツと共に主導的役割を果たしてきたフランスが欧州議席に関心を示さないことは、いかにフランスが安保理常任理事国としての特権を重視しているかを物語っている。イギリス及びフランスの両議席は、いわば歴史が彼らに残した特権であり、国際社会からいつでも問題視される危険性が存在している。英仏両国はその点を意識しているのか、安保理が直面する様々な問題の議論に参加し、論点整理を行い、妥協案を模索し、紛争解決に資する決議案を提示することで自らの有用性をアピールするように努めており、効果をあげている。

　ロシア及び中国が安保理常任理事国メンバーであることは、その国の大きさ、米英仏と均衡を保つ存在としての役割から、これまでは国際社会から疑問を呈せられてこなかった。しかし、ロシアの大国外交の復活、資源獲得を

も主眼においた中国外交の幅の拡大により、安保理において両国が英米仏主導の議論を阻止する状況が増えており、両国に対する評価は今後変わる可能性がある。ロシア及び中国にとってみれば、安保理常任理事国であることにより、本来であれば関与できないような案件にも自動的に協議を受けるという利益を得るとともに、自国の外交政策に不都合な国際政治の秩序作りをやめさせることができるとの特権を享受できる。中国にとっては、アジア唯一の安保理常任理事国という地位も大きな意味を有している。ロシア及び中国は現在の安保理常任理事国が有している特権が薄まらないよう努力していくだろう。国連憲章上では、ロシア及び中国は「ソヴィエト社会主義共和国連邦」、「中華民国」として扱われているが、自らのアイデンティティに関わる問題であるにもかかわらず、両国がこの点の憲章改正に拘っていないのも、安保理をめぐる微妙なバランスを崩したくないという配慮が働いていることを示している。

2　ミドルパワーの反対

　安保理改革により特定の国が常任理事国又はそれに類する地位に就くこととなれば、それらの国々にライバル意識を有する国は強硬に反発する。ライバルが特権を有する地位に就くことへの羨望や自分たちが事実上格下と評価されることへの不満に加え、自分たちの将来の道を封ずることになるからである。「コーヒークラブ」、その後の「コンセンサスのための結集グループ」はそのような国々の集まりであり、イタリア、カナダ、パキスタン、韓国、スペイン、メキシコ、アルゼンチン等はこれまで活発な活動を行ってきた。数の上からは多くはないが、国連活動への貢献は小さくなく決して無視できない勢力である[29]。

3　アフリカ諸国の期待の高さ

　安保理常任理事国の議席を持たず、非常任理事国ポストを2〜3しか有していないアフリカは、内部でのまとまりのなさ、関係国の間の調整の困難さもあり、安保理改革で強硬な主張をする傾向にある。2005年のアフリカ連合首脳会議では、G4決議案の拡大に加えてアフリカに非常任議席を更に1議席

加えるとともに、新しい常任理事国にも拒否権を与えるとの案を決定した。アフリカ諸国は53票を有しているため、安保理改革を実現していく上で、高い期待を有し、しかも内部での利害調整を十分に行えないアフリカ諸国をどのように取り込むかは、安保理改革を実現する上で重要な課題となる。

Ⅶ　日本にとっての安保理改革の課題

　このように、安保理改革の必要性については国際社会の中で幅広い支持があるものの、各論においては各国の個別利害が複雑に絡みあう。国連加盟国が安保理改革の必要性を漠然と認識するだけでは、安保理改革に向けての十分な原動力にはならない。安保理改革に向けての議論の強い流れを作り、現状を離れ安保理改革の具体化に協力しなければ自国にとって不利益になるとの危機意識を各国が抱く必要がある。この意味で、G4枠組み決議案の提出は、アメリカ、中国を含め多くの国を本気にさせたという意味で大きな役割を果たした。

　安保理改革を実現するためには、国連憲章の改正が必要であり、そのためには、総会の構成国の3分の2の多数の支持に加え、安保理のすべての常任理事国を含む国連加盟国の3分の2以上の批准が必要となる（憲章第108条）。よって、P5の支持をどう取り付けるのか、そのために日本又は改革案を推進する国々がP5各国との二国間関係のバランスシート上どのような外交的取引を行うのか、大きな存在であるアフリカグループをどうするのか、ミドルパワーの問題をどう処理するのか等、外交戦術の組み立てが重要な課題となるが、日本がとるべき安保理改革の外交戦術については既に様々な提言、分析がなされており、ここではその処方箋について議論することはしない。以下では、いかなる戦術をとる場合でも、今後日本が安保理常任理事国入りを実現していく上で重要と思われる課題を指摘したい。日本は、多くの国から既に安保理常任理事国入りの支持を得ているが、国際の平和と安全のための貢献の実施を積み重ね、日本の安保理常任理事国入りに反対することができなくなるような状況を作り出すことが重要である。そのために、国連における日本の評価をどのように高めていくべきかについて検討する。

(1)　日本は国連に対する第二の拠出国であり、開発、人間の安全保障、平

和構築、人権等の分野で国連の活動に大きく貢献してきた。しかし、国際社会における日本のGDPの割合が相対的に減少していくことが見込まれる中で、限られた外交資源をどのように活用すれば、国連における日本の発言力を拡大することができるかを考える必要がある。最も限界効用が高いと思われるのは、本章第II節で分析した安保理の活動に対する需要が高まっている分野での日本の貢献を強化することであろう。

　まずは、アフリカ地域の紛争解決に向けた地道な貢献である。これまで日本は、アフリカの開発の問題に大きな貢献をしてきたが、今後はそれにとどまらず、アフリカ地域の政治的課題の議論に参加し、財政的貢献を行うのみならず、問題解決に向けた人的貢献や具体的な解決策の提示という知的貢献を行うことが重要である。そのためには、アフリカにおける情報収集、分析能力を強化するとともに、人的ネットワーク作りに努めていく必要がある。これは容易な作業ではなく、また時間がかかる。関係国と話をし、日本が正しいと思う主張を述べていれば良いわけではない。問題の解決に向けた現実的な案を提示し、その実現のために関係国を動かせるネットワークも築く必要がある。紛争解決に関与することは、当事国から反発を買うおそれもある。日本はアフリカで植民地支配の経験がなく「手が汚れていない」ことから、紛争解決に関与しないことで日本の比較優位を保つべきであるとの主張もありうるが、安保理の作業におけるアフリカの比重がこれほどまで増えていることにかんがみれば、アフリカにおける貢献は日本の評価を高める上で最も効率的な施策と言える。

(2)　第二に、国連平和維持活動に対する日本の貢献の拡大は、国連における日本の発言力を高める上で大きな効果を持つであろう。本章第II節で見たとおり、1990年以降、国連平和維持活動の数は大幅に増加しており、また、その役割も多岐に及んでいる。国連平和維持活動の経費負担という面では、日本は世界第二位の貢献国であり、全加盟国の経費の約17％を負担している。しかしながら、国連の世界では、PKOにどれだけの要員を派遣しているのかが重視されるというのが現実である。2008年初め、国連事務局PKO局及びフィールド支援局は、1960年以降のPKO活動の経験、反省を踏まえ作成した「国連平和維持活動：原則とガイドライン」(別名キャップストーン・ドクトリン)を発表したが、その中に、国連がPKOミッションを派遣するにあたり重

視すべき事項として、「貢献国」との協議が指摘されている。しかし、そこで「貢献国」として言及されているのは、軍事要員、警察要員を派遣する国であり、財政貢献国への言及は見られない[30]。2008年6月現在、日本が派遣しているPKO要員は36人であり国連加盟国中第82位である。第1位は10,569名を派遣するパキスタンであり、東アジアでは中国が第13位(1,955名)、韓国は第37位(403名)に入っている。他のP5では、フランスが第12位(1,974名)、イギリスが第42位(347名)、アメリカが第47位(258名)であり、G4枠組み決議案を推進したインドは第3位(8,896名)、ブラジルが第20位(1,278名)、ドイツが第29位(636名)となっている[31]。なお、この数字には安保理決議に基づき派遣される多国籍軍への貢献は含まれていない。国連平和維持活動の数が増加しそのマンデートが多様化する中で、日本としてどのように自らの比較優位を活かして貢献の実績を拡大していくのかを考えていく必要がある。

(3) 第三に、アジア地域の問題、とりわけ東アジア及び東南アジアの問題については、日本の関与なしには有効な解決は図れないという相場観を安保理内外において固めることが重要である。本章第II節で見たとおり、アジア地域の問題に関する安保理決議の数は限られているが、日本の発言力を拡大するために安保理におけるアジアの議題を増やすことは、不可能でありまた不適当である。アジア諸国の中には安保理に対する不信感が根強く存在しており、そのようなことをしようとすれば反発を惹起するだけである。むしろ、地域の枠組みで解決できる問題で当事者が安保理での議論を望まない場合には、日本としては安保理が関与しないように影響力を行使すべきこともあるだろう。アジアの問題について安保理が取り上げるべきかどうかについて、日本の声が鍵となるように努めることが重要である。他方、アジアの問題が一旦安保理で議論されるのであれば、日本は外交資産を効果的に動員しその議論を積極的に関与しリードするように努めることが大切である。最近ではミャンマー、東ティモール、ネパール、北朝鮮が議論されている。安保理では、アジアの問題への対応の仕方についての組織的記憶が蓄積しておらず、日本の貢献の限界効用は高い。

(4) 第四に、安保理決議及び運営についての組織的知識を深めていくことである。国連創設以来採択された安保理決議は1800件を上回っており(2008年7月末現在1828件)、幅広い分野にわたり法的拘束力を有する枠組みまたは

それに準ずる枠組みを作り出している。本章第Ⅲ節で見たとおり、安保理決議の内容には曖昧なものも多く、安保理決議の解釈にあたっては、採択に至るまでの議論についての知識を有している安保理常任理事国が有利な立場にある。安保理の運営は、1946年に採択された安保理暫定手続規則[32]に基づいて行われており、依然として明確な確定的手続規則が作られていない。実際の審議の過程では、豊富な先例知識を有するイギリス、フランス、ロシアが有利な立場にあり、常任理事国の間では手続規則を正式なものにすることを避けようとする傾向がある[33]。日本には非常任理事国の任期中に蓄積した組織的記憶があるが、この記憶を有効に活用しつつ、時間をかけても安保理決議及び運営についての組織的知識を更に深めていくための体制を築くことが重要である。これは日本が安保理常任理事国入りしてからも必要とされることである。

(5)　最後に、日本の安保理常任理事国入りに反対する立場から、日本が常任理事国入りをすれば単にアメリカの票が増えるだけであるとの指摘がなされることがある。事実関係から言えば、日本とアメリカが常に同じ投票行動をとっているわけではない。例えば前回の非常任理事国としての任期中（2005年～06年）、アメリカが拒否権を行使して成立を阻止した中東関連の決議2件の内、日本は1件につき賛成、1件について棄権した[34]。

　日本は自国の外交的利益に資するとの独自の判断によりアメリカとの同盟関係を維持している。戦後、日米安全保障体制は、日本の安全保障及び東アジアの平和と安定に大きな役割を果たしてきたし、近い将来それに代わる効果的な安全保障の枠組みが成立する可能性は低い。日米同盟を基軸とする日本の外交政策は今後も続くだろう。他方、日本の安保理常任理事国入りは、日米同盟と離れてそれ自体で既に大きな意義を有する。世界において最も発展しつつあるアジア地域に属し、自由、民主主義、市場経済、法の支配を基盤とする大国である日本が安保理常任理事国になることは、それ自体安保理の正統性を高める意義を有するからである。また、これまで見てきたように安保理は、その活動を伝統的な国際の平和と安全の維持という分野から、テロ、大量破壊兵器の不拡散、人権、国際刑事裁判、平和構築、難民支援等多岐に亘る分野に拡大してきている。アメリカがこれらのすべての分野で国連での活動に積極的に関与しているわけではない。安保理が様々な分野で果た

している機能に日本が貢献していくことは、アメリカの外交政策を支持することと同義ではない。

Ⅷ　おわりに

　以上、安保理の機能、国際社会の安保理に対する期待の変遷を見た上で、安保理改革においては、安保理の「代表性の向上」と「効率性の維持」、特権と責務のバランスという「公正さ」が議論の焦点になること、それを踏まえ日本の常任理事国入りを実現する上で重要と考える事項を指摘してきた。

　しかしそれ以前に、果たして日本は国連安保理常任理事国入りを目指すべきなのかという論点がある。この点はまさに政策判断の問題であり、ここで具体的に議論することはしないが、仮に、安保理常任理事国入りを目指すべきでないという主張が日本と国連との関係の現状維持を主張するものであるとすれば、中国やインドの台頭、ロシアの強国志向、欧州統合の深化等国際社会の構造が大きく変化しつつある中で、何もせずに現状が維持されるということはありえないという点に注意する必要があるだろう。現状維持を実現するために現状と同じ政策をとるだけでは不十分であり、現状を維持するにしても、安保理をめぐる活動に対し、これまで以上に積極的に貢献していくことが必要となっている。また、安保理非常任理国選挙に立候補するアジアの国が増えており、日本がこれまでのように頻繁に非常任理事国に選出されることはますます厳しくなっているという事情も無視できない。

　国際社会の秩序形成という面で、安保理の機能はこの20年間で確実に拡大してきた。この機能がこの20年間と同じ方向、ペースで拡大するかどうか不透明なところもあるが、当面、国際の平和と安全の維持に大きな役割を果たしうる別の国際的枠組みが成立することが見込めない中で、日本が、安保理常任理事国という国際社会の秩序作りに常に直接関与できる地位につけるかどうかということは、国際環境を日本の国益にとってより良好なものとする上で、大きな意味を持っている。その意味で日本の安保理常任理事国入りの問題は、単にこれまで日本の実力が正当に評価されてこなかったという古い体制の変革の問題、歪んだ現状の見直しという問題というよりも、今後の国際社会の秩序形成の枠組みをどのように構築していくのか、その際にどの国が主たる役割を果たすべきであるのかという将来にかかわる問題である。日

本としては、安保理を時代の要請に応える組織にすべくその改革の必要性を訴えその実現のために必要な外交戦術を展開することに加え、日本が常任理事国としての地位に見合うだけの貢献をする国であることをアピールできるような政策を推進していくことがますます必要になってきていると言える。

本章の執筆に当たっては、これまで安保理改革に関与した政府関係者から多くの貴重な助言を得たが、本章は筆者が純粋に個人的資格において執筆したものであり、その中で表明した見解は筆者の所属する組織の立場を反映するものでない。

【注】

1 正式名称は、Open-ended Working Group on the Question of Equitable Representation on and Increase in the Membership of the Security Council and Other Matters Related to the Security Council。A/48/26, Dec. 3, 1993
2 安保理改革をめぐる最近の日本政府の取り組みについては、滝崎成樹「国連安全保障理事会の改革」『国際法外交雑誌』第106巻第3号（2007年11月）に詳しく紹介されている。また、北岡伸一『国連の政治力学』（中央公論新社、2007年）は、安保理改革の現場でのやりとりや雰囲気を知る上で貴重な資料。『外交フォーラム』第222号（2007年1月）は、大島賢三国連大使「50年先を睨んだ新しい国連外交の礎を築く」、河野雅治、位田隆一、淡路愛、秦喜秋による座談会「日本がリードする国連改革－新たな時代の国連外交のあり方とは」を掲載し、様々な視点を提供している。その他、下記外務省ホームページに掲載された国連改革関連資料を参照。《http://www.mofa.go.jp/mofaj/gaiko/un_kaikaku/index.html》
3 隠された拒否権（hidden veto）とも呼ばれる。Helmut Volger(ed.), *A Concise Encyclopedia of the United Nations*(Kluwer Law International, 2002) p.501.
4 国連創設以来の安保理決議については、《http://www.un.org/documents/scres.htm》にて参照可能。
5 安保理決議の地域別集計は筆者の計算によるもの。
6 United Nations, Department of Peacekeeping Operations and Department of Field Support, *United Nations Peacekeeping Operations:, Principles and Guidelines*(2008), p.22.《http://pbpu.unlb.org/pbps/Library/Capstone_Doctrine_ENG.pdf》
7 S/2007/14, Jan.12, 2007
8 S/PV. 5619, Jan.12, 2007
9 一つは、バングラデシュの国連加盟推奨決議案への拒否権行使であり、背景には中印対立、中ソ対立があった（S/PV.1660, Aug.25, 1972）。もう一つは、同年9月に発生したアラブ・ゲリラ組織によるミュンヘン・オリンピック村テロ事件への報復としてイスラエルが行ったシリア領及びレバノン領爆撃に関連するもの。軍事行動即時停止を当事国に訴えるソマリア、ユーゴスラビア、ギニア共同決議案が出されたが、これに対し米国は本事件と密接に関連するテロリズムに対する非難に言及しないのはバランスを欠いているとして反対。英仏等が妥協案としてソマリア等決議案に対する修正案を出した。審議の結果、最初に英仏等案が最初に投票され、ソマリア等共同決議案を支持する中国は拒

否権を行使した。この際の投票については、対立決議案が存在しそれぞれを投票に付すという手続が踏まれ、その結果中国が支持する決議案の採択が後に回されたという特別の事情があったことに留意する必要がある (S/PV.1662, Sept.10, 1972)。
10 この後中国は、2008年7月11日に、ジンバブエ情勢に関する決議案に対し、ロシアとともに拒否権を投じた。中国が台湾問題以外の案件で拒否権行使をした実質的に2番目の事例であり、中国の拒否権行使の敷居が下がってきていることが窺われる。このような傾向が、今後安保理内での力学にどのような影響を及ぼしていくのか注視していく必要がある。なお、常駐代表の発言から、ミャンマー関連決議と異なり、ジンバブエ関連決議については、中国よりもロシアの方がより強く反対していたことが窺われる。S/PV.5933 (July 11, 2008)。
11 下記のホームページで入手可能な国連事務局PKO局発表資料を参照。《http://www.un.org/Depts/dpko/dpko/overview.shtml》
12 S/RES/1612 (2005), S/RES/1674 (2005) 等。
13 安保理決議自体が直接国連加盟国に対してそれを履行する法的義務を課すものではない。日本との関係で言えば、そのような安保理の決定を履行することが、日本が締結している国際約束である国連憲章上の義務の履行となると位置づけられる。
14 例えば、1998年に開催された国際刑事裁判所設立規程採択のための外交会議はローマにて開催され、5週間に亘る議論の末、7月17日に署名式がおこなわれた。同規程が実際に発効したのは、約4年後の2002年7月1日である。
15 マイケル・ウッド元英外務省法律顧問は、安保理決議の前文をゴミ箱のようなものと指摘している。Michael C. Wood, "The Interpretation of Security Council Resolutions", *Max Planck Yearbook of United Nations Law*, Vol.2, 1998, pp.86-87.
16 その意味で、安保理決議採択後の各国常駐代表の発言は、安保理決議を解釈する上で重要な材料となる。
17 Legal Consequences for States of the Continued Presence of South Africa in Namibia (South West Africa) notwithstanding Security Council Resolution 276 (1970), Advisory Opinion, June 21, 1971, *ICJ Reports 1971*, para.114
18 Paul. C.Szasz, "The Security Council Starts Legislating", *American Journal of International Law*, Vol.96, No.4, Oct. 2002, p.905.
19 S/PV.5902 (June 2, 2008)
20 S/PV.5933 (July 11, 2008) p.9
21 A/C.5/62/23 (Jan. 31, 2008)
22 A/59/565 (Dec. 2, 2004)
23 Kishmore Mahbubani, "The Case Against the West, America and Europe in the Asian Century", *Foreign Affairs*, May/June, 2008, pp.122-123.
24 G. John Ikenberry and Anne-Marie Slaughter, "Forging a World of Liberty Under Law", *The Princeton Project Papers*. 「民主主義の協調」を主張するグループも、安保理の役割自体を否定しているわけではない。アメリカ政府が安保理改革を自らの外交政策の優先課題にすべきであること、改革の内容は、インド、日本、ブラジル、ドイツ及びアフリカ2カ国を拒否権なしの常任理事国とすること、危機への直接の対応を許可する安保理決議についてすべての常任理事国は拒否権行使を停止すること等を主張している。
25 例えば2007年9月25日の国連総会での演説で、ブッシュ大統領は、「メンバーの拡大を含め安保理の構成を改革すべきであると主張する国がある。アメリカ政府はこの方向性にオープンである。我々は、安保理常任理事国になる資格を日本は十分有していると考える。そして、その他の国についても検討されなければならない。」と述べた。

26 安保理議席拡大をめぐる米とのやりとりについては、明石康、高須幸雄、野村彰男、大村亮、秋山信将編著『オーラルヒストリー：日本と国連の50年間』(ミネルヴァ書房、2008)における日本の歴代国連代表部常駐代表の回想に記述あり。
27 明石他編著前掲書(注26)、257頁の小和田元国連代表部常駐代表の発言参照。
28 北岡前掲書(注2)、236頁。
29 日本の大島前国連代表部常駐代表はこの現象を有力ミドルパワーの闘いと分析している。明石他編著前掲書(注26) 330-331頁。
30 United Nations, supra n.6, p.52
31 United Nations, Ranking of Military and Police Contributions to UN Operations, available at 《http://www.un.org/Depts/dpko/dpko/contributors/》
32 Provisional Rules of Procedure of the Security Council, S/96/Rev.7
33 Volger, supra n.3, p.500
34 S/PV.5488 (July 13, 2006), S/PV.5565 (Nov. 11, 2006)

事項索引

【ア行】

IAEA保障措置協定	72, 75
ad hoc刑事裁判所	129
「後からの実行」の解釈法理	155
アムネスティ条項	137
アルカイダ・タリバン制裁委員会(Al-Qaida and Taliban Sanctions Committee, ATSC)	42-48, 52
EU3+3	74
EU3+アルファ	185
一般法(恒久法)	164
イラク特措法	vii,
A・Q・カーン博士	62

【カ行】

化学兵器禁止機関(OPCW)	62, 63
拡散対抗	68
拡散に対する安全保障構想(PSI)	68, 69, 75
拡散の阻止	68
核兵器不拡散条約(NPT)	27, 58, 59, 65
駆けつけ警護	vii, 156, 159, 160
カンボジア特別法廷	130, 141
キャップストーン・ドクトリン	100, 114-118, 193
旧ユーゴ国際刑事裁判所(ICTY)	8, 10, 12, 20, 128-132, 134, 136-138, 143
旧ユーゴ国際裁判所規程	iii
強化されたPKO	113, 117-119
極東国際軍事裁判所	129
国に準ずる者	160, 161
警察機能(police function)	4, 7, 48
憲法9条	vii, 150-158
公平性(impartiality)	110, 117
国際平和協力法(PKO法)	149, 158
国連安保理授権型多国籍軍	149, 154, 157
国連イラク・クウェート国境画定委員会(United Nations Iraq-Kuwait Boundary Demarcation Commission, IKBDC)	16-19, 30
国連エチオピア・エリトリアミッション(UNMEE)	178
国連カンボジア暫定行政機構(UNTAC)	107
国連行政裁判所が下した補償裁定の効果に関するICJの勧告的意見	9
国連緊急軍(UNEF)	97, 98
国連グアテマラ人権監視団(MINUGUA)	178
国連コートジボワール活動(UNOCI)	178
国連コンゴ活動(ONUC)	103
国連参加法	vii
国連暫定統治機関(UNTEA)	103
国連スーダンミッション(UNMIS)	179
国連総会決議2145(1966)	5
国連ソマリア活動(UNOSOM)	105
国連中央アフリカ・チャドミッション(MINURCAT)	179
国連ハイチ安定化ミッション(MINUSTAH)	179
国連東ティモール暫定行政機構(UNTAET)	111, 178
国連東ティモール統合ミッション(UNMIT)	178
国連ブルンジ活動(ONUB)	179
「国連平和維持活動:原則と指針」	99
国連平和構築委員会(UN Peacebuilding Commission)	112
国連保護軍(UNPROFOR)	105, 108
国連補償委員会(United Nations Compensation Commission, UNCC)	8, 13-15, 18, 20, 30
国連予防展開部隊(UNPREDEP)	103
国連リベリア・ミッション(UNMIL)	178
コソボ国連暫定統治機構(United Nations Interim Administration Mission in Kosovo, UNMIK)	111, 135
コソボにおける裁判所	130, 134

【サ行】

罪刑法定主義(nullum crimen sine lege)	11, 12
作戦指揮統制(operational command and control)	158
自衛原則	106, 107
シエラ・レオーネ特別裁判所(Special Court for Sierra Leone, SCSL)	130
自己防護	vii, 162
事務総長ハイレベル・パネル報告書	112, 174
集団殺害犯罪(ジェノサイド)条約	129
受理許容性	v
シンガポールの国連法(United Nations Act, 1991)	91
人事・懲戒等に関する人的管理(disciplinary

command)	158	UNTAET, 現UNMISET)	135, 178
スマート・サンクション	v, 68, 81, 82	引渡しか訴追か(引渡か裁くかせよ)(aut dedere, aut judicare)	6, 41
政府の統治機能が極端に脆弱化した国家(failed States)	42	フォークランド事件	176
世界税関機構(WCO)	62, 63	不拡散レジーム	iv
1540委員会	63, 64	不作為性	117
		普遍的管轄権	42
【夕行】		「ブラヒミ・レポート」	99, 109-111, 113
第2次国連ソマリア活動(UNOSOM II)	105	武力行使一体化論	156, 157
逮捕状事件	130, 132	紛争後の国家建設(post-conflict nation-building)	v
大量破壊兵器(WMD)	23, 24, 28, 57-75, 109, 127, 162	米国の国連参加法(United Nations Participation Act, 1945)	91
多角的な(multi-dimensional)PKO	99	英国の国連法(United Nations Act, 1946)	91
多機能型の国連PKO	115, 155	平和活動(peace operations)	109
タジッチ事件	9	平和強制	102
ダルフール	132, 133	「平和への課題(Agenda for Peace)」	99, 104
ダルフール国連アフリカ連合合同ミッション(UNAMID)	179	「平和への課題:補遺」	99, 108, 110
		崩壊国家	110
中立・公平原則	106, 117, 118	法執行活動(law-enforcement actions)	v, vi, 163
中立性(neutrality)	110, 117	法執行=警察活動	162
超司法的機能	31	法人格否認の法理	v
超司法的行為	20	補完性	v
超司法的措置	21, 22	補給支援特措法	163
テロ資金供与防止条約	iv, 23	保護する責任	iv
テロ特措法	vii,	保障措置協定違反(non-compliance)	65, 73
同意原則	102, 106, 107		
		【マ行】	
【ナ行】		ミサイル技術管理レジーム〔MTCR〕	66, 97
ナミビア事件	4, 8, 30, 87	民間航空不法行為防止条約(モントリオール条約)	6
西イリアン保安軍(UNSF)	103		
ニュルンベルグ国際軍事裁判所	129	民主主義の協調(Concert for Democracy)	187
任務遂行のための武器使用	vii	「黙示的権限」の法理	155
【ハ行】		【ヤ行】	
ハーグ陸戦条約第3条	15	輸出管理レジーム	61, 66-68
ハイブリッド裁判所	134	予備的履行評価(Preliminary Implementation Assessment, PIA)	50
破綻国家	v		
反テロリズム委員会(Counter-Terrorism Committee, CTC)	iv, 42, 48, 50-52	【ラ行】	
		ルワンダ国際刑事裁判所(ICTR)	iv, 11, 12, 20, 128-132, 134, 136-138
反テロリズム委員会執行局(Counter-Terrorism Committee Executive Directorate, CTED)	50, 51	レバノン国連監視団(UNOGIL)	103
PKO参加5原則	158	レバノン特別裁判所	130, 139-142
PKO部隊の「標準行動規範」(Standard Operating Procedure)	161	ローマ規程	132-134
東ティモール裁判所(デリ特別裁判所)	130	六者会合	72, 73
東ティモール暫定統治機構(United Nations Transitional Administration in East Timor,		ロッカービー事件	6, 12, 20, 43

安保理決議索引

決議	ページ	決議	ページ
決議221(1966)	87	決議1022(1995)	80
決議232(1966)	80	決議1054(1996)	80, 84
決議253(1968)	80	決議1074(1996)	80
決議276(1970)	5, 6	決議1132(1997)	80, 84
決議298(1971)	7	決議1160(1998)	80
決議418(1977)	80	決議1173(1998)	82
決議446(1979)	7	決議1192(1998)	80
決議460(1979)	80	決議1193(1998)	43
決議478(1980)	7	決議1214(1998)	43
決議661(1990)	80, 90	決議1244(1999)	135
決議662(1990)	7	決議1267(1999)	v, 42, 47, 80, 82, 142
決議665(1990)	88	決議1269(1999)	v
決議687(1991)	7, 8, 13, 15-18, 20, 89	決議1298(2000)	80
決議692(1991)	8, 13-16	決議1315(2000)	136
決議694(1991)	7	決議1333(2000)	44
決議713(1991)	80, 88, 129	決議1333(2000)	80, 82
決議726(1992)	8	決議1343(2001)	80
決議733(1992)	80	決議1367(2001)	80
決議748(1992)	6, 20, 80, 81, 87	決議1368(2001)	v, 163
決議757(1992)	80, 88	決議1368(2001)	48
決議773(1992)	18	決議1372(2001)	80
決議787(1992)	88	決議1373(2001)	iv, 4, 22, 23, 28, 42, 49, 50, 59-61, 92, 142, 163, 179
決議788(1992)	80		
決議799(1992)	8	決議1390(2002)	80, 82, 84
決議820(1993)	90	決議1448(2002)	80
決議827(1993)	iii, 8, 129	決議1452(2002)	46, 83
決議833(1993)	19	決議1455(2003)	47, 48, 80
決議841(1993)	80, 88	決議1483(2003)	80, 82, 83
決議864(1993)	80	決議1493(2003)	81
決議873(1993)	81, 88	決議1506(2003)	80
決議875(1993)	88	決議1521(2003)	80, 84
決議883(1993)	80, 89	決議1526(2004)	80
決議917(1994)	83, 84	決議1532(2004)	82, 89
決議918(1994)	80	決議1535(2004)	50
決議919(1994)	80	決議1540(2004)	iv, 4, 22, 23, 25, 27-29, 31, 32, 58-75, 142, 179
決議944(1994)	80		
決議955(1994)	8, 129	決議1556(2004)	80
決議985(1995)	80	決議1564(2004)	132
決議1011(1995)	80	決議1572(2004)	81, 82, 84, 89
決議1021(1995)	80	決議1591(2004)	80, 82, 84

決議1593（2005）	133, 134	決議1718（2006）	64-70, 82, 84, 87-89
決議1595（2005）	139	決議1730（2006）	47, 83
決議1596（2005）	82, 84, 89	決議1735（2006）	45, 80, 83
決議1617（2005）	47, 80	決議1737（2006）	iv, 64-70, 74, 82, 84, 89
決議1636（2005）	80, 82, 84	決議1747（2007）	74, 81
決議1644（2005）	139	決議1757（2007）	140
決議1673（2006）	28, 63	決議1776（2007）	163
決議1674（2006）	iv,	決議1803（2008）	64-70, 81, 88
決議1695（2006）	64-70, 81, 82, 87	決議1810（2008）	63
決議1696（2006）	64-70	決議1816（2008）	164, 181

■執筆者紹介

村瀬 信也(むらせ しんや)　　　編者略歴参照
浅田 正彦(あさだ まさひこ)　　京都大学大学院法学研究科 教授
古谷 修一(ふるや しゅういち)　早稲田大学大学院法務研究科 教授
市川とみ子(いちかわ とみこ)　　外務省不拡散・科学原子力課長
中谷 和弘(なかたに かずひろ)　東京大学大学院法学政治学研究科 教授
酒井 啓亘(さかい ひろのぶ)　　京都大学大学院法学研究科 教授
洪　　恵子(こう けいこ)　　　　三重大学人文学部 教授
岡野 正敬(おかの まさたか)　　　外務省国際法課長

■編者紹介

村瀬 信也(むらせ しんや)
- 1967年　国際基督教大学卒業
- 1972年　東京大学大学院法学政治学研究科修了(法学博士)
　　　　　立教大学法学部専任講師を経て、
- 1974年　同学部助教授、ハーバード・ロー・スクール客員研究員(1976年まで)
- 1980年　国際連合本部事務局法務部法典化課法務担当官(1982年まで)
- 1982年　立教大学法学部教授(1993年まで)
- 1993年　上智大学法学部教授(現在に至る)
- 1995年　コロンビア・ロー・スクール客員教授、ハーグ国際法アカデミー講師
- 2004年　ハーグ国際法アカデミー理事(現在に至る)
　　　　　IPCC(気候変動政府間パネル)第4次報告書主要執筆者(2007年まで)

主要著作　『国際法の経済的基礎』(有斐閣、2001年)、『国際立法』(東信堂、2002年)、『武力紛争の国際法』(共編著、東信堂、2004年)、『自衛権の現代的展開』(編著、東信堂、2007年)、『国際刑事裁判所』(共編著、東信堂、2008年)、『海洋境界画定の国際法』(共編、東信堂、2008年)ほか。

専　　攻　　国際法、国際環境法

国連安保理の機能変化

2009年 5月 1日　　初　版　第 1刷発行

＊定価はカバーに表示してあります

〔検印省略〕

編著者©村瀬信也　　発行者 下田勝司　　印刷・製本／中央精版印刷

東京都文京区向丘1-20-6　　郵便振替00110-6-37828
〒113-0023　TEL(03)3818-5521　FAX(03)3818-5514

発 行 所
株式会社 東信堂

Published by TOSHINDO PUBLISHING CO., LTD
1-20-6, Mukougaoka, Bunkyo-ku, Tokyo, 113-0023, Japan
E-mail：tk203444@fsinet.or.jp

ISBN978-4-88713-915-2　　C3032

東信堂

国際法新講〔上〕〔下〕	田畑茂二郎	上 二九〇〇円／下 二七〇〇円
ベーシック条約集 二〇〇九年版	編集代表 松井芳郎	二六〇〇円
ハンディ条約集	編集代表 松井芳郎	一六〇〇円
国際人権条約・宣言集〔第3版〕	編集 松井・薬師寺・坂元・小畑・徳川	三八〇〇円
国際経済条約・法令集〔第2版〕	編集代表 小室程夫・山手治之夫雄	三九〇〇円
国際機構条約・資料集〔第2版〕	編集代表 安藤仁介 香西茂	三三〇〇円
判例国際法〔第2版〕	編集代表 松井芳郎	三八〇〇円
国際立法——国際法の法源論	村瀬信也	六八〇〇円
条約法の理論と実際	坂元茂樹	四二〇〇円
武力紛争の国際法	真山全編	一四二八六円
国連安保理の機能変化	村瀬信也編	二八〇〇円
海洋境界画定の国際法	村瀬信也編	二七〇〇円
国際刑事裁判所	江藤淳一編	二八〇〇円
自衛権の現代的展開	洪恵子編	四二〇〇円
国際経済法〔新版〕	村瀬信也編	二八〇〇円
国際法から世界を見る——市民のための国際法入門〔第2版〕	小室程夫	三八〇〇円
東京裁判、戦争責任、戦後責任	松井芳郎	二八〇〇円
国際法／はじめて学ぶ人のための資料で読み解く国際法〔第2版〕〔上〕〔下〕	大沼保昭	上 三六〇〇円／下 二八〇〇円
国際法学の地平——歴史、理論、実証	大沼保昭編著	三八〇〇円
スレブレニツァ——あるジェノサイドをめぐる考察	中川淳司・寺谷広司編	二八〇〇円
海の国際秩序と海洋政策（海洋政策研究叢書1）	栗林忠男・秋山昌廣編著	三八〇〇円
21世紀の国際機構：課題と展望	長有紀枝	三八〇〇円
〔21世紀国際社会における人権と平和〕〔上・下巻〕	編集 位田隆一・安藤仁・田村恵子・山手治之・西村智朗編	七一四〇円
国際社会の法構造——その歴史と現状	編集代表 香西茂 山手治之	五七〇〇円
現代国際法における人権と平和の保障	編集代表 香西茂之 西村智介	六三〇〇円

〒113-0023 東京都文京区向丘1-20-6
TEL 03-3818-5521 FAX 03-3818-5514 振替 00110-6-37828
Email tk203444@fsinet.or.jp URL:http://www.toshindo-pub.com/

※定価：表示価格（本体）＋税

東信堂

人間の安全保障――世界危機への挑戦	佐藤誠編	三八〇〇円
政治学入門――日本政治の新しい夜明けはいつ来るか	安藤次男編	一八〇〇円
政治の品位	内田満	二〇〇〇円
帝国の国際政治学――冷戦後の国際システムとアメリカ	山本吉宣	四七〇〇円
解説 赤十字の基本原則――人道機関の理念と行動規範	J・ピクテ 井上忠男訳	一〇〇〇円
医師・看護師の有事行動マニュアル――医療関係者の役割と権利義務	井上忠男	一二〇〇円
社会的責任の時代	大木啓介編著	三四〇〇円
国際NGOが世界を変える――地球市民社会の黎明	毛利聡男編著	三〇〇〇円
国連と地球市民社会の新しい地平	功刀達朗・毛利勝彦編著	三四〇〇円
公共政策の分析視角	功刀達朗編著	二〇〇〇円
実践 ザ・ローカル・マニフェスト	野村彰男編著	三三〇〇円
実践 マニフェスト改革	松沢成文	一二三八円
NPO実践マネジメント入門	松沢成文	二三〇〇円
NPOの公共性と生涯学習のガバナンス	パブリックリソースセンター	一八〇〇円
インターネットの銀河系	高橋満	二八〇〇円
〔現代臨床政治学シリーズ〕	カステル著 矢澤・小山訳	三六〇〇円
リーダーシップの政治学	石井貫太郎	一六〇〇円
アジアと日本の未来秩序	伊藤重行	一八〇〇円
象徴君主制憲法の20世紀的展開	下條芳明	二〇〇〇円
ネブラスカ州の一院制議会	藤本一美	一六〇〇円
ルソーの政治思想	根本俊雄	二〇〇〇円
シリーズ《制度のメカニズム》		
アメリカ連邦最高裁判所	大越康夫	一八〇〇円
衆議院――そのシステムとメカニズム	向大野新治	一八〇〇円
フランスの政治制度	大山礼子	一八〇〇円
イギリスの司法制度	幡新大実	二〇〇〇円

〒113-0023 東京都文京区向丘1-20-6　TEL 03-3818-5521　FAX03-3818-5514　振替 00110-6-37828
Email tk203444@fsinet.or.jp　URL:http://www.toshindo-pub.com/

※定価：表示価格（本体）＋税

東信堂

《未来を拓く人文・社会科学シリーズ》（全19冊）

科学技術ガバナンス	城山英明編	一八〇〇円
ボトムアップな人間関係	サトウタツヤ編	一六〇〇円
高齢社会を生きる	清水哲郎編	一八〇〇円
家族のデザイン	小長谷有紀編	一八〇〇円
水をめぐるガバナンス	蔵治光一郎編	一八〇〇円
生活者がつくる市場社会	久米郁男編	二二〇〇円
グローバル・ガバナンスの最前線	遠藤乾編	二二〇〇円
資源を見る眼	佐藤仁編	二〇〇〇円
これからの教養教育	鈴木康徳 葛西康德 編	一八〇〇円
「対テロ戦争」の時代の平和構築	黒木英充編	一八〇〇円
企業の錯誤／教育の迷走	青島矢一編	二〇〇〇円
日本文化の空間学	桑子敏雄編	二二〇〇円
千年持続学の構築	木村武史編	一八〇〇円
多元的共生を求めて	宇田川妙子編	一八〇〇円
芸術は何を超えていくのか？	沼野充義編	二〇〇〇円
芸術の生まれる場	木下直之編	一八〇〇円
文学・芸術は何のためにあるのか？	岡田暁生 吉田敦子 編	一八〇〇円
〈境界〉の今を生きる	吉岡洋編	一八〇〇円
紛争現場からの平和構築	遠藤乾 石田勇治 城山英明 荒川歩・川喜田敦子・谷川竜一・内藤順子 編	二八〇〇円
公共政策の分析視角	大木啓介編	三四〇〇円
共生社会とマイノリティの支援	寺田貴美代	三六〇〇円
医療倫理と合意形成——治療・ケアの現場での意思決定	吉武久美子	三二〇〇円
改革進むオーストラリアの高齢者ケア	木下康仁	二四〇〇円
認知症家族介護を生きる	井口高志	四二〇〇円

〒113-0023　東京都文京区向丘1-20-6　TEL 03-3818-5521　FAX 03-3818-5514　振替 00110-6-37828
Email tk203444@fsinet.or.jp　URL:http://www.toshindo-pub.com/

※定価：表示価格（本体）＋税

東信堂

グローバル化と知的様式——社会科学方法論についての七つのエッセー	J・ガルトゥング 矢澤修次郎・大重光太郎訳	二八〇〇円
社会階層と集団形成の変容——集合行為と「物象化」のメカニズム	丹辺宣彦	六五〇〇円
階級・ジェンダー・再生産——現代資本主義社会の存続のメカニズム 理論・方法	橋本健二	三三〇〇円
現代日本の階級構造——計量分析	橋本健二	四五〇〇円
[改訂版] ボランティア活動の論理——ボランタリズムとサブシステンス	西山志保	三六〇〇円
防災の社会学——防災コミュニティの社会設計に向けて	吉原直樹編	三二〇〇円
防災の心理学——本当の安心とは何か	仁平義明編	三二〇〇円
〈居住福祉ブックレット〉		
居住福祉資源発見の旅…新しい福祉空間、懐かしい癒しの場	早川和男	七〇〇円
どこへ行く住宅政策…進む市場化、なくなる居住のセーフティネット	本間義人	七〇〇円
漢字の語源にみる居住福祉の思想	李 桓	七〇〇円
日本の居住政策と障害をもつ人	伊藤静美・加藤秀樹・田中秀直人	七〇〇円
障害者・高齢者と麦の郷のこころ…住民、そして地域とともに	大本圭野	七〇〇円
地場工務店とともに…健康住宅普及への途	山本里見	七〇〇円
子どもの道くさ	水月昭道	七〇〇円
居住福祉法学の構想	吉田邦彦	七〇〇円
奈良町の暮らしと福祉：市民主体のまちづくり	黒田睦子	七〇〇円
精神科医がめざす近隣力再建：進む「子育て」砂漠化、はびこる「付き合い拒否」症候群	中澤正夫	七〇〇円
住むことは生きること：鳥取県西部地震と住宅再建支援	片山善博	七〇〇円
最下流ホームレス村から日本を見れば	ありむら潜	七〇〇円
世界の借家人運動：あなたは住まいのセーフティネットを信じられますか？	髙島一夫	七〇〇円
「居住福祉学」の理論的構築	柳中秀萍権	七〇〇円
居住福祉資源発見の旅Ⅱ…地域の福祉力・教育力・防災力	早川和男	七〇〇円

〒113-0023 東京都文京区向丘1-20-6　TEL 03-3818-5521　FAX03-3818-5514　振替 00110-6-37828
Email tk203444@fsinet.or.jp　URL:http://www.toshindo-pub.com/

※定価：表示価格（本体）＋税

東信堂

私立大学マネジメント	（社）日本私立大学連盟	四七〇〇円
ヨーロッパ近代教育の葛藤—地球社会の求める教育システムへ	関啓子・太田美幸編著	三二〇〇円
大学教育を科学する	山田礼子	三六〇〇円
大学の自己変革とオートノミー—点検から創造へ	寺﨑昌男	二五〇〇円
大学教育の創造—歴史・システム・カリキュラム	寺﨑昌男	二八〇〇円
大学教育の可能性—評価・実践・教養教育・FD	寺﨑昌男	二五〇〇円
大学は歴史の思想で変わる—評価・FD・私学	寺﨑昌男	二〇〇〇円
大学改革 その先を読む	寺﨑昌男	一三〇〇円
作文の論理—〈わかる文章〉の仕組み	宇佐美寛編著	一九〇〇円
大学授業入門	宇佐美寛	一六〇〇円
授業研究の病理	宇佐美寛	二五〇〇円
大学授業の病理—FD批判	宇佐美寛	二五〇〇円
大学の授業	宇佐美寛	二五〇〇円
大学教育の思想—学士課程教育のデザイン	絹川正吉	二八〇〇円
あたらしい教養教育をめざして—大学教育学会25年の歩み：未来への提言	大学教育学会25年史編纂委員会編	二九〇〇円
現代大学教育論—学生・授業・実施組織	山内乾史	二八〇〇円
大学授業研究の構想—過去から未来へ	京都大学高等教育教授システム開発センター編	二四〇〇円
ティーチング・ポートフォリオ—授業改善の秘訣	土持ゲーリー法一	二〇〇〇円
模索されるeラーニング—事例と調査データにみる大学の未来	吉田文・田口真奈編著	三六〇〇円
一年次（導入）教育の日米比較	山田礼子	二八〇〇円
学生の学びを支援する大学教育	溝上慎一編	二四〇〇円
大学教授職とFD—アメリカと日本	有本章	三二〇〇円
大学教授の職業倫理	別府昭郎	二三八一円

〒113-0023 東京都文京区向丘1-20-6
TEL 03-3818-5521 FAX03-3818-5514 振替 00110-6-37828
Email tk203444@fsinet.or.jp URL:http://www.toshindo-pub.com/
※定価：表示価格（本体）＋税